U0523222

〔德〕卡尔·冯·克劳塞维茨 著

陈川 译

战争论
3

CARL VON CLAUSEWITZ

民主与建设出版社
·北京·

Carl von Clausewitz

HINTERLASSENE WERKE ÜBER KRIEG UND KRIEGFÜHRUNG

Dritter Band

Vom Kriege

Dritter Teil

Erste Auflage

Ferd. Dümmler's Verlagsbuchhandlung, Berlin, 1834

本卷据费迪南德·迪姆勒出版社1834年版译出

目录
CONTENTS

前言　　/ I

★ 第七篇 ★
进攻（草稿）

第一章	从与防御的关系看进攻	/ 002
第二章	战略进攻的本性	/ 004
第三章	战略进攻的目标	/ 007
第四章	进攻力量的削弱	/ 009
第五章	进攻的顶点	/ 011
第六章	消灭敌军	/ 013
第七章	进攻会战	/ 015
第八章	过河	/ 018
第九章	对防御阵地的进攻	/ 022

第十章	对设防营垒的进攻	/ 024
第十一章	对山地的进攻	/ 026
第十二章	对哨所线的进攻	/ 030
第十三章	机动	/ 032
第十四章	对沼泽地、泛滥地和林地的进攻	/ 035
第十五章	对一个战区的寻求决战的进攻	/ 037
第十六章	对一个战区的不求决战的进攻	/ 041
第十七章	对要塞的进攻	/ 045
第十八章	对运输队的进攻	/ 050
第十九章	对舍营敌军的进攻	/ 053
第二十章	牵制性进攻	/ 059
第二十一章	入侵	/ 062
附录	关于胜利的顶点	/ 063

★ 第八篇 ★
战争计划

第一章	引言	/ 074
第二章	绝对战争和现实战争	/ 077
第三章		/ 081
	一、战争的内在联系	/ 081
	二、关于战争目的的大小和投入	

	力量的多少	/ 084
第四章	对战争目标的进一步规定	
	——打垮敌人	/ 097
第五章	对战争目标的进一步规定（续）	
	——有限的目标	/ 105
第六章		/ 108
	一、政治目的对战争目标的影响	/ 108
	二、战争是政治的一个工具	/ 110
第七章	目标有限的进攻战	/ 117
第八章	目标有限的防御战	/ 121
第九章	以打垮敌人为目标的战争计划	/ 126
附录1	作者在1810年、1811年和1812年为王储殿下讲授军事课的材料	/ 153
	一、呈高迪将军审阅的授课计划	/ 153
	二、最重要的作战原则（为王储殿下授课的补充内容）	/ 156
附录2	关于军队的有机划分（可作为对第二卷第五篇第五章的说明）	/ 187
附录3	战术或战斗学授课计划	/ 193
附录4	战术或战斗学概论	/ 198

★ 前言 ★

我曾经冒昧地对本书的读者说过几句话[1]。据我所知，我的这一大胆行为得到了大家的认可。现在请读者允许我在第三卷的前面再说几句话，主要是为本卷的延期出版做些解释和道歉。

本卷包括《战争论》这部书的第七篇和第八篇。这两篇可惜都是未完成稿，只是粗略的草稿和试作。我们不打算把它们搁置起来不与读者见面，因为即使它们处于这种未完成的状态，也还是令人感兴趣的，因为通过它们至少可以看出作者想要走的路。但是这两篇需要仔细的校阅。承蒙厄策尔[2]少校先生的好意，他承担了这项工作，但由于他公务繁忙，这一工作中断了很久，因此让已经完稿的第四卷先于第三卷出版似乎更合适一些，因为第四卷的内容是1796年战局[3]，也是作者开始研究的本来的战史部分，而且很多方面的人士已经表示希望能尽快地看到遗著的这一部分。

我们曾希望此后第三卷能与第五卷同时出版，但这一点还是没有做到。我们两次中断了遗著的自然顺序，这是必须请求读者原谅的。

本卷除了《战争论》中未完成的两篇外，还附录了数篇文章。这几篇文章虽然不是《战争论》的一部分，但与《战争论》的关系是如此密切，以至于我们希望它们能够受到读者的欢迎。

---

[1] 指本书第一卷首版前言。——译者注
[2] 厄策尔（Franz August O'Etzel，1784—1850），普鲁士少将。1825—1835年任普鲁士军事学院地形学和地理学教官。1847年晋升少将。——译者注
[3] 战局（der Feldzug），指交战双方在一个战区的一个时间段内（大体从一年的开春到次年冬季来临时）的军事行动。作者在本书第二卷第五篇第二章中对此有专门的论述。——译者注

这些文章中的第一篇是作者1810年、1811年和1812年为有幸给王储殿下[1]授课而撰写的，其中第一部分是作者向王储的保育官冯·高迪[2]将军先生提交的授课计划，第二部分是作者在结束这门课程时所撰写的全部内容概览。我在第一卷的前言中已经说过，在这篇文章中有《战争论》全书的**胚芽**，仅此一点大概就足以引起大多数读者的特别兴趣。承蒙王储殿下恩惠，允许发表这篇文章，在此我要再次向殿下表达我最恭顺的感激之情。

玛丽·冯·克劳塞维茨
1833年12月5日于柏林

---

[1] 即后来的普鲁士国王弗里德里希·威廉四世（Friedrich Wilhelm Ⅳ., 1795—1861），普鲁士国王（1840—1861）。普鲁士国王威廉三世（1770—1840）的长子。——译者注

[2] 冯·高迪（Friedrich Wilhelm Leopold Freiherr von Gaudi, 1765—1823），男爵，普鲁士中将。1809年4月被普鲁士国王弗里德里希·威廉三世任命为王储的保育官。——译者注

第七篇
进攻（草稿）

★ 第一章 ★
从与防御的关系看进攻

如果两个概念构成了真正的逻辑上的对立，也就是说其中一个概念成了另一个的补足部分，那么实际上从其中一个概念就可以得出另一个概念。即使我们有限的才智不能一眼就看清这两个概念，不能仅根据它们的对立就从其中一个完整的概念得出另一个完整的概念，但是其中一个概念无论如何会非常有助于我们了解另一个概念，而且足以使我们了解另一个概念的很多部分。因此我们认为《防御》一篇前几章中触及进攻的各点就已经足以让我们了解进攻的这些点，但并不是在进攻的所有问题上都是这样。思想体系是永远不会枯竭的，因此当概念的对立不是像在《防御》一篇前几章中那样直接存在于概念的根基时，我们自然就不能从《防御》一篇所论述的内容中直接推论出对进攻所要论述的内容。换一个立足点，可以使我们更清楚地认识事物，因此对于从较远的立足点已经概略考察过的事物，自然应该再从这一较近的立足点加以考察。这将是对思想体系的一个补充。在这样做时，对进攻的论述往往又有助于我们对防御有新的认识，因此我们在研究进攻时大多会遇到我们在研究防御时探讨过的相同问题。但是我们不打算按照大多数工兵教科书的做法，在谈论进攻时回避或者否定我们在研究防御时所找到的所有积极的价值，我们也不打算证明针对每个防御手段总会有某个不可或缺的进攻手段，因为这是违背事物本性的。防御有其强项和弱项，即使它的强项不是不可战胜的，但战胜它们是要付出不成比例的代价的。从任何立足点都必须看到这一点是真实存在的，否则就会自相矛盾。此外，我们也不打算详尽探讨攻防手段的相互作用；每个防御手段都会引起一个进攻手段，但后者往往距我们如此之近，以至我们不必为了解它而现从防御的立足点转到进攻的立足点；其中一个手段自然会产生于另一个手段。我们的意图是，在探讨进攻的每个问题时，指出那些进攻所特有的、不是直接产生于防御的情况。这种论述方式想必会让我们在本篇撰写一些在《防御》篇中没有对应内容的章节。

★ 第二章 ★

战略进攻的本性

我们看到，战争中的防御（即也包括战略防御）根本不是绝对的等待和抵御，也就是说，防御不是完全的忍受，而是一种相对的忍受，因此贯穿着或多或少的攻势因素。同样，进攻也不是单一的整体，而是不断地与防御混合在一起。然而两者的区别在于：没有反击的防御是根本不可想象的，反击是防御的一个必要的组成部分。但是在进攻就不是这样，突击或进攻行动本身是一个完整的概念，它本身并不需要防御，但是进攻受制于时间和空间，不得不把防御作为一个不得已而为之的事情。这是因为：**第一**，进攻不可能连续不断地一直进行到最后结束，而是要求有停顿，在进攻者自己停止进攻的这段平静时间，防御状态就自动出现了；**第二**，进攻部队身后的、其生存所必需的空间不是总能通过进攻本身受到保护，而是必须加以特别的保护。

因此，战争中的进攻行动（特别是战略上的）是进攻与防御的不断交替和结合，但是此时不能把防御视为对进攻的有效准备和提升，也就是说不能把它视为一个有作为的因素，而只能把它视为一个不得已而为之的事，是部队遇到的纯粹

第七篇

005　进攻（草稿）

困难[1]所引起的阻力，是进攻的原罪[2]，是进攻的致命伤。我们之所以说防御是一种阻力，是因为如果防御不能为进攻做些什么，那么仅是它造成的时间损失就肯定会减少进攻的效果。但是在任何进攻中都包含着的防御部分是不是也可能对进攻产生实际的不利影响呢？既然人们说，**进攻是较弱的作战形式，防御是较强的作战形式**，那么似乎可以从中得出结论：防御对进攻不会产生实际的不利影响，因为只要人们还有足够的力量用于较弱的作战形式，那么这些力量想必更足以用于较强的作战形式了。一般来说，也就是从主要方面来看，这是正确的，我们将在《**关于胜利的顶点**》一文中进行更详细的探讨，看看进一步的规定；但是我们不应忘记，**战略防御**之所以具有优越性，部分原因恰恰在于如果在进攻本身中不掺入防御，那么进攻是无法存在的，而且它掺入的是一种很弱的防御；进攻不得不处处拖带着的防御内容是防御中最糟糕的因素；靠这些因素是无法保证整个进攻部队的安全的。这样人们就理解了为什么防御的这些因素实际上会成为削弱进攻的一个因素。在进攻中出现防御薄弱的时刻，正是**防御**中的攻势因素应该采取行动和积极介入的时刻。在一天战斗之后通常随之而来的12小时的休息时间里，防御者和进攻者的处境是多么不同啊！防御者是在他选定的、非常熟悉的、准备好了的阵地中，而进攻者是像盲人一样摸索着进入一处行营。或者在较长休息期间，攻防双方有可能要求重新筹备给养或等待援兵等，此时防御者是在其要塞和储备物资附近，而进攻者却像是树枝上的鸟儿孤立无援。但是每次进攻都必然以防御结束；至于这一防御会有什么特征，取决于当时的情况；如果敌军已经被消灭，那么当时的情况可能很有利；但如果敌军没有被消灭，那么当时的情况也可能很困难。尽管这一防御已经不再是进攻本身的一部分，但是它的特点必然反过来影响到进攻，并一同决定进攻的价值。

　　上述这一考察的结论是：每次进攻时，人们必须考虑到进攻中必然会出现的防御，以便清楚地认识到进攻面临的不利之处，并对此有所准备。

　　相反，从另一方面来看，进攻本身完全是始终如一的，而防御是有很多阶

---

[1]原文"die blosse Schwere der Masse"，指部队在进攻时因遇到疲劳、补给、待援等困难而不得不停顿，从而转为防御状态。——译者注
[2]原罪（Erbsünde），宗教用语，指按基督教的说法，人天生即有的罪恶。本句的意思是说防御是进攻本身所固有的不利因素。——译者注

段[1]的，也就是说越要穷尽"等待"这一因素给防御带来的好处，防御的阶段就越多，于是就出现了彼此极为不同的防御形态，这一点我们在《抵抗的方式》[2]一章中已经谈过了。

由于进攻只有一个行动的因素，进攻中的防御只是一个缀于其上的无生命的重物，因此在进攻中不应出现在防御时才出现的不同阶段。当然进攻在威力、突击速度和力量上有巨大的区别，但这一区别只是程度上的，不是方式上的。人们当然可以设想，进攻者为了更顺利地达到目标，有时也选择防御的方式，例如部署在一处有利阵地中，等待敌人的进攻，但这种情况极为少见，以至我们在对概念和事物进行分类时无须考虑这种情况，因为我们向来是从实际出发的。因此在进攻时没有抵抗方式所提供的那种升级现象。最后，进攻手段的内容通常只有军队。除了军队外，人们当然也要把进攻者在敌人战区[3]附近、对进攻有显著影响的要塞计入进去。但是要塞对进攻的这种影响随着进攻者的推进会变得越来越弱，而且可以理解，在进攻时自己的要塞从不会起到在防御时那样的重要作用（防御时要塞往往成为主要的手段）。至于民众的支持，只有在居民对进攻者的好感多于对其自己的军队时，进攻者才会得到它。最后，进攻者也可能有同盟者，但只是特殊的或偶然的情况使然，而非出于进攻的本性[4]。因此，如果说我们在防御时可以将要塞、民众抗争和同盟者纳入抵抗手段的范围，那么在进攻时就不能这样做。防御时能运用这些手段是防御的本性使然，而在进攻时很少能运用这些手段，即使能运用，也大多是出于偶然。

---

［1］阶段（Stufen），原义为"台阶"，也可译为"层次""程序"。——译者注
［2］指本书第二卷第六篇第八章。——译者注
［3］对"战区"（Kriegstheater）这一概念，作者在本书第二卷第五篇第二章中有专门论述。——译者注
［4］意思是说，进攻者不是一定有同盟者。——译者注

★ 第三章 ★
战略进攻的目标

战胜敌人是战争的目标，消灭敌军是手段。无论是在进攻中还是在防御中都是如此。防御通过消灭敌军导致进攻，进攻导致征服一个国家；因此征服一个国家是进攻的目标，但是征服一国不必是占领其全部国土，而是可以限于占领一部分国土、一个省份、一个地区、一个要塞等等。所有这些在媾和时都有可能作为政治筹码，从而拥有一个充分的价值，进攻者要么可以保有它们，要么可以用它们交换其他东西。

因此，战略进攻的目标可以从占领全部国土起向下有无数个层次，直到占领一个最不重要的地方。一旦这个目标达到了，进攻停止了，就会出现防御，因此人们可以把战略进攻想象成一个有一定界限的单位。但是如果我们务实地研究一下这个问题，也就是说根据实际现象研究一下它，那么我们就会发现，事情并非如此。在现实中，进攻活动（进攻的意图和举措）往往不知不觉地以防御为终点，正如防御计划以进攻为终点一样。统帅很少或者至少不是总能够预先准确地规定要占领什么，而是取决于事态的发展。进攻常常把统帅带到比他预想的更远的地方，经过短时间的休整后，他的进攻往往又获得了新的力量，但是人们不能把休整前后的行动视为两个完全不同的行动。有时统帅停止进攻的时间比他预想的早，但他并未放弃进攻计划，并未转入真正的防御。因此人们可以看到，如果说成功的防御可以不知不觉地转为进攻，那么反过来，成功的进攻也可以不知不觉地转为防御。如果人们想正确地运用我们对进攻所做的一般论述，就必须注意这些层次变化。

★ 第四章 ★
进攻力量的削弱

进攻力量的削弱是战略上的一个主要问题。进攻者在具体情况下能否正确地认识这一问题，决定他能否正确地判断应该做什么。

绝对力量之所以会削弱，是由于：

1. 进攻者要达到占领敌人国土的进攻目标，这种削弱大多在第一次决战后出现，但进攻并不随着第一次决战的结束而停止；

2. 进攻的部队需要派出力量占领自己身后的地区，以保障自己交通线的安全和维持生存；

3. 进攻者在战斗中的损失和疾病减员；

4. 进攻者远离补充来源地；

5. 进攻者需要派出力量围攻、包围敌人要塞；

6. 进攻者在努力程度上逐渐懈怠；

7. 盟友退出。

但是在这些削弱进攻力量的因素对面，也有一些可以加强进攻力量的因素。很明显，只有把这些不同的因素加以对比，才能得出总的结论。例如，进攻力量的削弱可能部分或全部为防御力量的削弱所抵消，甚至小于防御力量的削弱。不过后一种情况是很少见的。人们不应总是将双方在战场上的全部部队进行比较，而是应该对双方在最前面的或者在决定性地点对峙的部队进行比较。例如法军在奥地利、普鲁士、俄国的情况，联军在法国的情况，法军在西班牙的情况。

★ 第五章 ★

进攻的顶点

进攻者在进攻中取得的战果是既有优势的结果，正确理解的话，就是物质力量和精神力量相加形成优势的结果。我们在前一章已经指出，进攻的力量会逐渐衰竭。在这一过程中，进攻者的优势有可能增加，但在大多数情况下，优势会减弱。进攻者像买东西一样购得一些在媾和谈判时应起到些作用的好处，但这些是他不得不以其部队为代价才得到的，是犹如付出现款才购得的。如果进攻者能够把自己日益减弱的优势一直保持到媾和为止，那么其目的就达到了。有的战略进攻能够直接导致媾和，但这种情况极为少见，大多数战略进攻只能使进攻者到达其力量刚好能够保持防御和等待媾和的一个点。在这个点的另一边，等待进攻者的可能是局势的骤变，进攻者可能受到反击。这种反击的力量通常比进攻者突击的力量大得多。我们把这个点称为进攻的顶点。由于进攻的目的是占有敌人的国土，于是从中得出结论，推进应一直持续到优势用尽为止，这就推动进攻者趋向目标，也容易使他超过目标。如果人们考虑到，在比较双方力量时需要考虑特别多的因素，那么就不难理解，在某些情况下，确定交战双方谁占优势是多么困难，一切往往取决于非常不可靠的想象力。

也就是说，一切都取决于能否以一种细致入微的直觉[1]来觉察出进攻的顶

---

[1] 原文"Takt des Urteils"，直译为"判断时的分寸感"。——译者注

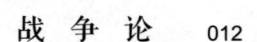

点。在此我们遇到了一个看似的矛盾——既然防御比进攻有力，那么人们应该认为进攻从来不会走得太远，因为只要进攻这一较弱的作战形式还足够强，那么人们肯定认为防御这一较强的作战形式会更强[1]。

---

[1] 在原手稿中，此处后面有一句话："根据第三篇（观点）对该问题做了进一步的探讨，具体是在《关于胜利的顶点》一文中。"在一个标有"几篇作为素材的研究性文章"的纸袋中，有一篇以"关于胜利的顶点"为标题的文章，看似是对本章（这里只是份草稿）的修改。现将该文章附印在第七篇结束处。——编者注

★ 第六章 ★

消灭敌军

消灭敌军是达到目标的手段。对此应该如何理解呢？应付出什么代价呢？对此可能有下列不同的看法：

1. 只消灭那些为达到进攻目标而必须消灭的敌军；

2. 或者只是在有可能的情况下消灭敌军；

3. 上述第2点的前提是在进攻时，保存自己的军队成为要务；

4. 从第3点又可引申出一点，就是进攻者**只在时机有利时**为消灭敌军而采取一些行动。在进攻对象一方[1]也有可能出现这种情况，这一点在第三章中已经谈过了。

摧毁敌军的唯一手段是战斗，当然是通过两个方式：1. 直接的；2. 间接的，通过多个战斗的组合。因此，如果说会战是主要的手段，那就是说它并不是唯一的手段。攻占一座要塞、一块国土，这本身已经是对敌军的一种破坏，而且还能够导致对敌军更大的破坏，也就是说它也可能成为间接破坏敌军的一个手段。

占领一个未设防的地区，除了具有直接达到某个目的的价值外，还可以被看作是对敌军的一种破坏。把敌人诱出他所占领的地区，与我们占领一个未设防地区差不多，因此只能把它与占领未设防的地区同样看待，而不能把它视作一个真

---

[1] 即防御者。——译者注

正的战斗成果。这些手段大多被高估了，实际上它们很少具有一次会战的价值，而且在采用这些手段时总是要担心人们忽略这些手段会使他们自己陷入不利的境地。但是由于采用这些手段时付出的代价小，因此它们很有诱惑力。

人们处处都只应把这些手段看作是较小的赌注，它们也只能带来较小的利润，适合在条件受限和动机较弱的场合使用。在这种场合，它们显然比无目的的会战要好，因为没有目的的会战即使获胜，人们也无法充分利用其成果。

★ 第七章 ★

进攻会战

我们对防御会战所谈的内容已经在很大程度上说明了进攻会战。

为使读者认清防御的本质，我们在研究防御会战时只考察了防御特性表现得最为明显的会战。但是这样的防御会战是很少的，大多数防御会战是半遭遇战[1]，此时防御的特点已经所剩无几。但是进攻会战的情况不是这样，它在任何情况下都保持其特点，而且由于防御者此时未处于其真正的防御状态，进攻会战就可以更大胆地保持其特点。因此，即使是在特性不很明显的防御会战中，以及在真正的遭遇战中，各方在会战特点上总还是有些区别的。进攻会战的主要特点是包围或迂回，同时发起会战。

实施包围的战斗本身显然有大的好处，这是一个战术上的问题。进攻者不能因为防御者拥有对抗包围的手段就放弃这些好处，因为只要防御者的这一手段过于依赖防御的其余条件，防御者就无法使用这一手段。防御者为对包围者进行有利的反包围，就必须位于一处经过挑选和构筑良好的阵地中。更为重要的是，并不是防御能提供的所有好处都确实能得到运用；大多数防御只是一种可怜的应急，防御者大多处于一种非常窘迫和危险的境地，边等待出现最糟糕的情况，边在半路上迎向进攻者，于是利用包围甚至转换正面进行会战，本来是交通线位置

---

[1] "遭遇战"一词，作者用了法语"rencontres"。——译者注

有利时即应采取的手段,却往往成为精神力量和物质力量占优势时采取的手段。马伦戈会战[1]、奥斯特利茨会战[2]、耶拿会战[3]就是这样。在马伦戈会战中,进攻者的基地与防御者的基地相比尽管不占优势,但由于距离边境近,大多规模很大,因此进攻者已经可以采取一些冒险的行动。至于侧面进攻,即转换正面进行的会战则比包围更有效。有人认为在进行战略包围时,一开始就应该像布拉格会战[4]那样,与侧面进攻结合进行,这一看法是错误的;战略包围与侧面进攻很少有共同之处,结合起来进行是一种十分危险的行动。关于这一点,我们在论述战区进攻时还会进一步说明。如果说在防御会战中,防御者的统帅需要尽量推迟决出胜负和赢得时间(因为一场在日落时仍未决出胜负的防御会战通常就是防御者的一次胜利会战),那么在进攻会战中,进攻者的统帅则需要加快决出胜负。但是另一方面,如果进攻者操之过急,就会面临很大的危险,因为这会导致兵力浪费。进攻会战的一个特点是进攻者在大多数情况下对对手的情况没有把握,实际上是摸索着进入陌生的环境(例如奥斯特利茨会战、瓦格拉姆会战[5]、霍恩林

---

[1] 拿破仑于1800年5月17—20日自北向南翻越大圣伯纳德山口,进入上意大利,之后于6月14日在马伦戈(Marengo,今意大利亚历山德里亚省首府亚历山德里亚的一部分,位于博尔米达河畔)附近率领28,000人打败梅拉斯率领的3万奥军,取得第二次反法联盟战争中的一场决定性的胜利。——译者注

[2] 1805年12月2日,拿破仑在奥斯特利茨(Austerlitz,即今捷克南部摩拉维亚地区东部小城斯拉夫科夫[Slavkov])击败俄奥联军,迫使奥皇于当月26日签订《普雷斯堡和约》(*Frieden von Pressburg*),结束第三次反法联盟战争。——译者注

[3] 又称耶拿和奥尔施泰特会战。1806年10月14日,拿破仑率法军主力约10万人在耶拿(Jena,今德国图林根州一城市,位于萨勒河左岸)附近击败霍恩洛厄指挥的普鲁士和萨克森联军5.3万人。同日,双方在均不知晓当日耶拿会战的情况下,法军达武元帅率领约2.9万人在奥尔施泰特(Auerstedt,今德国图林根州一小镇,西南距耶拿约25公里)附近击败布伦瑞克公爵指挥的普军主力约5万人。在追击中,普军纷纷投降。在这两场会战中,法军伤亡约1.5万人,普军伤亡和被俘3.3万人。普鲁士国王威廉三世偕全家逃往东普鲁士。拿破仑于当月27日进入柏林。——译者注

[4] 1757年4月,弗里德里希二世率普鲁士军队分四路从西里西亚和萨克森攻入波希米亚,向布拉格(Prag,今捷克共和国首都,位于伏尔塔瓦河畔)实施战略包围。奥地利卡尔亲王仓促集结部队,在布拉格东部利用地形构筑阵地。5月6日,弗里德里希二世对奥军右翼发起进攻,并迂回到奥军背后,奥军撤至布拉格城内,被普军包围。——译者注

[5] 1809年7月5—6日,拿破仑率法军在维也纳附近的瓦格拉姆(Wagram,即今奥地利下奥地利州小城德意志-瓦格拉姆)战胜卡尔大公率领的奥军。11日,奥皇求和。同年10月,奥地利被迫签订《美泉宫和约》(*Frieden von Schönbrunn*),第五次反法联盟战争结束。——译者注

第七篇
017　　进攻（草稿）

登会战[1]、耶拿会战、卡茨巴赫会战[2]）。进攻会战越是这种情况，进攻者就越是应集中兵力，就越是应多迂回，少包围。胜利的主要果实要在追击中才能得到，这一点我们在第四篇第十二章中已经说过。按照事物的本性，追击在进攻会战中较防御会战而言更是整个行动的一个不可缺少的部分。

---

[1] 1800年6月，法国的莫罗将军率莱茵军团向奥地利和巴伐利亚联军发起进攻，在伊萨河与莱茵河之间占领阵地。7月，双方停战。11月，谈判破裂，拿破仑宣布28日结束停战。12月3日，奥地利约翰大公准备向霍恩林登（Hohenlinden，今德国巴伐利亚州一小城，西距慕尼黑34公里）法军阵地发起进攻，但在发起进攻之前遭到法军右翼两个师从翼侧的袭击，结果败退。——译者注

[2] 1813年8月的布布尔河之战后，布吕歇尔东撤，以避免与拿破仑会战。拿破仑派麦克唐纳追击。26日，法军渡过卡茨巴赫河（die Katzbach，即卡什扎瓦河，奥得河的一条支流，长84公里）。布吕歇尔乘法军立足未稳，分三路发起进攻，将法军击溃。29日，联军在追击中歼灭法军第5军的皮托师，重新推进至布布尔河。——译者注

★ 第八章 ★

过河

1. 进攻方向线被一条较大的河流切断，这对进攻者来说总是件很不舒服的事情，因为过河后其退路大多会受限于一座桥梁。如果他不想紧靠这条河流停留，那么他接下来的所有行动都会受到很大的限制。如果进攻者还考虑向对岸之敌发起一次决定性的战斗，或者他预计敌人可能向自己发起一次决定性的战斗，那么他就会面临大的危险。因此，一位统帅如果没有很大的精神和物质优势，是不会让自己处于这种境地的。

2. 由于进攻者面临这种单纯以过河为目的的过河后的困难，防御者也就有可能确实对江河进行防御。这种情况出现的次数比人们想象的要多得多。假设防御者不把这种江河防御看作是唯一的应急手段，而是很好地组织这种防御，以至即使江河防御本身失利，还有可能在江河附近进行抵抗，那么进攻者就不仅要考虑对手通过江河防御对他进行的抵抗，而且还要考虑上面第1点中所说的江河给防御者所提供的全部好处。我们看到，这两个要考虑到的问题使统帅们在进攻时对一条设防江河总是有很多的敬畏之心。

3. 我们在前一篇看到，在一定条件下，真正的江河防御确实可以取得好的战果，而且如果我们看一下以往的经验，那么我们就不得不承认，取得这些战果的次数其实比理论所预言的还要多得多，因为人们在理论上毕竟只考虑到了实际摆在那里的困难，而在实施中，在进攻者看来，通常一切都比实际的更困难些，因此也就成为其行动的一个巨大障碍。即使我们现在谈的是一次不求大规模决战、并非全力以赴的进攻，我们也可以说，进攻者在实施中遇到的一些小的、在理论上根本无法计算出来的障碍和偶然事件对他仍是不利的，因为他是行动者，会首先与这些障碍和偶然事件发生冲突。人们只要想一想伦巴第[1]那些本身并不大的河流却常常能够被成功守住，就会明白这一点了。如果说在战史上相反也有一些江河防御没有取得预期的效果，那是因为人们有时要求这一手段发挥完全被夸大了的效果，这一效果完全不是基于这一手段的战术本性，而是基于这一手段在历史上为人所知并被过分夸大了的效果。

4. 只有当防御者犯了错误，将其整个希望寄托于江河防御，使其处于一种一旦防御被突破就面临大的困境和某种灾难的境地时，江河防御才能被视为一个对进攻者有利的抵抗形式，因为突破一道江河防御当然比赢得一次通常的会战更容易。

5. 从迄今所述内容自然可以得出结论：如果进攻者不寻求大规模决战，那么江河防御会具有很大的价值；但是如果进攻者兵力占优势或干劲十足，准备进行大规模决战，那么如果防御者错用了这个手段，就可能为进攻者带来实际的价值。

6. 无法被迂回的江河防御是极少的，无论是就整个防线而言，还是特别就某个地点而言。因此，对兵力占优势和立足于大规模打击的进攻者来说，他总是有办法在一个地点佯动，而在另一个地点过河，然后以优势兵力和不顾一切的推进（由于兵力占优势，使不顾一切的推进成为可能）来抵消战斗初期可能遇到的不利情况。因此，以超过敌人的火力和勇敢来驱逐敌人的一支主要的哨所[2]守军，对一条设防的江河进行一次真正的战术强渡，是极少或者根本不会出现的。"强渡"这一表述永远只能用在战略上，表示进攻者在规定的河段内一个少量设防或

---

[1] 伦巴第（die Lombardei），历史上指意大利整个西北地区，包括皮埃蒙特、热那亚和瑞士的提契诺州，面积远大于今意大利伦巴第大区。——译者注
[2] 作者所用的"哨所"（Posten）概念涵盖的范围远大于一般的哨所，不仅指"哨兵或警戒分队所在的处所"，有时也指一处要塞或一座城市。——译者注

者根本没有设防的地方不顾所有不利条件过河。这些不利条件是防御者认为进攻者在过河时应该面临的。进攻者所能采取的最糟糕的做法是在相距较远、无法共同实施打击的多个地点真正过河,因为防御者是不得已分兵的,而进攻者这样是主动分兵,从而放弃了其天然的兵力集中的优势。1814年,贝勒加德[1]就是由于这个原因而输掉了明乔河会战[2]。在这次会战中,双方军队凑巧同时在不同的地点过河,而奥地利人的分兵程度比法国人的大。

7. 如果防御者与进攻者在河的同一边,那么不言而喻,进攻者从战略上战胜防御者的手段有两个:一是无视防御者而在某个地点过河,即在过河这一手段上超过防御者;二是通过一场会战。在采取第一个手段时,基地和交通线的情况应该是首先起决定性作用的。但是人们经常看到,专门为此而进行的准备工作比总的情况能更多地起到决定性作用。谁懂得选择更好的哨所阵地,谁组织得更好,谁的部下能更好地服从,谁行军更快等,谁就可以利用这些有利条件与总的不利条件抗争。至于第二个手段,前提是进攻者拥有进行一场会战的手段、条件和决心。而当进攻者拥有这些前提条件时,防御者一般不敢轻易进行这样的江河防御。

8. 我们最后的结论是,尽管渡过一条河流本身很少有大的困难,但在所有不求大规模决战的场合,进攻者出于对渡河一旦失利的后果和后续情况的担心,当然还是容易停下来的,以至他要么让防御者留在河的这一边,要么在必要时渡河,但是之后紧靠河流停下来。双方长时间隔河对峙的情况是很少见的。

在大规模决战的场合,一条河流也是一个重要的对象,它总是会削弱和妨碍攻势。在这种情况下,对进攻者最有利的是防御者误把江河视为一道战术上的屏障,没有进行真正的江河防御,而只是把江河防御作为自己抵抗的主要行动,以至进攻者得到轻易进行决定性打击的有利条件。当然这一打击绝不会立即导致对

---

[1]贝勒加德(Heinrich Joseph Johann Graf von Bellegarde,1757—1845),伯爵,奥地利元帅、政治家。先后在萨克森和奥地利军中任职。曾任奥地利宫廷军事委员会主席。——译者注
[2]1814年2月,奥地利的贝勒加德伯爵追击欧仁指挥的法军。在过明乔河(der Mincio,意大利北部波河的一条支流,长194公里)时,与回过头来过河的法军遭遇。双方激战后,奥军退至明乔河东岸,法军重回西岸。在这次激战中,奥军兵力本来占优势,但由于分三路过河,兵力过于分散,没有取得胜利。——译者注

手彻底大败，但是这一打击会体现在每一个对进攻者有利的战斗中，这些战斗会使对手总的处境变得非常恶劣。1796年奥地利人在下莱茵地区[1]就是这样[2]。

---

[1] 下莱茵地区（der Niedrrhein），指莱茵河下游两岸地区，大致包括今德国北莱茵-威斯特法伦州西部及其与荷兰接壤的地区。——译者注
[2] 1796年战局初期，奥军驻德意志战区的下莱茵军团右翼在科布伦茨以北采取守势。法军茹尔当的左翼部队渡过莱茵河和希克河（die Sieg，莱茵河右岸一条支流，长155公里），向东进攻，迫使奥军退至拉恩河（die Lahn，莱茵河右岸的一条支流，长245公里）后面进行防御。——译者注

★ 第九章 ★

对防御阵地的进攻

  我们在《防御》一篇中已经足够详细地讨论了防御阵地能在多大程度上迫使进攻者要么向它进攻，要么停止前进。只有起到这种作用的防御阵地才是有用的，才适合全部或部分消耗掉敌人的进攻力量，或者使它不起作用。从这种情况来看，进攻者对防御阵地是无能为力的，也就是说，他没有什么手段能抵消防御者的这一有利条件。但并不是所有防御阵地都是这样。如果进攻者发现不用进攻防御阵地也可以追求其目标，那么进攻防御阵地就是他的一个错误。如果他发现不进攻防御阵地就无法追求其目标，那么他应该自问，能否通过威胁防御者的翼侧而将其引出阵地。只有当这一手段无效时，进攻者才应决定进攻一处良好的阵地。此时进攻者从侧面进攻阵地，通常困难会少一些。至于应该选择哪个侧面，则取决于双方退却线的位置和方向，即取决于能否威胁敌人的退路和保障自己的退路。威胁敌人退路和保障自己退路之间可能无法兼顾，此时自然应首先考虑威胁敌退路，因为此举本身是攻势属性，也就是说是与进攻相适应的，而保障自己的退路是守势属性。但是**对一处良好阵地中的顽强之敌发起进攻是件糟糕的事**，这是肯定的，在此应该将其视为一个主要的事实。当然不乏这种会战，而且不乏这种会战获胜的例子，例如托尔高会战[1]、瓦格拉姆会战（我们不以德累斯顿会战为例，因为对这场会战中的对手，我们还不能称其为顽强的对手）。但是总的来说，这种防御阵地受到进攻的危险是很小的。如果我们再看到，在无数的事例中，即使是最果敢的统帅对良好的防御阵地也是敬而远之，那么我们可以说，这种危险是不存在的。

但是人们不能把我们这里所谈的会战与常见的会战混为一谈。大多数的会战是真正的遭遇战[2]，在这种会战中，虽然其中一方是停住的，但他是停在一处没有准备的阵地中。

---

[1] 七年战争的最后一场大规模会战。在1760年战局最后阶段，奥军统帅道恩率主力在托尔高（Torgau，今德国萨克森州北部一城市，位于易北河畔）西北高地利用地形构筑坚固阵地。11月3日，弗里德里希二世率普军前后夹击奥军阵地。激战后，奥军于夜间退回托尔高，次日继续退向德累斯顿。——译者注

[2] "遭遇战"一词，作者用了法语"rencontres"。——译者

★ 第十章 ★

对设防营垒的进攻

十分轻蔑地谈论防御工事及其作用,曾经风行一时。法国边境像哨所线[1]一样的防线屡屡被突破,冯·贝沃恩[2]公爵在布雷斯劳的设防营垒中输掉会战,以及托尔高会战等很多战例导致人们轻视工事及其作用。而弗里德里希大帝通过运动和攻势手段取得的胜利,更加重了人们对一切防御、一切阵地战斗,特别是一切防御工事的轻视。如果数千人受命防御长很多普里的国土,或者防御工事不过是颠倒过来的交通壕,那么它们当然是毫无价值的。如果人们把希望寄托在它们身上,就会出现危险的缺口。但是如果人们像常见的空谈家那样,把这种对防御的轻视扩大到对构筑工事这一观念本身的轻视(滕佩尔霍夫就是这样做的),难道不是自相矛盾,甚至是十分荒谬的吗?假如防御工事不适于加强防御者的力量,那它们还有什么用呢?不是这样的!不仅是理智的思考,而且还有无数的经验表明,对一处构筑良好、有足够兵力且防守严密的防御工事,**必须视为一个一**

---

[1]对于"哨所线"(Kordon)这一概念,作者在本书第二卷第六篇第二十二章中有专门论述。哨所线多沿边境或越冬营地设置,主要起到警戒和防护的作用,需要时也可用于进攻,常被形象地称为"拉长了的要塞"。以往有的中文译者将该词译为"单线式防御",这是不准确的,因为在重要地段也可设置多重哨所线(作者就曾以中国长城为例),而且哨所线既可用于防御,也可用于进攻。——译者注

[2]冯·贝沃恩(Wilhelm August Herzog von Bevern,1715—1781),公爵,普鲁士将军。参加过波兰王位继承战争和三次西里西亚战争。1757年任驻西里西亚普军司令。——译者注

般来说坚不可摧的点，进攻者也是这样看的。如果说单个防御工事就已经能有这样的效果，那么人们就不应怀疑，对进攻者来说，进攻一处设防营垒是一项非常困难的、在大多数情况下不可能完成的任务。

设防营垒的兵力较少，这是设防营垒的本性决定的，但是守军利用有利的地形障碍和有力的防御工事仍可抗击优势之敌。弗里德里希大帝尽管可以用两倍于皮尔纳营垒守敌的兵力进攻该营垒，但是他认为进攻该营垒是不可取的。后来不时有人坚称当时弗里德里希大帝本来是可以攻破皮尔纳营垒的，这一说法的唯一根据是当时的萨克森部队状况很糟糕，但是这当然丝毫不能证明防御工事没有效果。同时，那些事后认为该营垒不仅可以而且甚至应该很容易就被攻克的人在当时是否会定下进攻该营垒的决心也是个问题。

我们认为，进攻一处设防营垒是一种极不寻常的攻势手段。只有当工事是在匆忙中构筑，尚未完工，用以加强工事的、位于其接近地中的障碍物还很少的时候，或者像常见的那样，整个营垒只是初具规模，仅完成一半的时候，进攻营垒才是可取的，甚至还是轻易战胜对手的一个途径。

★ 第十一章 ★
对山地的进攻

从第六篇第五章及其以后的几章[1]中,我们已经足以了解山地在总的战略关系中的角色,无论是在防御时,还是在进攻时。我们在这几章中也试着阐述了山地作为真正的防线所扮演的角色,并且从中已经得出了结论,知道了进攻方面会如何看待山地的这一作用。因此,对山地这一重要内容我们在这里就没有多少要说的了。当时我们得出的主要结论是:就一场次要战斗或一场主力会战而言,对山地防御的看法应该是完全不同的;在进行次要战斗时,只能把对山地的进攻看作是迫不得已而为之的事情,因为此时所有因素都对进攻者不利;但是在进行主力会战时,山地对进攻者是有利的。

因此,如果进攻者拥有发起会战的兵力和决心,就应该在山地与对手作战,而且一定能从中得到好处。

但是我们在此也不得不再谈一下这个问题。上述结论很难得到他人的认同,因为这个结论不仅与个人印象有矛盾,而且初看上去还与一切战争经验相抵触。在大多数情况下,人们还看到,一支正在推进、准备进攻的部队不管是否寻求一次主力会战,都会把敌人没有占领位于他和自己之间的山地视为一件莫大的幸

---

[1]指本书第二卷第六篇第十五、十六、十七章。——译者注

事，于是总是急急忙忙地先敌去占领这一山地，而没有认识到这一行动与进攻者的利益本是矛盾的。在我们看来，进攻者这样做也是可以的，但是人们要在这里更仔细地区分不同的情况。

一支迎向敌人、准备发起一次主力会战的部队，当它要翻越一处未被占领的山地时，自然会担心敌人在最后的时刻恰好封锁那些它想利用的隘口；假如防御者封锁了这些隘口，进攻者就不再拥有防御者在占据一处普通的山地阵地时通常为进攻者提供的那些好处。此时防御者已经不再是展开过大，不再是无法确定进攻者要走哪条道路，而进攻者却不再能针对敌人的部署来选择自己的道路了。因此在这种山地会战中，进攻者不再具备我们在第六篇中所说的一切有利条件。在这种情况下，防御者有可能位于一处坚不可摧的阵地中。这样一来，防御者就有可能拥有利用山地进行主力会战的手段。这当然是有可能发生的，但是如果人们考虑到防御者在最后一刻进入并欲扼守一处良好山地阵地时将会遇到的种种困难（特别是当他事先完全没有占领这个阵地时），我们就会发现这一防御手段是完全靠不住的，也就是说，进攻者所担心的那种情况是**不大可能发生的**。尽管这种情况不大可能发生，但是担心这种情况发生却是很自然的，因为在战争中经常出现的一个情况就是：一个担心是很自然的，但又是相当多余的。

进攻者此时担心的另一件事情是防御者以一支前卫部队或一条前哨链进行临时性的山地防御。这个手段也只是在极少数情况下才符合防御者的利益，但是进攻者很难估计此举在多大程度上对防御者有利或不利，于是就会担心遇到最糟糕的情况。

此外，我们上述的这一点见解并不排除一处阵地由于地形的山地特点而完全成为坚不可摧阵地的可能性；在山地以外也有这样坚不可摧的阵地，例如皮尔纳、施莫特塞芬、迈森[1]、费尔德基希；正因为这些阵地不在山地，其作用就更大。人们当然也可以设想在山地本身找到这样坚不可摧的阵地（例如在高高的台地上）。在这种阵地上，防御者可以摆脱山地阵地常见的不利条件，但是这样的

---

[1] 迈森（Meissen），今德国萨克森州一城市，位于德累斯顿西北，易北河左岸。——译者注

阵地毕竟是极为少见的，而我们只能考察大多数的情况。

我们正是在战史中看到山地是多么不适于进行决定性的防御会战，因为杰出的统帅们要进行这种会战时总是宁愿在平原上部署部队。在整个战史上，除了在革命战争[1]中，没有其他在山地进行决定性战斗的战例。在革命战争中，显然是一种错误的应用理论和推论导致了人们在本应进行决定性打击的地方运用了山地阵地。1793年和1794年在孚日山脉，以及1795年、1796年和1797年在意大利就是这样的情况。大家都指责梅拉斯在1800年没有占领阿尔卑斯山脉的通道[2]，但这是欠考虑的批评，可以说是根据表面现象进行的幼稚的批评。假如拿破仑是在梅拉斯的位置，恐怕也不会去占领这些通道。

一次山地进攻的部署绝大部分是战术属性，我们认为在此只需对山地进攻的一般情况，即那些与战略关系最密切并且与其交汇的部分做以下说明：

1. 由于部队在山地不能像在其他地方那样一有紧急情况要求分兵即可离开道路，由一路变成两路或三路行进，而是大多只能拥塞在长长的隘路上，因此部队一般应该一开始即沿多条道路推进，或者更准确地说，应该在一个较宽的正面上推进。

2. 针对防御者展开很宽的山地防御，进攻者当然应该集中兵力。在这里，进攻者包围整个敌军是不可想象的。进攻者要想取得大的胜利，就应更多地采取突破敌防线和挤压敌两翼部队的方法，而不是采取大范围切割敌军的方法。沿敌人的主要退路快速和不停顿地推进，应是进攻者此时自然的追求。

3. 但是如果进攻者要对山地中兵力较为集中的敌人发起进攻，那么迂回就是进攻的一个很重要的部分，因为正面突击会遇到防御者最有力的抵抗。但是迂回必须更多以真正切断防御者退路为目的，而不是以战术上的侧面或背后进攻为目的，因为即使是从背后发起进攻，如果防御者不缺少兵力，那么借助山地阵地仍能够进行顽强的抵抗；只有让敌人担心失去退路，进攻者才有望以最快的速度取得战果。这种对失去退路的担心在山地中产生得更早，效果也更大，因为人们在

---

[1] 革命战争（Revolutionskrieg），也称法国革命战争，指第一次和第二次反法联盟与法国之间的战争（1792—1802）。——译者注

[2] 1800年5月，拿破仑率法军分五路从大圣伯纳德、小圣伯纳德、辛普朗、圣哥达、塞尼等山口越过阿尔卑斯山进入北意大利。当时奥地利的梅拉斯将军没有派兵防守这些山口。——译者注

029　进攻（草稿）

最危急的情况下不是那么容易就可以用手中的剑杀出一条血路的。但是进攻者单纯的佯动在此不是一个充分的手段，它最多是把敌人引出阵地，但不会带来任何特别的成果，因此进攻者必须以确实切断敌人退路为目的。

★ 第十二章 ★

对哨所线的进攻

如果在哨所线的攻防中包含着一次主力决战，那么哨所线就会让进攻者得到真正的好处，因为哨所线的正面过宽，比直接的江河或山地防御更不符合一次决定性会战的要求。1712年欧仁的德南[1]哨所线就可以算是这种情况[2]，那一次他的损失与一次会战失败的损失完全一样。假如当时欧仁集中部署兵力，那么维拉尔[3]恐怕就很难赢得这一胜利了。如果进攻者不具备进行一次决定性会战所需要的手段，那么即使是哨所线，只要扼守它们的是敌军主力，进攻者也要对它敬而远之。例如即使是维拉尔，1703年时也没敢进攻路德维希·冯·巴登-巴登[4]

---

[1] 德南（Denain），今法国诺尔省一城市，位于斯海尔德河畔。——译者注
[2] 1712年7月，西班牙王位继承战争（1701—1714）期间，欧仁亲王率领奥地利、英国、荷兰联军围攻法国北部的朗德勒西等要塞，并为保护自己的交通线和基地（马尔希延要塞），从德南到索曼建起一条长6公里的防线，由阿尔比马尔将军率荷军防守。24日，法军将联军大部分兵力吸引到朗德勒西，由维拉尔元帅率领一支部队袭击德南，攻破了这条防线。——译者注
[3] 维拉尔（Claude Louis Hectorde Villars，1653—1734），公爵，法国元帅，曾参加路易十四对外进行的历次战争。1712年曾率法军攻破德南防线。——译者注
[4] 路德维希·冯·巴登-巴登（Ludwig Wilhelm von Baden-Baden，1655—1707），德意志神圣罗马帝国元帅，曾参加第五次奥土战争（1683—1699）。——译者注

第七篇
031　进攻（草稿）

扼守的施托尔霍芬[1]哨所线[2]。但是如果哨所线只是由一支次要部队占据着，那么自然一切就取决于进攻者能用于进攻的兵力的大小。此时进攻者遇到的抵抗大多不激烈，胜利成果的价值当然也就比较小。

围攻者的围攻环线[3]有自己的特点，我们将在《对战区的进攻》[4]这一章进行论述。

所有哨所线式的部署（例如得到加强的前哨线等）总是有易被突破的特点。但是如果突破者不是为了继续推进并从中求得决战，那么突破这些部署就只能给他带来较小的成果，这样的成果在多数情况下不值得人们为其付出努力。

---

[1]施托尔霍芬（Stollhofen），今德国巴登-符腾堡州小镇莱茵明斯特（Rheinmünster）的一部分。——译者注

[2]又称比尔—施托尔霍芬线（die Bühl-Stollhofener Linie）。在西班牙王位继承战争期间，边区伯爵路德维希·威廉·冯·巴登-巴登针对法军在莱茵河畔新建的路易斯堡要塞，于1701年自莱茵河至黑林山脉建立起一条长10公里的哨所线。1703年4月，法军元帅维拉尔试图以炮轰和迂回突破该线，但由于边区伯爵率主力24,000人防守，未能成功。——译者注

[3]围攻环线（die Zirkumvallationslinie）是围攻部队围绕要围攻的城市或要塞构筑的工事，以防止受围者突围或对围攻者发起进攻。在没有另外设置保护围攻环线（die Kontravallationslinie）的情况下，也可用于抗击受围者的解围或增援部队。——译者注

[4]原文如此，疑误。本书并无《对战区的进攻》一章，涉及对战区发起进攻的专述只有本篇第十五章和第十六章。——译者注

★ 第十三章 ★

机动

1. 我们在第六篇第三十章已经谈过这个问题。尽管防御者和进攻者都可以采取机动，但是机动的进攻本性总是多少大于其防御本性，因此我们想在这里进一步探讨机动的特点。

2. 机动与大规模战斗强攻并不对立，而是与直接从进攻手段衍生出来的进攻对立，即使只是针对敌交通线和退路的一次行动，或者一次牵制性的进攻，等等。

3. 如果我们把握住机动这个词的习惯用法，那么就可以知道，机动的概念中包含着一种通过诱使敌人犯错误，从而在某种程度上由不采取行动，也就是**由均势产生**的效果。机动好比下棋时的头几步棋，是双方在力量均衡时的一种赌博，以便形成一个通往成功的幸运机会，然后将这一机会作为对对手的优势而加以利用。

4. 实施机动的其他考虑（应将其部分视为行动的目标，部分视为行动的根据）主要是：

（1）试图切断或限制对手的给养供应；

（2）与己方的其他部队会合；

（3）威胁对手与其国土腹地或与其他军团和军的联系；

（4）威胁对手的退路；

（5）以优势兵力进攻对手的个别地点。

上述这五个考虑有可能体现在具体情况下的最小的细节中，从而使这些细节成为一定时间内一切都围着它转的东西。这时，一座桥梁、一条道路、一个工事往往扮演主要的角色。它们之所以重要，只是因为它们与上述五个考虑中的一个有关。对此在任何情况下都是容易阐明的。

（6）一次成功的机动给进攻者，或者更准确地说给积极行动的一方（当然也可能是防御者）带来的结果是得到一小块地方、一座仓库等。

（7）在战略机动中有两组对立的概念，它们看上去像是不同的机动，人们可能用它们推导出错误的原则和规则。但是这四个概念其实都是（而且必须被看作是）事物的必要的组成部分。第一组对立的概念是包围和在内线上活动，第二组对立的概念是保持兵力集中和将兵力分散成多个哨所。

（8）对于第一组对立的概念，人们决不能说其中的一个总的来说有资格优先于另一个而被人们运用。部分原因是如果人们致力于其中一种行动方式，那么自然会导致另一种行动方式成为其自然的平衡物和真正的药剂；部分原因是包围与进攻本性相同，留在内线与防御本性相同，因此在大多数情况下，包围能给进攻者带来更多好处，在内线活动能给防御者带来更多好处。哪种形式最适合，就应优先用哪种形式。

（9）对于另一组对立的概念同样不能说其中一个优于另一个。兵力较多的一方可以把兵力分散扩展到多个哨所，这样可以在很多方面为自己创造战略生存和行动的方便条件，还可以保全其部队的力量。兵力较少的一方则不得不更多地保持兵力集中，力求通过运动来弥补由于兵力较少而可能带来的损失。较大的机动性是以较强的行军能力为前提的，因此兵力较少的一方不得不付出更多的体力和精神力量——这就是最后的结论。如果我们总是能够保持前后观点一致，想必自然会处处遇到这个结论，因此人们在一定程度上可以把这一结论视为检验我们论证的逻辑性的试金石。1759年和1760年弗里德里希大帝对道恩的战局，1761年他对劳东的战局,以及1673年和1675年蒙泰库科利对蒂雷纳的战局[1]始终被认为是兵力较少的一方最巧妙地利用这种机动方式的典范。我们的见解主要是根据这些战局得出的。

(10)正如不应滥用上述两组四个对立的概念而得出错误的原则和规则一样,我们也要提醒不应赋予其他一般条件(例如基地、地形等)以实际上并不存在的重要性和决定性的影响。追求的好处越小,地点和时机上的细节就越重要,泛泛的和粗线条的东西就越不重要,它们一定程度上在小的算计中是没有位置的。1675年,蒂雷纳背后紧靠莱茵河,把兵力部署在宽3普里的正面上,而退却时要用的桥位于其右翼的最外侧[2]。如果用一般的观点来考察,还有比这更荒谬的部署吗?但是他的举措达到了目的,因此这些举措被认为有高度的技巧和智慧并非没有道理。人们只有更多地注意细节并根据它们在具体场合想必拥有的价值来评价它们,才会理解这种成功和技巧。

(11)因此我们深信,对机动来说,没有任何类型的规则可供遵循;没有任何方法和一般原则可以决定这一行动的价值;在最具体和最微小的情况下,从容的活动、准确、有序、服从和镇定可以让人找到手段,去获得可被感知到的好处;在这场竞技中能否取得胜利,主要取决于上述这些特性。

---

[1]在荷兰战争(1672—1678)期间,1673年,德意志的蒙泰库科利进行机动,渡过莱茵河,占领波恩,顺利与奥兰治公爵的荷兰军队会合,形成兵力上的优势,迫使蒂雷纳退出荷兰。1675年,蒙泰库科利为占领斯特拉斯堡,与蒂雷纳相互机动达四个月。7月27日,蒂雷纳在萨斯巴赫会战中阵亡,法军暂时退出阿尔萨斯。——译者注

[2]1675年6月初,法国元帅蒂雷纳在奥滕海姆附近渡过莱茵河,进至奥芬堡附近。为阻止蒙泰库科利,蒂雷纳将右翼延伸至奥滕海姆附近的莱茵河畔。这时蒂雷纳只有一座桥梁可作退路,而且位于其右翼的最外侧。——译者注

★ 第十四章 ★
对沼泽地、泛滥地和林地的进攻

沼泽地，也就是无法直接通过只有少数堤坝路从中穿过的草地，会给战术进攻带来特殊的困难，正如我们在《防御》一篇中已经指出的那样。沼泽地很宽，无法靠火炮将敌人从对岸赶走，也无法设计出自己跨越沼泽地的方法。战略上的后果就是人们试图避免向沼泽地发起进攻，而是绕过它。如果被开垦的程度很高（就像在有些低洼地带那样），以至形成无数通道，那么防御者的抵抗虽然仍相对较强，但是对进行一场绝对的决战来说就比较弱了，也就是说完全不适合了。相反如果低洼地由于泛滥而水位升高（像在荷兰那样），那么抵抗就可以增强到绝对抵抗，从而使任何进攻都不会成功。荷兰在1672年的情况表明，当时法军在攻克和占领位于泛滥线以外的所有要塞后毕竟还有5万人（先由孔戴，后由弗朗索瓦·卢森堡指挥），却未能攻克这条泛滥线，尽管防守这条线的也许只有2万人。如果说布伦瑞克公爵指挥的普鲁士人针对荷兰人的1787年战局是与此完全相反的结果（普军以几乎势均力敌的兵力和很小的损失攻克了这些泛滥线），那么人们应从防御者由于政见不一而分裂的状况和指挥不一致中去找原因。但是最明确的是，这次战局的成功（就是穿过最后一道泛滥线，一直推进到阿姆斯特丹城下）是以一个极小的事实为基础的，以至人们不能根据这个战例就得出一个结论。这个极小的事实就是哈勒姆湖没有设防，公爵正是借助这个湖绕过了防线，从背后抵达了阿姆斯特尔芬[1]哨所。假如荷兰人在这个湖上有几艘舰船，公爵就绝不可能抵达阿姆斯特丹城下，因为他当时已经无计可施[2]了。至于这样的话会对媾和有什么影响，与我们这里要谈的内容无关，但是这样一来普军肯定不会突破最后一道泛滥线。

冬季当然是泄洪这一防御手段的天敌，1794年和1795年法国人就表明了这一点，但是只有**严寒**的冬天才是这样。

我们同样把难以通行的林地算作加强防御的一个有力手段。如果林地的纵深不大，那么进攻者可以沿彼此邻近的几条道路穿过它，抵达更有利的地区，因为防御者在单个地点的战术力量不会大，林地从不像江河或沼泽地那样被想成是绝对无法通过的。但是如果像在俄国和波兰那样，一大片地区几乎到处都是林地，进攻者的力量很难走出去，那么他的处境当然就会非常困难。我们只要想一想，进攻者在给养上要与多少困难做斗争；在昏暗的森林中，进攻者面对到处都有可能出现的对手，要感受到自己在数量上占有优势是多么不容易，就可以明白这一点了。这肯定是进攻者有可能陷入的最糟糕的处境之一。

---

[1] 阿姆斯特尔芬（Amstelveen），今荷兰首都阿姆斯特丹南部一城区。——译者注
[2] "无计可施"一词，作者用了法语"au bout de son latin"。——译者注

★ 第十五章 ★
对一个战区的寻求决战的进攻

有关这个题目的大部分问题在第六篇已经谈过了。只要反过来看，对那里的论述就是对进攻的应有的说明。

一个独立战区的概念与防御的关系总是比它与进攻的关系更密切。对进攻的一些要点（**进攻的对象、胜利的影响范围**），我们已经在本篇探讨过了，而关于进攻本性的最根本和最重要的问题，我们要到《战争计划》一篇才能予以阐明。尽管如此，还是有几点需要在这里就加以说明。我们打算还是从意图大规模决战的战局谈起。

1. 进攻的最直接的目标是一次胜利。对于防御者因其防御地位的本性而拥有的各种好处，进攻者只能通过兵力优势来抵消，必要时要以由于自己是进攻者和前进者而给部队带来的微弱的优越感来抵消。在大多数情况下，人们对这种优越感的作用估计过高，其实这种优越感持续不了多久，经不住实际困难的考验。可以理解的是，我们此处的前提是防御者与进攻者一样行事无误和恰当。我们之所以做这一说明，是想消除人们对袭击和出敌不意的含混想法。人们通常认为袭击和出敌不意是进攻取得胜利的丰富源泉。其实如果没有特别的和具体的条件，袭击和出敌不意是无法实现的。关于真正的战略上的袭击，我们在其他地方[1]已经

---
[1] 指本书第一卷第三篇第九章。——译者注

说过了。如果进攻者缺少物质优势，那么就应具备士气优势，以弥补进攻这一作战形式的劣势。如果进攻者在士气上也没有优势，那么进攻就没有了动力，就不会成功。

2. 如同谨慎是防御者真正的保护神一样，大胆和自信是进攻者的保护神。这并不是说两者可以缺少对方的特点，而是说谨慎与防御有更密切的关系，大胆、自信与进攻有更密切的关系。这些特点之所以是必要的，只是因为军事行动不是数学演算，而是一种在黑暗或者最多是昏暗的领域中进行的活动。在这里，人们不得不信赖那些最适合带领他们达到目标的指挥官。防御者在士气方面表现得越无力，进攻者就越要大胆。

3. 要想取得胜利，就要让敌人的主力与自己的主力作战。进攻者对这一点的疑问比防御者少，因为进攻者是寻找通常已经停在阵地中的防御者。不过我们在《防御》一篇中曾断言，如果防御者已经做出了**错误**的部署，那么进攻者就不应去寻找防御者，因为进攻者可以确信，防御者会来找他，这样他就有了有利条件，即在防御者没有做好准备的情况下与之作战。这时一切都取决于进攻者是否选择了最重要的道路和方向。我们在讨论防御时搁置了这一点，并且让读者参阅本章，因此我们想在这里对这个问题做必要的说明。

4. 至于什么是可以进攻的较近的目标（胜利的**目的**），我们在前面已经说过了。如果这些目标在受到进攻的战区内，并在很可能出现的胜利的影响范围内，那么通往这些目标的道路就是进攻者突击的自然方向。但是我们不要忘记，进攻的目标通常在取得胜利的情况下才有其意义，因此对胜利总是要和进攻目标联系在一起考虑；因此对进攻者来说，重要的不仅是抵达进攻目标，而且是要成为胜利者，因此他突击的方向不应指向目标本身，而应指向敌军前往这一目标所要走的**那条**道路。那条道路就是我们最先要进攻的对象。进攻者如果在敌军抵达进攻目标之前向它发起进攻，切断敌军与这个目标之间的联系，并在这一处境下打败敌军，就可以取得大得多的胜利。例如，假设敌人的首都是进攻的主要目标，而防御者没有把兵力部署在首都与进攻者之间，那么进攻者直取首都就是不正确的。更好的办法是将前进方向指向敌军和首都之间的交通线，并在那里寻求胜利，一旦取得这一胜利，敌人的首都也就唾手可得了。

如果在进攻的胜利影响范围内没有大的目标，那么敌军与最近的大目标之间的交通线就是具有特别重要性的地方。在这种情况下，每个进攻者都要自问：如果我在会战中有幸获胜，我应利用这一胜利做什么？回答是：这一胜利可以让他取得的下一个目标就是突击的自然方向。如果防御者是部署在这个方向上的，那么进攻者这样做就是正确的，要做的无非就是去那里寻找他。假如防御者的阵地太坚固，那么进攻者就应尝试从其阵地侧面通过，也就是说要化拙成巧；如果防御者在这个方向上，但没有在对进攻者来说合适的位置上，那么进攻者仍应选择这一方向，一旦前进到与防御者的平行位置，而防御者没有侧向前出，进攻者就应转向敌军与进攻目标之间的交通线，以便在那里寻找敌人；假如敌军完全停了下来，那么进攻者就应回身转向他们，以便从背后对其发起进攻。

在进攻者可选择的通向目标的所有道路中，大的通商要道永远是最好和最自然的。如果这些道路有过大的弯曲段，进攻者自然应放弃这些路段，另选较直的道路（即使是较小的道路），因为退却路过于弯曲总是很让进攻者担心的。

5. 进攻者在寻求大规模决战时绝没有分兵的理由。如果他还是这样做了，那么大多数情况下要视为进攻者由于概念不清而犯的错误。进攻者各路部队前进时的整个宽度只要能保证同时发起进攻就行了。如果防御者自己分了兵，那么这对进攻者来说更多是带来了好处，当然进攻者此时也可进行一些小规模的佯动，这些佯动在一定程度上是战略佯攻[1]，目的是确保这些好处，为此而进行分兵就是有理由的。

如果进攻者总归是有必要分成多路部队，则应对此加以利用，组织战术进攻中的包围，因为包围这一形式对进攻来说是自然的，若无紧急情况不应错过。但是这种包围应保持战术本性，因为在大规模战斗时，如果进攻者进行战略包围，完全是浪费力量。只有当进攻者十分强大，以至可视为稳操胜券时，人们才能原谅他的战略包围行动。

6. 但是进攻也需要谨慎，因为进攻者也有要保护的背后和交通线。进攻者应该尽量通过其前进的方式进行这种保护，也就是说进攻者的背后和交通线恰恰应由进攻部队本身来保护。如果进攻者不得不特别指派一部分部队来完成这个任务，即要从进攻部队中分出兵力，那么这自然会削弱突击本身的力量。由于一个

---

[1] "佯攻"一词，作者用了法语"fausses attaques"。——译者注

规模较大的军团通常至少以一日行程的宽度前进，因此如果交通线和退却线偏离行军正面的垂直线不是太多的话，军团的正面大多就可以保护它们了。

　　进攻者在这方面面临的危险程度，主要是依对手的位置和特点而定。在一切都面临大规模决战氛围压力的情况下，防御者一般没有多少余力对进攻者的背后和交通线（退却线）采取行动；因此进攻者一般不必对此过于担心。但是如果进攻者已经停止了前进，其本身逐渐越来越多地转入防御状态，那么保护后方就变得越来越有必要，越来越成为一个主要问题。由于进攻者的后方就事物的本性来说比防御者的后方薄弱，因此防御者早在转入真正的进攻以前，甚至当他自己还在不断地放弃国土时，就已经可以开始对进攻者的交通线采取行动了。

★ 第十六章 ★
对一个战区的不求决战的进攻

1. 即使进攻者的意志和力量不足以进行一场大的决战，但他针对某个小目标发起战略进攻的特定意图还是可能存在的。如果这一进攻成功，那么随着这个小目标的到手，整个局势就会出现平静和均势；如果进攻者在进攻中遇到一些困难，那么总的前进在得到这个小目标以前就会停止。这时取而代之的是寻机发起攻势或战略机动。这就是大多数战局的特点。

2. 构成这种攻势目标的进攻对象是：

（1）一个地区。占领一个地区可以得到的好处是：便于得到给养；必要时也可以征收战争税；有利于保护本国的一个地区；在媾和时可作为交换物。有时军队荣誉这一概念也与占领一个地区联系在一起。在路易十四世统治时期，法军统帅们的战局中就不断出现这种情况。占领一个地区后，能或不能守住是有很大区别的。通常只有当这个地区与自己的战区相邻，构成自己战区的一个自然补充部分时，占领者才有可能守住它。只有这样的地区才能在媾和时作为交换物，对其他地区则通常只是在一个战局期间加以占领，冬天时就要离开。

（2）一个重要仓库。如果一个仓库不重要，那么它大概也就不会被看作一次决定整个战局的攻势的目标。占领仓库本身虽然使防御者失去仓库，使进攻者得到仓库，但是进攻者从中得到的主要好处在于防御者因此而被迫后退一段距离，放弃一个他原本可以保有的地区。因此，夺取仓库其实更多是手段，我们在这里之所以把夺取仓库当作目的提出来，只因为它是行动最近的和明确的目标。

（3）**一个要塞**。我们将用专门的一章来讨论夺取要塞的问题，读者可以参阅那一章[1]。根据那一章阐述的理由就可以理解，为什么在**无法**以完全打垮对手或者占领其国土的一个重要部分为目的的进攻战争和战局中，要塞总是最主要和最理想的进攻目标。从而也就容易解释，为什么在要塞众多的尼德兰，一切考虑总是围绕着占领这个或那个要塞进行，而且在大多数情况下，这样做的**主要考虑根本不是**要逐步占领整个省份，而是把每个要塞看作本身似乎具有某种价值的单独的要素。进攻者在对要塞采取行动时，关注更多的似乎是方便与否以及是否容易，而非要塞的价值。

然而围攻一个并非完全不重要的要塞，始终是一个大的行动，因为它要花费大量的资金。在并不总是关系到全局的战争中，对花费大量资金是必须慎重考虑的，因此这样的围攻在这里已经是一次战略进攻的重要目标之一了。要塞越是不重要，或者围攻者越是不认真，围攻的准备越是差，一切越只是计划顺带[2]着进行，那么这个战略目标就越会变小，就越适合以很小的兵力和意图来行动。在这种情况下，为了给战局增添荣誉，整个行动往往降为纯粹的装模作样，因为作为进攻者的一方毕竟是想做些什么。

（4）为得到战利品，或者只为军队的荣誉，有时仅仅是出于统帅的虚荣心而进行**一次有利的战斗、小规模的会战**，甚或**一次会战**。只有那些对战史完全无知的人才怀疑这种情况会出现。在路易十四世时代法国人进行的战局中，大多数的攻势会战都是这种类型。但是更有必要的是指出这些东西并非没有客观重要性，它们不是单纯满足虚荣心的游戏，而是对媾和有十分确切的影响，也就是说它们能使进攻者相当直接地达到目标。军队的荣誉、军队和统帅的士气优势在起作用时，是肉眼看不见的，却始终贯穿于整个军事行动。

这样一次战斗要达到目标，当然要有两个前提：第一，胜利的希望相当大；第二，即使战斗失利，受到的损失也不会太大。当然人们对这种在有限条件下为

---

[1] 指本篇第十七章。——译者注
[2] "顺带"一词，作者用了法语"en passant"。——译者注

有限目标而进行的会战与那种纯粹由于精神上的软弱而没有利用胜利的会战是不能混淆的。

3. 上述进攻对象除了第（4）项以外，都可以不经过大的战斗就得到，而且进攻者通常寻求不经过大的战斗即得到这些对象。进攻者不经过决定性的战斗而得到对象的手段，都是针对防御者在其战区内的利益的，包括：威胁防御者的交通线（无论是与给养有联系的部分，例如仓库、富庶的省份、水路等，还是与其他部队和重要地点有联系的部分，例如桥梁、隘口等）；占领敌人无法将我们从中赶走的以及位置于敌不利的坚固阵地；占领重要城市、富饶的地带和可能诱发当地民众造反的不安定地区；威胁敌人弱小的盟友；等等。如果进攻者确实切断了防御者的上述交通线（而且采取的方式是防御者不付出大的代价就无法恢复），如果进攻者准备占领上述那些地点，那么就会迫使防御者在更后面或侧面进入另一处阵地，以保护其上述目标并放弃一些较小的目标。这样防御者就让出了一个地带，一座仓库、一处要塞就失去保护了，就会导致前者被攻占，后者被围攻。这时有可能发生较大或较小的战斗，但是这些战斗不是进攻者所寻求的，也不应把它们当作目的，而只应当作一件迫不得已而为之的事情，因此战斗的规模和重要性都不会超过一定的程度。

4. 对进攻者的交通线采取行动，是防御者的一种还击方式。在寻求大规模决战的战争中，这种还击方式只有当进攻者的行动线很长时才应采取，相反在不求大规模决战的战争中，这种还击方式则更多是符合事物本性的。在不求大规模决战的战争中，进攻者交通线很长的情况虽然很少，但是此时对防御者来说，重要的并不是要给进攻者造成多大损失，仅是袭扰和减少进攻者的给养往往就已经能起到作用了。如果进攻者的交通线不长，那么防御者在一定程度上可以换用延长与敌人战斗时间的办法。因此，保护战略翼侧成为进攻者的一项重要任务。如果进攻者与防御者之间发生了旨在保护自己翼侧和威胁对方翼侧的斗争，那么进攻者就必须用自己的兵力优势来弥补自己固有的不利。如果进攻者还有足够的能力和决心敢于对敌人的一支部队或者主力本身进行一次大的进攻，那么通过让对手面临这种危险就能让进攻者自己受到最好的保护。

5. 最后我们还要想到，在这种战争中，进攻者比其对手还有一个大的有利条件，即进攻者比防御者更能根据对方的意图和能力更准确地判断对方。预估进攻者会有多大的进取精神和胆量，比预估防御者是否准备采取些大行动要困难得多。实际上，选择防御这种作战形式通常就已经证明人们不想采取什么积极行动；此外，大规模还击的准备与一般的防御准备之间的差别，比抱有大企图的进攻准备与抱有小企图的进攻准备之间的差别要大得多；最后，防御者不得不较早地采取其举措，而进攻者则有据此再行动的后手优势。

★ 第十七章 ★
对要塞的进攻

关于对要塞的进攻，我们在这里当然不能从筑垒作业方面来加以研究，而是准备从三个方面研究：第一，与进攻要塞有关的战略目的；第二，如何从诸多要塞中选择要进攻的要塞；第三，保护围攻的方式。

使敌人失去一处要塞会削弱其防御能力，如果该要塞构成敌人防御的一个重要部分，则更是如此；进攻者占领要塞，可以从中得到很大的便利，例如可以把它用作仓库和补给站，用它保护周围的地区和舍营地等；当进攻者最后要转入防御时，要塞就会成为这种防御的最强大的支柱。要塞在战争进程中与战区的所有这些关系，我们在《防御》一篇中论述要塞时已经做了充分的说明。对那些论述内容反过来看，就是对要塞进攻的应有说明。

攻占要塞的问题在寻求大规模决战的战局中与在其他战局中也是有很大区别的。在前一种战局中，对攻占要塞总应看作是一个迫不得已而为之的事情。此时人们还要在其他地方进行决战，可是对一些要塞又不能不围攻，因此只好在决战之前对它们进行围攻。只有当决战已经完全结束，危机和力量的紧张状态已经过去很长时间，也就是说，当平静的状态已经出现时，攻占要塞才能起到巩固已占地区的作用。这时攻占要塞虽然还需要艰辛努力和耗费力量，但大多不会面临什么危险。进攻者在危机中围攻一处要塞，会极大地增大这一危机，对进攻者是不利的；很明显，没有什么行动能像围攻要塞那样如此严重地削弱进攻者的力量，也就是说，没有什么行动能像围攻要塞那样肯定会使进攻者在一段时间内失去优势。但在有的情况下，进攻者只要想继续前进，就只能攻占某个要塞，此时则应将围攻要塞视为对进攻的一个有力推进；围攻前决出的胜负越少，危机就越大。关于这方面有待研究的问题，我们将在《战争计划》一篇中探讨。

在目标有限的战局中，攻占要塞通常不是手段，而是目的本身。攻占要塞被看作是一个独立的小规模攻占行动，与其他攻占行动相比具有以下优点：

1. 攻占要塞是一个有明确限定的小行动，不需要花费较大的力量，因此不必担心一旦失败会使战事倒退。

2. 要塞在媾和时可以作为很好的交换物。

3. 围攻要塞是对进攻的一个有力推进，或者至少看上去是这样，它不像进攻中的其他推进行动那样会使力量不断受到削弱。

4. 围攻是一种不会带来灾难性后果的行动。

由于攻占要塞具有上述优点，因此攻占敌人的一个或多个要塞通常就成为那些无法设定更大目标的战略进攻的一个内容。

在难以决定围攻哪个要塞时，做出选择的根据是：

1. 要围攻的这个要塞在攻占后应便于守住，这样在媾和时就可以把它作为高价值的交换物。

2. 攻占手段的多少。手段少时只能围攻小的要塞，确实攻占一个小要塞，比在一个大要塞前失利好。

3. 要塞的坚固程度。要塞的坚固程度与要塞的重要性显然并不总是成正比。如果放着一个不是很坚固的要塞不去攻占，却把力量浪费在一个非常坚固但不重要的要塞上，那么这是再愚蠢不过的了。

4. 要塞装备和守军的强弱多寡。如果要塞守军少、装备差，那么攻占这个要塞自然就更容易；但是在此必须指出，守军和装备的强弱多寡必须同时计入一同决定要塞**重要性**的那些因素，因为守军和装备直接是敌人作战力量的一部分，不能与筑城工事同等看待。因此，攻占一个有众多守军的要塞有可能比攻占一个工事特别坚固的要塞更值得付出代价。

5. 运输攻城辎重的难易。大多数围攻之所以失败，是由于缺乏攻城辎重，而缺乏攻城辎重大多是由于运输困难。1712年欧仁围攻朗德勒西[1]和1758年弗里德里希大帝围攻奥尔米茨[2]失利就是最突出的例子。

6. 保护围攻的难易也是一个要考虑的问题。

保护围攻有两个根本不同的方法：一是通过围攻部队的防御工事（设置一条围攻环线）；二是通过一条所谓的监视线。第一个方法现在已经完全过时了，尽管有一个重要理由仍明显支持它的存在。这个重要理由就是，以这种方式保护围攻，进攻者的大部队就不会再因分兵而受到削弱了（这种削弱对围攻者肯定是很不利的），但是进攻者的大部队还是会以其他方式受到很明显的削弱：

（1）进攻者环绕要塞的位置通常要求部队相对于自己的实力部署得过于展开。

（2）要塞守军（还应把他们的实力计入前来解围的部队）除了最初与我军对峙的部队以外，一般不再分兵，**在这种情况下**可把它看作位于我方营垒中间的一支敌军，但是它受到要塞城垣的保护，**不会受到损伤**，或者至少是不可制服的，其行动效果从而得到很大的提高。

（3）对一道围攻环线的防御只能是最绝对的防御，因为正面向外的环形部署是所有部署形式中最弱和最不利的，最不便进行有利的出击，因此围攻环线内的部队只能在其工事中拼死抵抗。容易理解的是，这种防御占用兵力对防御力量造成的削弱可能比使用一支监视部队造成的削弱大得多（组建一支监视部队也许会使大部队减少三分之一的兵力）。如果我们再看到，自弗里德里希大帝以来，人们普遍偏好实施所谓攻势（其实人们并非总是处于攻势）、运动和机动，而不喜欢防御工事，那么我们就不会为围攻环线完全不再时髦而感到奇怪了。不过，在围攻环线的防御中，战术抵抗能力的削弱绝不是其唯一的缺点。我们在提出这个缺点的同时之所以立即列举了一些对围攻环线的偏见，是因为这些偏见与这个缺点关系十分密切。一道围攻环线实际上只能保护整个战区中被它围起来的那个地区，其余所有地区，如果没有专门派出分遣队保护，就等于或多或少地让给了敌人，而如果派兵保护又要分兵，而这正是人们要避免的。在这种情况下，围攻者

---

[1] 朗德勒西（Landrecies），今法国诺尔省一城市，位于桑布尔河畔。——译者注
[2] 奥尔米茨（Olmütz），即今捷克东部城市奥洛穆茨（Olumouc）。——译者注

对围攻所必需的运输已经总是担心和感到困难了，如果攻城部队的规模比较大，对攻城辎重的需求量比较大，而敌人在城外的兵力又很多，那么用围攻环线来保护运输就只有在尼德兰那样的条件下才是可以设想的，即由靠得很近的要塞和要塞之间设置的战线组成一个完整的体系，来保护战区的其余部分，从而在很大程度上缩短交通线的长度。在路易十四世时代以前，人们还没有将部署一支部队与战区的概念联系起来，特别是在三十年战争中，部队漫无目的地走来走去，来到正好附近没有敌军的某个要塞前，就停下来对其进行围攻，直到带来的围攻辎重用尽，或者前来解围的敌军靠近。围攻环线在当时是符合事物本性的。

将来大概只有在少数情况下才会又用到围攻环线，也就是说在与上述情况类似时才有可能用到。如果城外的敌人很少，如果战区的概念与围攻本身的概念相比几乎消失，那么进攻者在围攻时保持其力量集中就成为自然的事情，因为这些力量无疑会在很大程度上赢得围攻的能量。

路易十四世时期，在康布雷和瓦朗谢讷附近的围攻环线没起到什么作用，前者由孔戴防守，被蒂雷纳突破；后者由蒂雷纳防守，被孔戴突破[1]。但是人们也不能忽视，在非常多的其他战例中，解围部队对围攻环线是敬而远之的，甚至当被围攻者迫切需要解围，而且其统帅是非常敢作敢为的人物时也是如此。例如1708年，维拉尔就没敢进攻里尔[2]城前围攻环线内的联军[3]。弗里德里希大帝1758年在奥尔米茨以及1760年在德累斯顿附近尽管没有设置真正的围攻环线，但部署了一个与围攻环线基本一致的防御体系，具体说是以同一支部队进行围攻和保护围攻。弗里德里希大帝在奥尔米茨之所以这样做，是因为奥地利的部队距离

---

[1] 孔戴和蒂雷纳都是法国的统帅。1649年起，以孔戴为首的贵族集团与当时的首相马扎林发生冲突。孔戴率部队反抗政府，政府派蒂雷纳讨伐。1655—1657年，双方在法国北部作战，互相围攻，互有胜负，最后孔戴被击败，逃往西班牙。此后孔戴又率西班牙军队同法国政府军作战。1659年，法、西缔结和约，孔戴恢复名誉，返回巴黎。路易十四世亲政后，孔戴又被重用。——译者注

[2] 里尔（Lille），今法国诺尔省一城市，靠近比利时。——译者注

[3] 1708年8月14日，欧仁亲王率奥地利、英国和荷兰联军围攻里尔。马尔伯勒率一支监视部队在围攻环线上保护围攻部队的安全。维拉尔率领法军赶来解围，沿围攻环线运动，意图寻找弱点进攻，但联军工事坚固，维拉尔不敢贸然进攻，结果里尔的守军投降。——译者注

那里较远，但当他在多姆施塔特尔[1]附近损失了运输队以后，他对这种做法后悔了；1760年他在德累斯顿之所以这样做，一方面是因为他轻视帝国军队，另一方面是因为他急于占领德累斯顿。

最后，围攻环线的一个缺点是：围攻者在失利的情况下很难保住攻城用的火炮。而如果双方的决战是在距被围攻地点一日或数日行程的地方进行的，那么一旦失败，围攻者还可以在解围之敌抵达前撤围，即使运输量庞大，也大致能赢得一日行程的时间。

在部署监视部队时，优先要考虑的问题是应将其部署在距被围攻要塞多远的地方。在大多数情况下，决定这个距离的是地形条件或是攻城部队要与之保持联系的其他军团和军的位置。此外显而易见的是，如果监视部队距离要围攻的要塞较远，可更好地保护围攻，而距离较近时（不超过数普里），更便于监视部队和围攻部队之间的相互支援。

---

[1] 多姆施塔特尔（Domstadtl），即今捷克小镇比斯特日采河畔多马索夫（Domašov nad Bystřicí），西南距奥尔米茨约20公里。1758年6月30日，奥军在该地附近攻击普军的补给运输队，迫使弗里德里希二世放弃围攻奥尔米茨。——译者注

★ 第十八章 ★

对运输队的进攻

对一支运输队的进攻和防御是一个战术问题；假如不是在一定程度上先要证明对运输队的进攻和防御是可行的（而这只有根据战略上的理由和因素才能做到），我们在此对这一问题本来是根本没必要谈的。对这个问题可谈的很少，若不是可将对运输队的进攻和防御合在一起谈，而且对运输队的进攻更重要的话，我们在讨论防御时就已经可以谈到这个问题了。

一个有300～400辆车的中等规模运输队（不管车上装载的是什么）长半普里，一个大的运输队长数普里。人们怎么能够设想以通常指定护送的少量部队能保护这么长的运输队呢？除这个困难外，运送这么大量的物资，行动不便，前进缓慢，而且总要担心发生混乱；最后，关键是要对运输队的每个部分进行局部保护，因为一旦它的某个部分被敌人追赶上了，整个运输队就会立刻堵塞在路上，陷入混乱。如果人们考虑到上述种种困难，自然就会问：怎么可能对这样一支运输队进行保护呢？这样一支运输队怎么可能进行防御呢？或者换言之：为什么不是所有受到进攻的运输队都被制服了呢？为什么不是所有本应受到保护的（也就是敌人可以接近的）运输队都受到了进攻呢？很明显，所有战术上提出来的办法（例如滕佩尔霍夫建议的通过不断地让运输队行进和停顿以缩短队伍长度的极不实用的办法，或者沙恩霍斯特提出的比这好很多的把运输队分成几路以缩短队伍长度的办法），对克服运输队过长这一根本缺点来说，帮助都不大。

对上述问题的回答是，大部分运输队由于其拥有的战略条件就已经得到了普遍的安全保障，远优于其他暴露在敌进攻面前的部队，这一普遍存在的安全保障也使运输队拥有的较少防御手段能够发挥大得多的作用。这一战略条件就是：运输队总是或多或少地在自己军队的后面，或者至少是远离敌军。结果是，敌人只能派出小部队去进攻它们，而且这些小部队还必须有大的预备队保护，以防其翼侧和背后因受到赶来的敌人的其他部队的进攻而损失掉。如果人们再考虑到，正是由于运输车辆十分笨重，进攻者很难把它们弄走，大多只能满足于砍断挽具、牵走马匹、炸毁弹药车等，整个运输队虽然会因此而受阻和陷于混乱，但不会真正失去，那么就会更多地认识到，这样一支运输队的安全更多是依靠这些普遍存在的条件来保障的，而不是依靠其护送部队的抵抗。如果再加上护送部队的抵抗（他们通过果敢地扑向敌人虽然不能直接保护运输队，但是能干扰敌人的进攻步骤），那么对运输队的进攻最后看来并非容易和万无一失，而是相当困难和结果难料的。

是还有一个要点，就是敌军或者敌军的一支部队可能报复对其运输队发起进攻的对手，用事后的一场大败来惩罚其行动。人们在很多情况下，正是由于有这种顾虑才未敢进攻运输队，但是大家不知道真正的原因，以至认为运输队之所以未受到进攻，是因为有部队保护，并感到非常奇怪，为什么兵力少得可怜的护送部队会如此令人生畏。人们只要想一想1758年弗里德里希大帝在围攻奥尔米茨后穿过波希米亚的著名的退却，就会明白我们这种说法是正确的。当时，普军有一半兵力分成多支小队，保护一支由4000辆车组成的辎重队。是什么阻止了道恩去进攻这支辎重队呢？是因为他害怕弗里德里希大帝用另一半部队扑向他，将他卷入一场他不希望发生的会战。是什么阻止了劳东在齐施博维茨[1]更早和更大胆地进攻一直在他侧面的普军运输队呢？是因为他害怕受到惩罚。劳东的部队距其主力10普里，而且其与主力的联系已经完全被普军切断，因此劳东认为，如果丝毫没有受到道恩牵制的国王[2]用大部分兵力对付他，他就有大败的危险。

---

［1］齐施博维茨（Zischbowitz），今捷克奥尔米茨附近一村庄。——译者注
［2］指弗里德里希二世。——译者注

只有当一支部队的战略处境使它不得不反常地从侧面甚至从前方运送物资时，这些运输队才确实面临大的危险，从而成为对手的一个有利的进攻目标（如果对手的处境允许他为此派遣部队的话）。同样在1758年战局中，奥地利军队在多姆施塔特尔成功地抢夺了普军运输队，说明这种行动能够取得十分完美的战果。通往尼斯的大路在普军的左侧，国王[1]的兵力用于围攻奥尔米茨和组建针对道恩的部队，以至奥军的分遣队根本不必担心自己的安全，可以从容地进攻普军的运输队。

1712年，当欧仁围攻朗德勒西时，他从布尚[2]经德南，也就是自其战略部署的前面运输围攻所需物资。为了在这种情况下进行十分困难的护送，他采取了哪些手段以及他陷入了哪些困难（这些困难导致战事发生于其不利的骤变），是众所周知的。

因此我们从中得出的结论是：对运输队的进攻无论从战术上看是多么容易，但是出于战略上的原因是难以做到的，只有在敌人的交通线十分暴露的特殊情况下，才有望取得大的战果。

---

[1] 指弗里德里希二世。——译者注
[2] 布尚（Bouchain），历史上法国北部的一个要塞，位于斯海尔德河畔。——译者注

★ 第十九章 ★
对舍营敌军的进攻

我们在《防御》一篇中没有谈这个问题,因为不能把一条舍营线看作是一个防御手段,而只能将其视为部队所处的一种状态,而且是战备程度很低的一种状态。关于这种战备状态,我们就不再谈什么了,因为我们在第五篇第十三章中已经谈过了。

但是我们在此讨论进攻时,应该把舍营敌军看作是一个特殊的进攻目标,因为一来这种进攻是一种很特殊的进攻方式,二来对这种进攻可以看作是一个特别有效的战略手段。因此,我们在这里要谈的不是对敌人单个舍营地或者分驻在数个村落中的一支小部队的袭击(因为为此而进行的部署完全是战术属性的),而是对较大舍营地中一支大部队的进攻,以至进攻目标不再是袭击单个舍营地本身,而是阻止敌军集结。

对一支舍营敌军的进攻就是对一支没有集结的军队进行袭击。这种袭击如果使敌军未能抵达预定的集结地,而是迫使它在后方较远的地方另选一个集结地,那么就可被视为成功。敌军集结地后移的距离,在危机状态下很少在一日行程以内,而是通常可达数日行程,因此由此造成的地段损失并不小,这是进攻者所得到的第一个好处。

这一旨在对整个敌军进行的袭击,当然开始时可以同时是对数个单独舍营地的袭击，但自然不是对所有或很多舍营地的袭击，因为仅后者就需要以进攻部队扩大正面和分散兵力为前提，而这无论如何是不可取的。因此，进攻者只应袭击敌人的那些位于数路进攻部队前进方向最前面的舍营地。即便如此，进攻者对多个单独舍营地的袭击很少能全部取得成功，因为一支大部队的接近是很难不被人察觉的。但是对这种进攻方法是绝不可忽视的，我们把由此而产生的战果算作这种袭击的第二个好处。

第三个好处是能迫使敌人进行局部战斗，并有可能让他受到大的损失。一支较大的部队不是以营为单位在主要集结地集结起来的，而是通常先集结为旅或师甚或军，而这些大部队是无法极其迅速地赶往集结地的，当进攻者的几路部队接近他们时，他们就不得不分别应战。如果进攻者的几路部队兵力不是很大，那么应战者有可能获胜，但是即使是获胜，他们也损失了时间，而且在这种情况下，由于应战者总的趋势是要在后方再找集结地，因此他们也不可能很好地利用这次胜利，这是很容易理解的。应战者的这些部队也可能被打败，而且由于他们没有时间组织有力的抵抗，这种可能性就更大。因此人们完全可以设想，如果进攻者能够很好地计划并实施一次袭击，那么他就可以通过这些局部战斗得到大量战利品，这些战利品将成为总战果中的一个主要部分。

最后，第四个好处（也是整个行动的结果）是使敌军在一定时间内出现混乱和沮丧，从而让敌人很难使用终于集结起来的部队，并且通常会迫使遇袭者放弃更多土地，转而进行另一个行动。

以上就是对敌人舍营地进行一次成功袭击所能取得的特有战果，也就是通过一次袭击使对手无法不受损失地在预定地点集结其部队。不过，成功是有很多程度的，因此战果有时很大，有时几乎不值一提。而且这种袭击即使很成功，取得的战果很大，但毕竟很少能取得一次主力会战获胜时的成就和效果。这部分是由于这种袭击成功后得到的战利品很少像主力会战获胜后得到的那么多，部分是由于这种袭击成功后对士气的影响不会像主力会战获胜后那样被人看重。

我们必须记住这个总的结论，以免对这种袭击有过高的期待。一些人认为它拥有最大的攻势效果，但是正如上述详细考察和战史告诉我们的那样，情况绝非如此。

第七篇

055　进攻（草稿）

1643年洛林公爵[1]在图特林根[2]附近对兰曹[3]将军指挥的法军舍营地所采取的行动，是最耀眼的袭击之一[4]。法军有16,000人，损失了指挥官和7000名士兵。这是一次彻底的大败，原因是法军未设任何前哨。

1645年，蒂雷纳在梅尔根特海姆[5]（法国人称之为马林塔尔）附近遇袭[6]。就其结果而言，当然也应该看作是一次大败，因为蒂雷纳的8000人中损失了3000人，但这主要是由于蒂雷纳被误导，用集结起来的部队进行了一次不合时宜的抵抗，因此人们不能经常指望这种袭击取得与1643年洛林公爵类似的战果。1645年梅尔根特海姆之战的战果与其说是袭击本身带来的，不如说是遇袭者对一次小规模会战考虑不周造成的，因为蒂雷纳本可避开战斗，在其他地方与他在较远地方舍营的部队会合。

第三个著名的袭击是1674年蒂雷纳对大选帝侯[7]、帝国将军布农维尔[8]和洛林公爵指挥的在阿尔萨斯的联军进行的[9]。蒂雷纳的战利品很少，联军的损失不超过2000~3000人，这对于一支5万人的部队来说不是决定性的。但是联军认为不能再在阿尔萨斯继续抵抗，于是退过莱茵河。这个战略结果正是蒂雷纳所需要的，但是人们不应从袭击本身去寻找原因。蒂雷纳更多是袭击了对手的计划，而非对手的部队。此外，联军统帅们有分歧以及部队靠近莱茵河是造成这个结果的其余原因。总之，这次袭击值得更仔细地加以研究，因为人们通常把它理解

---

[1] 又称卡尔四世（Karl Ⅳ., 1604—1675），名义上为洛林公爵（1625—1675），但由于法军的几次占领，实际担任公爵的时间分别是1625—1634年，1641年，以及1659—1670年。——译者注
[2] 图特林根（Tuttlingen），今德国巴登-符腾堡州南部一城市，位于多瑙河畔。——译者注
[3] 兰曹（Josias Rantzau, 1609—1650），伯爵，法国元帅。三十年战争期间曾在瑞典和神圣罗马帝国军中任职，1635年转入法军任职。——译者注
[4] 三十年战争期间，洛林公爵于1643年11月24日袭击图特林根附近的法军，法军统帅兰曹负伤被俘，图特林根的守军于次日投降。——译者注
[5] 梅尔根特海姆（Mergentheim），即今德国巴登-符腾堡州东北部城市巴特梅尔根特海姆（Bad Mergentheim），位于陶伯河畔。——译者注
[6] 在三十年战争中，梅西伯爵率领巴伐利亚军队于1645年5月5日在梅尔根特海姆附近击败蒂雷纳指挥的法军。法军有四位将军、100名其他军官以及2600名骑兵和步兵被俘。——译者注
[7] 指勃兰登堡选帝侯弗里德里希·威廉（Friedrich Wilhelm von Brandenburg, 1620—1688）。——译者注
[8] 布农维尔（Alexander Ⅱ. Hyppolite von Bournonville, 1620—1693），公爵，德意志神圣罗马帝国元帅。三十年战争期间曾在多国军队中任职。——译者注
[9] 1674年，神圣罗马帝国向法国宣战，蒂雷纳率法军转战于阿尔萨斯，于12月29日袭击米尔豪森附近的帝国军队和勃兰登堡军队，迫使联军退出阿尔萨斯。——译者注

错了。

1741年，奈佩格[1]袭击舍营地中的国王[2]，但是全部成果仅是使国王不得不用他没有完全会合在一起的兵力并且以相反的正面向他发起莫尔维茨会战[3]。

1745年，弗里德里希大帝在劳西茨袭击舍营地中的洛林公爵[4]。由于他对最大的舍营地之一（亨内斯多夫[5]）进行了真正的袭击，因此赢得了主要战果，奥军损失了2000人。总的战果是迫使洛林公爵穿过上劳西茨返回波希米亚，当然弗里德里希大帝未能阻止他沿易北河左岸又返回萨克森，以致假如没有凯瑟尔斯多夫会战的话，弗里德里希大帝就不会取得大的战果。

1758年，斐迪南公爵[6]袭击法国人的舍营地，其直接结果是法军损失了数千人，不得不部署在阿勒尔河[7]后面。而这次袭击对士气的影响可能更深远一些，也许影响到法军后来让出整个威斯特法伦[8]。

如果我们要从上述不同的战例中得出一个关于这种进攻效果的结论，那么只有前两个例子可以与胜利的会战同等看待。但是在这两个例子中，部队的规模都不大，而且当时作战时一般不设前哨，这十分有利于袭击获得成功。其他四个战例虽然都应该算作完全成功的行动，但是就其战果而言，显然不能与胜利的会战相提并论。在这些战例中，只是由于对手的意志和性格软弱，袭击者才取得了总

---

[1] 奈佩格（Wilhelm Reinhard Graf von Neipperg，1684—1774），伯爵，奥地利元帅。在第一次西里西亚战争期间任西里西亚战区奥军司令。——译者注

[2] 指普鲁士国王弗里德里希二世。——译者注

[3] 1740年秋冬，弗里德里希二世率普鲁士军队攻入西里西亚。1741年4月，奥军统帅奈佩格进抵格拉策尼斯河畔的尼斯，切断了普军与布雷斯劳和柏林的联系。弗里德里希二世不得不急忙集结分散在各地的部队，于10日在莫尔维茨（Mollwitz，即今波兰村庄穆瓦约维采）向奥军发起会战，最后奥军失败。——译者注

[4] 指卡尔·冯·洛林（Karl Alexander von Lothringen，1712—1780），奥地利元帅、奥属尼德兰总督，奥皇弗朗茨一世之弟，曾参加奥土战争，以及对法国、巴伐利亚和普鲁士的战争。——译者注

[5] 亨内斯多夫（Hennersdorf），又称卡托利施-亨内斯多夫（Katholisch-Hennersdorf），即今波兰小镇卢班的一部分卢班地区亨利科夫（Henryków Lubański）。1745年11月23日，弗里德里希二世率领普军在此战胜奥地利和萨克森联军中的萨克森军队。——译者注

[6] 即布伦瑞克公爵。——译者注

[7] 阿勒尔河（die Aller），德国威悉河右岸的一条支流，长260公里。——译者注

[8] 威斯特法伦（Westfalen），历史上今德国威悉河与莱茵河之间的地区。在弗里德里希二世时期分为很多小邦。1757年冬，法军在汉诺威选帝侯国境内进入越冬营垒。1758年2月，普鲁士斐迪南公爵袭击法军营垒，法军退过阿勒尔河，由于担心退路被切断，在3月底继而退过莱茵河，放弃了全部威斯特法伦。——译者注

的战果，而在1741年的那个战例中，由于遇袭者的意志和性格并不软弱，所以袭击者并未取得总的战果。

1806年，普鲁士军队曾计划以这种方式袭击在弗兰肯的法国人。从当时的情况来看，这次袭击完全可以得到一个令人满意的结果。当时拿破仑不在军中，法军的舍营地拉得很长。在这种情况下，假如普军有很大的决心和很快的速度，就有望让法军多少受到损失，并把他们赶过莱茵河。但普军当时能做到的也就是这些了。假如普军有更多的打算，例如渡过莱茵河，以追求更多好处，或者力求得到大的士气优势，以至法军在这一战局中不敢再出现在莱茵河右岸，那么这些打算是完全没有充分理由的。

1812年8月初，当拿破仑让其部队在维捷布斯克一带做停顿时，俄国人曾想自斯摩棱斯克去袭击法军的舍营地。但是在实施时，俄军失去了这样做的勇气。这对俄军来说是一件幸事，因为法军统帅所率的中央部队兵力不仅比俄军的中央部队兵力多一倍以上，而且这位法军统帅是有史以来最果断的统帅；让法军损失一些普里的空间根本决定不了什么，而且俄军在附近根本没有合适的地带让他们为扩大战果而推进到该地带，从而在一定程度上保障这些战果的安全；法军进行的这个战局也不是一个行将结束的战局，而是一位进攻者欲彻底打垮其对手的第一步计划。因此，袭击法军舍营地可能让俄军得到的小利与俄军的任务相比是极不相称的。这些小利不可能弥补俄军与法军在兵力和态势上的差距。但是俄军的这个企图表明，有关袭击这一手段的模糊观念是如何有可能误导人们完全错误地运用它。

以上我们把进攻舍营敌军作为战略手段进行了阐述。这一手段的本性就在于，其实施不仅是战术的，而且部分又是属于战略的。这种进攻一般在较宽正面上进行，实施进攻的部队在会合以前即可投入作战，而且大多也会成功地投入作战，以至整个进攻行动是由若干战斗组成的，因此我们在这里还要简单地谈谈如何最自然地组织这种进攻。

组织这种进攻的第一个要求：对敌舍营地正面的进攻要有一定的宽度。因为只有这样，才能真正袭击多个舍营地，并切断其他舍营地的退路，从而至少使敌人陷入预期的混乱。至于几路进攻部队的数目和间距，则取决于具体的情况。

第二个要求：各路部队的进攻必须向心状地指向一个预定的会合地点，因为对手或多或少是以一次会合而结束的，进攻者也应该这样。这个会合地点应该尽量就是敌人的连接点，或者是在敌军的退却线上，当然最好是在某一地形障碍切断了敌人退却线的地方。

第三个要求：各路部队在与敌军相遇时，必须坚决、勇敢、大胆地对敌军发起进攻，因为这时总的态势对进攻者有利的，这里正是冒险的用武之地。结论是：各路部队的指挥官在这方面必须拥有大的自由和指挥权限。

第四个要求：针对先于自己部署的敌军，战术进攻计划应该总是立足于迂回，因为只有分隔和切断敌军才有望带来主要战果。

第五个要求：各路部队应由各兵种组成，而且骑兵不可过少，甚至如果把整个骑兵预备队分配给各路部队，也许是件好事，因为如果人们认为骑兵作为预备队在这一行动中能起主要作用，那将是一个大的误解。遇到的第一个防御极佳的村庄、极小的一座桥梁、最不起眼的一片丛林，都会挡住骑兵预备队的行动。

第六个要求：尽管一次袭击的本性在于进攻者不能让自己的前卫部队前进得过远，但这只适用于在接近敌人时。如果战斗确实已经在敌人的舍营线内打响，也就是说，进攻者已经得到了期望从真正的袭击中得到的东西，那么各路部队就应该让各兵种的前卫部队尽可能远地前出，因为这些前卫部队可以通过其较快速的运动大幅增加敌人的混乱。只有这样，进攻者才能在这里或那里截获敌人仓促退出舍营地时通常落在后边的行李辎重、炮兵、差遣人员和掉队人员。这些前卫部队应该成为迂回和切断敌退路的主要手段。

第七个要求：最后必须规定一旦部队失利时的退路和集结地点。

★ 第二十章 ★

牵制性进攻

对"牵制性进攻"的语言上的理解是,为了将敌人的兵力调离主要地点而对其所在地区发起的进攻。只有当这是进攻者的主要意图,而不是借机进攻和攻占敌人所在地区时,这一行动才是特殊的行动,否则它仍是一次普通的进攻。

当然牵制性进攻毕竟还是要有一个进攻目标的,因为只有这个目标的价值才有可能促使敌人向那里派出部队;此外,在行动没有起到牵制作用的情况下,攻占这个目标也是对为此所动用力量的一个补偿。

要塞、重要仓库、富庶和大型城市(特别是首都),征收各种税赋以及得到敌国不满臣民的支持,都可以是牵制性进攻的目标。

牵制性进攻有可能是有利的,对此是容易理解的;但是它肯定不总是有利的,甚至经常是有害的。对牵制性进攻的主要要求是:将敌人从主要战区吸引走的兵力应多于我方用于牵制性进攻的兵力。如果牵制性进攻吸引的敌人兵力仅与自己投入的兵力相等,那么它就没有起到真正牵制性进攻的作用,行动就成了一次从属进攻。甚至对一次由于情况有利、有望以少量兵力取得特别大的战果(例如轻易地占领一处重要的要塞)而部署的从属进攻,也不一定再称之为牵制性进攻。如果一个国家在抵抗另一个国家时受到第三国的进攻,人们当然习惯上也把这来自第三国的进攻称为牵制性进攻,但是这种进攻与一般进攻的区别只是方向不同，因此没有理由给它起一个特别的名称，因为在理论中，人们用专门的名称只应表示专门的事物。

很明显，要想以少量的兵力吸引敌人较多的兵力，必须具备特别的条件，以便让敌人有这样做的动机。因此，随便派出一支部队前往一个迄今未到过的地点，还不足以达到一次牵制性进攻的目的。

如果进攻者派遣一支1000人的小部队前往主要战区以外的敌方某一地区去征收税赋等，那么当然可以预见，如果防御者也向那里派出1000人，那么他是无法阻止进攻者的这一行动的。防御者要确保这一地区不受袭扰，就不得不派去更多的兵力。但是人们要问，防御者是否可以不去保护这一地区，而是同样派出一支这样的分遣队前往进攻者相应的地区，从而取得平衡呢？如果进攻者想从这种行动中得到好处，就必须事先确定在防御者的地区可以比防御者在他的地区得到更多的东西，或者可以对防御者的地区造成更大的威胁。如果情况是这样，那么一次投入兵力很少的牵制性进攻就肯定能牵制比自己多的敌人兵力。相反，投入牵制性进攻的兵力越多，从中获得的好处就越少，这是牵制性进攻的本性使然，因为防御者的5万人在保卫一个中等地区时，不仅能够成功地针对5万人进行防御，而且也能针对更多些的敌人进行成功的防御。因此，如果牵制性进攻的规模较大，那么它能否得到好处是很值得怀疑的。牵制性进攻的规模越大，只要进攻者还是想从中得到些好处，那么就越要求其他条件更确切地有利于牵制性进攻。

这些对牵制性进攻有利的条件可能是：

1. 在不削弱主要进攻的情况下，进攻者拥有可用于牵制性进攻的部队；
2. 防御者的多个地点非常重要，并会受到牵制性进攻的威胁；
3. 防御者的臣民们对其政府不满；
4. 受到这种进攻的是一个可以提供较多战争物资的富饶地区。

如果人们要采取一次符合上述条件、有望成功的牵制性进攻行动，就会发现这样的机会并不多。而且这里还有一个要点：每次牵制性进攻都会给本无战争的地区带来战争，从而总是多少会唤起敌方原本沉寂的作战力量。如果对手拥有民兵和全民武装的手段，而且已经做好战争准备，那么牵制性进攻造成的这种结果就更能让人感受到。如果一个地区突然受到敌人一支部队的威胁并且事先未做任何防御准备，那么这一地区内的所有力量就会围绕在能干的官员们周围，所有人就会提供和利用可能的非常手段抵御这场灾难，这是完全符合事物本性的，也是为经验充分证明了的。这样一来，在这里就产生了新的抵抗力量，而且是那种接近于人民战争并且很容易唤起人民战争的抵抗力量。

每次采取牵制性进攻时都必须注意这一点，以免自掘坟墓。

英军1799年对荷兰北部的行动[1]和1809年对瓦尔赫伦岛[2]的行动[3]，作为牵制性进攻来看，只是由于这些部队除此以外派不上其他用场，才勉强可以说是正确的。然而毫无疑问，英国人的这些行动增加了法国人的抵抗总量。假如英国人在法国本土登陆，也会引起这种后果。以登陆行动威胁法国海岸，当然能给进攻者带来很大好处，因为这毕竟能牵制法军的大量部队去防守海岸。但如果真的用一支大部队登陆，那么只有当登陆者能指望得到一个反对本国政府的地区的支持时，才是可行的。

战争中进行一次大规模决战的可能性越小，牵制性进攻就越是可行，当然从中可能得到的好处也就越小。牵制性进攻只是一个让过于停滞不前的大部队运动起来的手段。

牵制性进攻的实施

1. 牵制性进攻有可能包括真正的进攻，因此伴随实施的特点就是勇敢和快速。

2. 但是牵制性进攻的意图也可以更多是虚张声势，此时它同时是佯动。至于此时应运用哪些特别手段，只有熟悉有关情况和人的特点的智者才能提出。此时必须让兵力非常分散，这是事物的本性所在。

3. 如果实施牵制性进攻的兵力较多，而且退路被限制在一定的地点上，那么部署一支可支援各路进攻部队的预备队就是实施牵制性进攻的一个重要条件。

---

[1] 在第二次反法联盟战争中，约克率领英俄联军35,000人于1799年8月在荷兰北部登陆，初战告捷，但于9月18日在贝尔根（Bergen，今荷兰北荷兰省一小镇，濒临北海）败于法军，最后从海路撤退。——译者注
[2] 瓦尔赫伦岛（Walcheren），今荷兰泽兰省的一个半岛，在1871年筑坝以前为一岛屿。——译者注
[3] 1809年，在第五次反法联盟战争期间，英军一支部队于7月30日在荷兰的瓦尔赫伦岛登陆，以减轻盟国奥地利的压力并摧毁拿破仑在安特卫普的舰队基地。英军虽一度占领全岛，但由于军中暴发疫病，于12月撤离该岛。——译者注

★ 第二十一章 ★

入侵

　　关于这个问题，我们所能谈的几乎只限于解词。我们发现近代的著作家们经常使用这个词，甚至自负地认为用它可以表示某个特别的东西——法国人就不停地使用"入侵战争"[1]一词。法国人用这个词来表示每个深入敌国腹地的进攻，并想把这种进攻作为稳扎稳打进攻（仅在边境附近蚕食敌人）的对立面，但这是一种不合逻辑的用词混乱。一次进攻是应该只在边境附近进行，还是应该深入敌国；是应该首先致力于夺取要塞，还是应该首先寻找和不停地追击敌大部队的核心，这不是一个语言表述方式能决定的，而是要取决于当时的情况，对此至少在理论上不会有其他的看法。在某些情况下，深入敌国推进可能比在边境附近的行动更有步骤，甚至更为谨慎，但是在大多数情况下，深入敌国推进无非恰恰是一次有力**进攻**的幸运结果，因此与进攻没有什么区别。

---

［1］"入侵战争"一词，作者用了法语"guerre d'invasion"。——译者注

★ 附录 ★

关于胜利的顶点[1]

胜利者不是在每场战争中都能彻底打垮对手，经常而且大多都会出现一个胜利的顶点，这是为大量经验充分证明了的。由于这个问题对战争理论特别重要，并且几乎是所有战局计划的依据，同时由于这个问题从表面上来看就像一束阳光能反射出奇光异彩，似乎有很多的矛盾，因此对这个问题，我们要更仔细地加以研究并探讨其内在的原因。

胜利通常已经产生于所有物质力量和精神力量的总和所形成的优势。毫无疑问，胜利能增加这种优势，否则人们就不会追求和以大的代价换取胜利了。胜利**本身**毫无疑问能增加这种优势，胜利的后续影响也会增加这种优势，不过胜利的后续影响不会把这一优势增加到最极致，而只是大多能增加到某一点。这一点在胜利过后可能很快就能达到，有时甚至会如此之快，以至一次胜利会战的全部后续影响可能仅限于增加了士气上的优势。我们要研究的就是这之间的联系。

在军事行动的进程中，军队不断遇到增加和减少其力量的因素，因此关键在于拥有力量优势。由于对每个减少一方力量的因素都应视为增加另一方力量的因素，因此双方在前进和退却时，无疑都会遇到由增加力量因素和减少力量因素组

---

[1] 可参阅本篇第四章和第五章。——编者注

成的这两股洪流。

我们只要研究在其中一种情况下引起这种变化的最主要的原因，也就同时说明了在另一种情况下引起这种变化的原因。

一方在推进时，导致其力量增加的最主要原因是：

1. 敌军受到的人员损失，因为其人员损失通常比我们的大。

2. 敌人在仓库、补给站、桥梁等非有生作战力量方面受到的损失，而我们根本没有这种损失。

3. 从我们踏上敌人国土的那一刻起，敌人就开始丧失国土，因此也就丧失补充新的作战力量的源泉。

4. 而对我们来说则是得到了部分这些源泉，换句话说，得到了以敌养己之利。

5. 敌人的各部分之间失去了内在联系，无法正常活动。

6. 对手的盟友弃之而去，其他盟友则转向我们。

7. 最后，对手丧失了勇气，有的放下了手中的武器。

一方在推进时，导致其力量削弱的原因是：

1. 我们被迫围困、冲击或监视敌人的要塞；或者敌人在我们获胜前虽也采取了这些行动，但在退却时已将这些部队调回大部队。

2. 从我们踏上敌人所在地区的那一刻起，战区的本性就改变了，成了有敌意的地方；我们必须占领它，因为只有我们占领它，它才是属于我们的，但是它毕竟会处处给我军这整部机器带来困难，而这些困难必然会削弱这部机器的运行效果。

3. 我们日益远离自己的作战力量源泉，而对手日益接近其作战力量源泉。这使我们无法及时补充已经消耗的力量。

4. 受到我们威胁的国家面临危险，引起其他强国保护它。

5. 最后，对手由于面临的危险大，会更加努力，而胜利的一方由于已经获胜，其努力程度会降低。

所有这些好处和不利有可能并存，在某种程度上犹如两个路人相遇后继续按相反的方向各走各的路。只是最后一次相遇是真正的对立，无法擦肩而过，是互相排斥的。仅这一点就已经表明，胜利的效果可能非常不同，它们可能把对手压制下去，或者也可能促使对手投入更大的力量。

我们想试着对上述各点做些说明。

1. 敌军在一次大败后的损失可能在最初时刻最大，然后日益减少，直到与我方的损失形成一个平衡点，但是敌人的损失也可能与日俱增，这取决于不同的处境和条件。人们只能泛泛地说，素质较好的军队会更常出现前一种情况，素质较差的军队会更常出现后一种情况；除了军队的素质以外，政府的素质在这方面也是极为重要的。在战争中区分上述两种情况是很重要的，以便不会在真正应该开始行动的时候却停止不前（或者出现相反的情况）。

2. 敌人在非有生作战力量方面的损失同样可能有增减，这取决于其物资储存地的位置和状况。不过这个问题就其重要性来说，在今天已经不再能与其他问题相提并论了。

3. 第三个好处必然会随着部队的前进而增加，但是一般来说，只有当部队已经深入敌国，也就是说已经占领了敌人1/4～1/3的国土时，才应考虑这一好处。此外，这时还要考虑这些地区涉及战争方面的内在价值。

同样，第四个好处也会随着部队的前进而增加。

但是对上述这两个好处要指出，其对正在作战的部队的影响很少能迅速让人感觉到，而是比较缓慢和间接地产生作用，因此不应为得到这两个好处而把弓拉得过紧，也就是说，不应让自己陷于任何过于危险的境地。

至于第五个好处，也是只有当部队已经前进较多距离，同时敌国国土的形状给我们机会将其中一些地区与其主要部分分开时，才应考虑。这时，这些地区就像被捆紧的四肢一样，通常不久就会失去生机。

第六个和第七个好处至少很有可能随着部队的前进而增加。对此，我们下面还要加以说明。

现在我们转而谈谈力量削弱的原因：

1. 对敌人要塞的围困、冲击和包围，在大多数情况下会随着部队的前进而增加。仅是这个原因造成的进攻者的力量削弱，对**部队一时的兵力数量**就有极大的影响，以至在这方面的力量削弱很容易就抵消掉所有的好处。当然，现在进攻者已经开始用很少的兵力冲击要塞，甚至只是用更少的兵力监视它们；敌人也不得不派守军防守这些要塞。尽管如此，要塞仍是一个重要的保障安全的要素。要塞守军通常半数是由此前未参战的力量组成；在防御者交通线沿线的要塞前，进攻者往往不得不留下比守军多一倍的兵力；进攻者只是要正式围攻或者通过绝粮迫使一个大要塞投降，就需要动用一个小的军团。

2. 进攻者在敌国内建立一个战区的必要性必然会随着部队的前进而加大。由此而引起的力量削弱即使对部队一时的兵力数量不会产生大的影响，但对部队的长期状况还是会产生比第一个原因更大的影响。

在敌国国土上，只有我们占领的那部分国土才可以被看作是我们的战区，也就是说，在这些战区，我们要么是在城外留下小部队，要么是在最重要的城市或兵站等地不时留下守军。不管我们留下的守军是多么少，这毕竟较大地削弱了我们的作战力量，但这还是最次要的。

每个军团都有战略翼侧（其交通线两侧的地方）；由于敌人的军团也有战略翼侧，因此我们感觉不到翼侧的弱点，但是只有在本国时才是这样；一旦进入敌国，我们就会感觉到翼侧的弱点，因为在交通线很长而又很少或者根本没有保护的情况下，即使敌人对我翼侧采取最小的行动，他也有望得到一些战果，而在敌人的国土上，我们到处都有可能遇到这样的行动。

我们推进得越远，战略翼侧就越长，由此产生的危险也就越大，因为不仅这种翼侧很难得到保护，而且敌人采取行动的干劲也正是由于我方交通线很长和没有安全保障才被激发出来。我方一旦退却，如果失去交通线，由此可能产生的后果是极其令人担忧的。

所有这一切都使正在前进的部队每前进一步都会增加一份新的负担，以致这支部队如果刚开始前进时没有非常大的优势，就会逐渐感到其计划越来越受阻，其突击力越来越弱，最后感到其处境不安和令人担心。

3. 部队与来源地（自身不断削弱的部队必须从这里不断得到补充）的距离随着部队前进而加大。一支出征的军队就像是煤油灯发出的光亮，滋养它的灯油越少，距我们视线的焦点越远，光亮就越小，直到完全熄灭。

当然，被占领地区的财富可以大幅减少这个难题，但不可能完全消除，一是因为总有大量东西必须自本国补充，例如兵员；二是因为**一般情况下**，敌国提供的不如本国提供的迅速和可靠；三是因为临时产生的需求无法像在本国那样很快得到满足；四是因为各种误解和错误无法像在本国那样可以及早地被发现和得到纠正。

如果一国君主不亲自率领他的军队（这在最近的战争中已经成为一种风气），那么他就远离了军队，于是来回请示所带来的时间损失也是一个新出现的很大的不利，因为一位统帅的权限再大，也无法独自决定其广阔活动范围内的所有事项。

4. 政治关系的变化。如果胜利引起的这些变化变得对胜利者不利，那么胜利者越是前进，其面临的不利变化就越多；同样，如果这些变化对胜利者有利，那么胜利者越是前进，其面临的有利变化也就越多。在这里，一切取决于现有的政治联系、利害关系、习惯做法、前进方向，取决于君主、大臣、宠臣和情人等等。人们一般只能说，一个有较小盟友的大国被战胜后，这些盟友通常很快会与它脱离关系，然后胜利者在这方面将随着每次战斗获胜而变得更强；但是如果战败的国家比较小，并且其生存受到了威胁，则会有很多国家做它的保护者，此前曾经帮助胜利者撼动这个小国的其他国家，如果认为胜利者这样做太过分，则会反悔。

5. 引起敌人更激烈的抵抗。敌人有时会由于惊恐和慌乱而放下手中的武器，有时又会受控于爆发的情绪，而争先恐后地拿起武器，以至在第一次大败后，其抵抗反而比之前激烈得多。从人民和政府的特点、国土的自然情况以及国家的政治联系中，人们可以推测出很可能出现的情况。仅是后面这第4点和第5点就会使人们在战争中的不同场合制订出非常不同的计划。有的人由于胆怯和所谓按部就班的行事风格而失去最好的时机，有的人则行动鲁莽，好似一个人扑通一下跳入没顶的水中，之后却狼狈不堪和惊恐万状，就像我们见过的刚被别人从水里拉上来那样。

在这里我们还要指出，胜利者在危险过去以后，在为巩固胜利而正需要做出新的努力时，往往会出现懈怠。如果我们总的看一下这些不同的、相互对立的因素，无疑会得出结论：在一般情况下，对胜利的利用和在进攻战争中的前进会使进攻开始时拥有的或者通过胜利取得的优势受到削弱。

这里我们必然会想到一个问题：如果情况是这样，那么此时是什么驱使胜利者继续追求胜利，继续在攻势中前进呢？这还能真的叫作利用胜利吗？在已得到的优势还根本未减少之前就停止行动不是更好吗？

对这些问题当然应该这样回答：拥有兵力优势不是目的，而是手段。目的或是打垮敌人，或是至少夺取敌人的部分国土，以便让自己处于有利地位，这样做**虽然对部队一时的状况没有什么好处**，但毕竟对推动战争和媾和有利。即使我们要彻底打垮对手，也必须想到，也许前进的每一步都会削弱我们的优势，但是从中不是必然就得出"我方优势在对手失败之前肯定消失"的结论。对手有可能在我方优势消失之前失败。如果我们利用最后极小的优势可以做到这一点，那么没有运用这点优势就是一个错误。

人们在战争中拥有的或者赢得的优势只是手段，不是目的，而且必须运用这一手段去达到目的。但是人们必须了解优势能够达到的那个点，以便不超过这个点，否则收获到的就不是新的好处，而是耻辱。

战略优势在战略进攻中会逐渐消失，对此我们无须列举特别的战例加以说明；这方面的大量现象更多是要求我们探寻其内在的原因。只是自拿破仑出现后，我们才看到文明国家之间那种优势可以一直保持到对手失败的战局。在拿破仑出现以前，每次战局都是以胜利的军队试图赢得一个能与对手保持平衡的点而结束的。一旦赢得这个点，胜利的活动就停止了，或者为达到这一平衡点，有时甚至还要退却。胜利的这一顶点接下来还会在所有那些无法以打垮对手为战争目标的战争中出现，而且总会有大多数战争是这样。因此，由进攻到防御的转折点是各战局计划的自然目标。

如果进攻者的行动超出了这个目标，那么这不仅是对力量的一种**无效**运用，不再能带来战果，而且还是对力量的一种**有害**运用，会引起敌人的反击，而且根据一般的经验，这些反击往往能达到超出寻常的效果。进攻者的行动超过顶点的现象是如此普遍，看上去是如此理所当然和容易为人们内心理解，以至我们可以不必详细地论述其原因。无论如何，进攻者在刚占领的地区缺少有关设施和组织，加上其受到的较大损失与期待得到的新战果之间在内心形成的强烈反差，是进攻者的行动超过顶点的最主要的原因。一方面是经常高涨到自负程度的情绪，另一方面是消沉沮丧，精神力量通常在这里不寻常地、活跃地交织在一起。进攻者在退却时的损失会由于这一原因而加大。如果他得以逃脱，只是不得不把夺到的东西归还，而没有丧失自己的国土，通常就已经要谢天谢地了。

在这里我们必须排除一个似乎会出现的矛盾。

有人可能会认为，只要进攻者还在继续前进，只要他还有优势，那么由于其在胜利之路的终点上出现的防御是比进攻更有力的作战形式，因此进攻者此时突然变成弱者的危险应该是更小了。但是这种危险确实是存在的。如果我们看一看历史，就不得不承认，最大的局势骤变的危险往往是在进攻变弱和转入防御的时刻出现的。现在我们要看一下其中的原因。

我们认为防御这种作战形式的优越性体现在以下几点：

1. 可利用地形；

2. 拥有准备好的战区；

3. 有民众的支持；

4. 拥有等待之利。

清楚的是，这些因素并不总是以相同的程度存在，也不总是产生相同程度的效果，因此一次防御与另一次防御也不总是相同的，防御相对于进攻也不总是具有相同的优越性。特别是在进攻力量衰竭后出现的防御，由于其战区一般位于前出很远的攻势三角形[1]的顶点，因此就更是这样。在这种防御中，只有上述四个优越性中的第一个，即"可利用地形"没有变化，第二个优越性大多已经完全不存在了，第三个优越性变成了反面，第四个优越性已经受到很大的削弱。现在我们只对第四个优越性解释几句。

有时多个战局会在一种臆想的均势中毫无结果地拖下去，因为本应采取行动的一方缺乏必要的决心，而另一方认为可从中得到等待之利。如果有一个攻势行动干扰了这一均势，损害了敌人的利益，促使他要采取行动，那么敌人继续无所事事和犹豫不决的可能性就大为减少了。在占领区组织防御和在本国内组织防御相比，前者的特点是面临更多的挑战。这种防御在一定程度上包含了进攻的因素，从而削弱了它的防御本性。道恩可以让弗里德里希二世[2]相安无事地停留在西里西亚和萨克森，但假如是在波希米亚，就不会允许他这样了。

因此很清楚，对交织于一次攻势行动的防御来说，其所有要素都已经受到削弱，因此已经不再具备它原有的对进攻的优越性了。

---

[1] 指发起攻势的部队与其出发基地的两端形成的三角形。——译者注
[2] 即弗里德里希大帝。——译者注

正如没有一个防御战局纯粹是由防御因素组成的一样，也没有一个进攻战局纯粹是由进攻因素组成的，因为除了每个战局短暂的间隙（这时双方军队都处于防御状态），每一次无法导致媾和的进攻都不得不以防御结束。

防御本身以这种方式削弱了进攻。我们把进攻因此而进入的防御更多看作是进攻的最主要的不利。我们这样说并不是闲来无事地钻牛角尖。

这样也就解释了在进攻和防御作战形式的力量中原来存在的差别为何会逐渐减少。我们现在还要指出，这种差别为何有可能完全消失，并在短时间内转向相反的因素。

如果允许我们借用自然界的一个概念，那么我们就可以更简短地说明问题。

在物质世界，任何一个力要发挥作用都需要时间。一个缓慢和陆续运用即足以挡住一个运动物体的力，如果时间不足，就会反被那个运动物体克服。物质世界的这一法则对我们精神生活中的某些现象来说，是一个恰当的说明。一旦我们的思维已经被引到某个方向，那么不是一个自身充分的理由就能改变或中止这种思维的。要改变或中止它，需要时间、平静和对意识的持续作用。在战争中也是如此。一旦人们内心已经有一个明确的方向（或是继续向目标前进，或是回头转向一处避风港），那么很容易发生这样的情况：人们很难完全感受到那些要求他们停止前进或者鼓励他们行动的理由，而且由于他们的行动正在继续，于是他们在运动的洪流中会不知不觉地超过均势的界限，超过顶点线。甚至可能发生这样的情况：尽管进攻者已经筋疲力尽，但是在精神力量的支撑下（在进攻中尤其会有这种精神力量），对他们来说，继续前进反而比停下来更容易，就像驮着重物上山的马匹一样。至此，我们认为已经并未自相矛盾地说明了进攻者为什么会超出胜利的顶点，而如果他在这一点停下并转入防御，他本还是可以取得成果，即保持均势的。因此在拟订战局计划时，无论对进攻者来说，还是对防御者来说，正确地确定这个顶点是很重要的。对进攻者来说，这可以使他不采取超出其能力的行动，不背债务；对防御者来说，这可以使他认识到并利用进攻者一旦超过顶点而对进攻者不利的情况。

现在我们再回过头来看一看统帅在确定胜利的顶点时应该考虑的所有有关问题。我们回忆起，他必须了解很多其他的远近情况，才能从其中最重要的情况中估计出（甚至在某种程度上猜出）行动的方向和价值，也就是说要猜出敌军在我第一次打击后是会成为一个更坚固的核心，呈现出越来越紧密的团结，还是会像博洛尼亚瓶[1]那样一旦伤及表面即化为碎片；要猜出封锁和切断敌国内个别补给来源地和交通线会引起多大的削弱和瘫痪；要猜出对手在受到打击后，是会由于火辣的伤痛而无力地瘫软下去，还是会像一头受伤后的公牛反而狂怒起来；要猜出其他强国对此是会恐惧还是会愤怒，政治联系是会解体还是会建立起来，以及哪些政治联系会解体或建立起来。如果说统帅应像射手击中其目标一样，以他的判断力猜中所有这一切以及其他很多情况，那么我们不得不承认，人的这种智力活动是不简单的。千百条歧路会使人的判断迷失方向；即使问题众多以及复杂多面没有难住统帅，但是危险和责任也会使他举棋不定。

于是就会出现以下情况：大多数统帅宁愿停在远离目标的地方，而不愿距目标太近；而具有出色勇敢和高度进取精神的统帅往往又错误地超出了目标，从而未达成其目的；只有那些以较少手段采取较大行动的人幸运地达到了目的。

---

[1] 1716年，阿斯马迪以急速冷却法最早制成一种高约8厘米的玻璃瓶，由于博洛尼亚人巴尔比最先记述了它，故称为博洛尼亚瓶。其特点是瓶身有裂纹，瓶底较厚，瓶底能经受较大外力冲击，但如果向瓶内投下一粒小石子则会引起整个瓶体破碎。——译者注

第八篇
战争计划

★ 第一章 ★
引言

我们在关于战争本性和目的一章[1]中，在某种程度上勾勒出了战争总的概念，并指出了战争与它周围事物之间的关系，以便我们以一个正确的基本概念开始研究战争。当时我们概略地提到了研究战争时会遇到的各种各样的困难，准备以后再详细地加以研究。我们当时得出了"打垮敌人（消灭其军队）是整个军事行动的主要目标"这一结论，之后就停了下来。由于得出了这一结论，使得我们在随后的一章[2]中可以指出，军事行动运用的手段只有战斗。我们认为，这样一来，就先有了一个正确的立足点。

此后我们对军事行动中除了战斗以外最值得关注的关系和形式分别进行了探讨，以便一方面根据事物的本性，一方面根据战史所提供的经验更确切地指出它们的价值，把它们从那些通常与它们联系在一起的不明确和模棱两可的概念中区分出来，并且在探讨过程中仍处处注意让军事行动的真正目标（消灭敌人）作为主要的内容。现在我们再回到战争这个整体，准备探讨战争计划和战局计划，因此不得不再次联系到我们在第一篇中谈过的观点。

以下几章将论述总体问题，包括战略的最本质的、涵盖面最广和最重要的问

---

[1]作者在本书第一卷中的第一篇第一章和第二章中分别论述了战争的本性和目的。——译者注
[2]指本书第一篇第二章。——译者注

题。我们不无胆怯地进入了战略领域的最深处，所有其余线索都交汇于此。

实际上，有这种胆怯心理是可以理解的。

一方面人们看到，军事行动好像极为简单：人们听到和读到，最杰出的统帅们恰恰是以最简单和最朴实的语言表述它们；在他们的口中，控制和运转这部由千万个部件组成的笨重机器，就像是在谈论他们一个人的行动，以至战争的整个庞大的行动被简化为某种决斗；人们听到和读到，统帅们的行动动机有时是几个简单的想法，有时是某种情感的迸发；人们看到，他们处理问题的方式是轻松的、有把握的，甚至可以说是草率的。可是另一方面人们看到，战争中需要理智探究的情况很多，各个战事的时空延展距离很长，而且往往是不确定的，此外我们还面临无数个行动组合的可能性需要去选择。如果这时我们考虑到，理论的责任就是系统地（清晰和完整地）解释这些事物，并且总是以充分的理由指出行动的必然性，那么我们就会不可避免地感到极大的不安，担心被拖到死板的书呆子的泥潭里去，在令人费解的概念的低矮空间里爬来爬去，而永远不会在轻松统揽全局方面达到杰出统帅的水平。如果这就是理论研究的结果，那就和不研究一样了，或者说，不研究可能反而更好些。这样的研究会使理论低估才能的作用，并让理论很快被人们忘掉。相反，上面所说的统帅的轻松统揽能力、简单的思维方式以及将整个军事行动拟人化的做法，才真正是一次杰出作战指挥的灵魂，以至只有采取这种了不起的方式，自由的思维才是可以想象的。如果人们要支配战事而不是受战事支配，那么这种自由的思维就是不可或缺的。

我们有些惴惴不安地继续前行；只有沿着一开始就规定好的道路，我们才能继续前行。理论应该清晰地阐明大量事物，使人们易于理解它们；理论应该铲除错误见解到处催生出的杂草，应该指出事物之间的相互关系，把重要的事情从不重要的事情中剥离出来。当有关观点自然而然地凝结成一个我们称之为原则的真理结晶时，当它们自然而然地遵守一条形成了规则的底线时，理论就应该把它们指出来。

理论在事物的基本概念之间来回探索。人们从中得到的是什么呢？是人们在心中被唤起多道光束，这就是理论带给人们的收益；理论无法给人们提供解决问题的公式，无法通过在两侧堆砌原则而把人们限制在一条狭窄的、必走的小路上；理论应该使人们快速了解大量的事物及其相互关系，然后放手让人们进入更高级的行动领域，以便人们根据其天赋的大小运用所有集中起来的力量采取行动，并清楚地、唯一地意识到**真正的**和**正确的**事物。这种意识是在上述所有力量的共同作用下脱颖而出的，看上去与其说是思考的产物，还不如说是感觉的产物[1]。

---

[1]原著的原文不同版本中有"感觉的产物"和"危险的产物"两种写法，可能是由于原文字迹不清，有的出版者认为作者用的是"感觉"（Gefühl）一词，有的出版者认为作者用的是"危险"（Gefahr）一词。个人认为，从上下文看，译为"感觉"更符合逻辑。——译者注

★ 第二章 ★

绝对战争和现实战争

　　战争计划是对整个战争行动的概述，使其成为具有一个最终目的的一致的行动。在这个最终目的中，一切特殊目的都得到平衡。如果人们不知道用战争要达到什么，以及在战争中要达到什么（前者是目的，后者是目标），那么人们就不能开启战争，或者说就应该明智地不开启战争。人们通过这个主要考虑[1]规定了战争中一切行动的方向，确定了使用手段的范围和所用力量的大小，并且向下一直影响到行动的最小环节。

　　我们在第一章中说过，打垮对手是战争行动的自然的目标，而且即使人们坚持对这一概念的严格的哲学定义，从根本上讲也不会有另外一个目标。

　　由于打垮对手这一想法必然是交战双方都有的，因此从中本应得出结论：在双方中的一方确实被打垮以前，在战争行动中不会有停顿，不会提前出现平静。

　　在论述《战争行动中的停顿》[2]一章中，我们指出，纯粹的敌对因素是如何作用于这一因素的体现者——人，以及构成战争的一切情况的，还指出敌对因素是如何由于战争机器的内在原因而出现停顿和受到削弱的。

　　但是这一变化[3]还远不足以让我们将战争的原始概念调整为我们几乎到处可

---

[1] 指战争计划。——译者注
[2] 指本书第一卷第三篇第十六章。——译者注
[3] 指理论上战争不应出现停顿，而实际上会出现停顿。——译者注

见的战争的具体形态。大多数战争好像只是相互发怒，此时每一方都拿起武器，以保护自己和让对方惧怕，并间或打击对方一下。因此，在这些战争中相遇的不是两个相互摧毁的因素，而是尚彼此分开的敌对因素所形成的紧张关系，这些紧张关系往往在个别的小冲突中得到释放。

那么阻止这些敌对因素全面爆发的绝缘体是什么呢？为什么人们对战争充满哲理的想象没有得到实际的印证呢？绝缘体就是战争在国家事务中触及的大量事物、力量和关系。由于这些事物、力量和关系纠缠在一起，因此人们不可能像在简单的一条线上那样根据几个推论就得出合乎逻辑的结论。这一结论卡在这些纠缠在一起的事物、力量和关系中，而人们习惯于在大事小情上更多地根据个别主导的观点和感觉行事，而不是根据严格的逻辑结论，因此在这里几乎意识不到自己情况不明以及行动不坚决和不彻底。

即使筹划战争的人一刻没忘其目标，确实考虑到了所有这些情况，国内的其他所有有关人士也未必恰好能做到这一点，因此就会产生阻力，就需要有一种力量来克服人们的惰性，而这种力量大多是不足的。

这种不彻底存在于交战双方的这一方或那一方，或存在于双方，使战争成为一个与其概念完全不相符的事物，成为一个半真半假、没有内在联系的东西。

这样的战争，我们几乎到处都可以见到。假如不是人们看到正是在我们这个时代出现了具有绝对完整形态的真正的战争，那么就会怀疑我们关于战争具有绝对本质的观点的现实意义。在法国革命开始后不久，毫无忌惮的拿破仑迅速地把战争带到了这一点上[1]。在拿破仑的指挥下，战争不停地进行着，直到对手倒下；而还击也几乎同样不停地进行着。这一现象把我们带回到战争的原始概念和所有严格的推论，这难道不是自然的和必然的吗？

我们是否应该停在战争的原始概念及其推论，而不管战争离开原始概念多么远，对所有战争都根据这个原始概念及其推论进行判断呢？是否应该从战争的原始概念和推论中推导出对理论的一切要求呢？

现在我们必须对这些问题做出明确的回答，因为如果连我们自己都不确定战

---

[1] 指让战争体现出了其绝对本质。——译者注

争是只应像其原始概念规定的那样，还是可以有另外的样子，那么我们就无法对战争计划提出任何合理的看法。

如果我们认为战争只能是前一个样子，那么我们的理论就会在各方面更接近逻辑的必然性，就会更是一个清晰和确定的事情。但是这样的话，我们对自亚历山大和罗马人的一些战局以来的一切战争（除了拿破仑进行的战争）又该如何解释呢？我们不得不把它们全部否定掉，但是恐怕不能这样做，否则会为自己的狂妄而感到羞愧。而且糟糕的是，我们不得不说，在今后十年内也许又会出现与我们的理论不相符的那类战争。这一有关战争绝对本质的理论尽管有很强的逻辑性，但是面对具体情况的威力却是非常无力的。因此我们必须清楚，不能用战争的纯概念去构思战争该是什么样的，而是应该让所有掺杂于和作用于战争的奇异之物都有一席之地，包括各部分的所有自然的阻力和摩擦，以及人的行事不彻底、认识不清晰和气馁。战争和人们赋予它的形态是从一时先行出现的想法、感觉和各种关系中产生的，我们必须持这种看法。如果我们要全部讲真话，那么就必须承认，即使是具有绝对形态的战争（拿破仑进行的战争）也是这种情况。

如果我们不得不像上面这样看问题，如果我们不得不承认战争并不是从它所触及的无数关系的最终调整中产生的，也不是从这一调整过程中逐渐具备其形态的，而是产生于这些关系中个别正在起着主导作用的那些关系，那么我们自然就会得出结论：战争是以可能性、盖然性、幸运和不幸运的赌博为基础的。在这种赌博中，严格的逻辑推论往往根本不起作用，往往不过是思维活动的一个十分无用和累赘的工具。此外，我们还可以进一步得出结论：战争有可能是一个有时特别像战争、有时又不大像战争的东西。

理论必须承认上述这一切，但是理论的责任是把战争的绝对形态置于首要的地位，并且把它用作普遍起作用的基准点，以便让那些希望从理论中学到些东西的人习惯于永远记住它，把它视为衡量自己一切希望和担忧的原本尺度，以便在**他们可以或必须的场合使战争接近于这种绝对形态**。

同样可以肯定的是，作为我们思维和行动基础的一个主要观点[1]，即使最直

---

[1] 指致力于追求战争的绝对形态。——译者注

接的做出决定的原因来自与战争完全不同的其他领域，这个主要观点也会赋予战争一定的基调和特点，就如同一位画家能够通过底色赋予其画作这种或那种色调一样。

  理论现在之所以能够有效地做到这一点，要归功于最近的几次战争。假如没有这些摆脱了束缚因素的力量为我们提供了起到告诫作用的战例，那么即使理论喊破嗓子也无济于事，今后没有人会相信目前大家所经历的事情是真的有可能发生的。

  假如普鲁士预料到一旦失败，其所遇到的还击是如此之大，以至欧洲原有的均势不复存在，那它还敢在1798年[1]以7万人攻入法国吗？

  假如普鲁士权衡到，开第一枪将是引爆弹药库的火星，会使自身毁灭的话，它还会在1806年以10万人对法国开战[2]吗？

---

[1] 原文如此，疑误。普鲁士并未于1798年入侵过法国，似应为1792年。——译者注
[2] 指普鲁士最终在1806年耶拿会战中大败。——译者注

★ 第三章 ★

一、战争的内在联系

人们对战争形态的看法不同，有的认为它具有绝对的形态，有的认为它具有或多或少不同于绝对形态的现实形态，因此对战争的结果也就有两种不同的看法。

在战争的绝对形态中，一切都是由于必然的原因而发生的，一切都是迅速地交织在一起的，不会出现任何（如果我可以这样说的话）无实质的和中性的空隙。在这一绝对形态中，由于战争内含的多种多样的相互作用[1]，由于严格来讲战争中相继进行的系列战斗的相互联系[2]，由于每次胜利后出现的顶点（超过它就是损失和大败的领域）[3]，总之由于战争具有上述这些自然的关系，因此我说战争只有一个结果，这就是**最终结果**。在取得最终结果以前，没有决出任何胜负，没有赢得任何东西，也没有输掉任何东西。人们在这里必须不断提醒自己：一切都取决于最终结果。在这一观点中，战争是一个不可分的整体，它的各个部分（各个结果）只有与整体联系起来才有价值。1812年拿破仑占领了莫斯科和半

---

[1]见第一篇第一章。——编者注
[2]见第一篇第二章。——编者注
[3]见第七篇第四章和第五章以及《关于胜利的顶点》一文。——编者注

个俄国，但对他来说，这一占领只有给他带来想要的和约才有价值。这一占领只是其战局计划的一部分，这个计划还缺少一个部分，即消灭俄国的军队。假如拿破仑在取得其他成果时想到并实现消灭俄国军队，那么媾和就会像这类事情自然发展的那样十分有把握。由于拿破仑此前忽视了计划的这第二个部分，就再也无法实现这个部分了，而且这样一来，整个第一部分变得对他非但无用，反而有害了。

对战争中的各个结果之间有联系的这一看法，可以视为一个极端的看法。与这一看法对应的是另一个极端的看法，即认为战争是由各个单独存在的结果构成的，这些结果就像赌博中的局一样，前几局的输赢对接下来的输赢没有任何影响，因此这里关键只是这些结果的总和，而且人们可以把每个结果像筹码一样积攒起来。

第一个看法的正确性源自事物的本性；第二个看法的正确性，我们可以在历史中找到。无须满足什么困难的条件即能获得小的一般好处的情况是很多的。战争的要素越和缓，这种情况出现得就越多。但是正如第一个看法在一场战争中完全正确的情况很少一样，第二个看法到处都适用，第一个看法大可或缺的战争也很少。

如果我们遵循上述两个看法中的第一个，那么就应该认识到，对每次战争必须从一开始就把它看作一个整体，统帅在向前迈出第一步时就必须已经有了目标，所有的行动都应指向它。

如果我们赞同第二个看法，那么就可以为次要好处本身而去追求它们，将后续的情况交给后续的战事。

上述两个看法中的任何一个都是会带来结果的，因此理论对它们都要加以考虑。但是理论在运用它们时的区别在于：理论要求人们把第一个看法当作到处都应以它为基础的基本观点，而把第二个看法仅当作是对第一个看法在具体情况下的一个修正。

弗里德里希大帝在1742年、1744年、1757年和1758年从西里西亚和萨克森向奥地利发起新的攻势时[1]，很清楚这一攻势不可能像他对西里西亚和萨克森的

---

[1] 指在第一次西里西亚战争（1740—1742）、第二次西里西亚战争（1744—1745）和七年战争（1756—1763）中，弗里德里希二世进攻奥军的行动。——译者注

攻势那样导致一次新的长期的占领，因此他当时之所以发起这一攻势，是因为他并不想通过这一攻势打垮奥地利，而是想达到一个次要目的，即赢得时间和力量。他可以追求这个次要目的，而不必担心冒存亡之危[1]。然而尽管普鲁士在1806年，奥地利在1805年和1809年为自己设定的目标比上述例子还要小得多（将法国人赶过莱茵河），但是只要它们没有考虑到可能出现的一系列事情（这些事情无论是在胜利还是在失败的情况下都很有可能从行动的第一步就出现，直到媾和），它们就不可能理智地达到目标。无论是确定在不必冒险的情况下可以在多大程度上扩大胜利，还是确定如何以及在何处能阻止敌人扩大胜利，考虑这些事情都是十分必要的。

仔细研究历史就可以看出这两种情况有何不同。在18世纪的西里西亚战争时期，战争还只是政府的事情，民众只是作为盲目的工具参加战争。到了19世纪初，交战双方的民众已经是战争中举足轻重的力量了。以往与弗里德里希大帝对峙的那些统帅是受他人之托而行动的，正因为如此，小心谨慎就成为他们的一个主要特征，而现在奥地利人和普鲁士人的对手[2]简直可以说就是战神本身。

战争的这些不同情况难道不应引起完全不同的思考吗？这些不同的情况难道不应在1805年、1806年和1809年促使人们注意到在短期内就有可能，甚至非常有可能发生极端的不幸，从而做出完全不同的努力和计划，而不是仅以占领几个要塞和一个不大的地区为目标吗？

虽然普鲁士和奥地利这两个强国在备战时已经完全感觉到政治氛围中正在聚积力量，它们可能面临一场暴风雨，但是它们没有做出相应的努力和计划。它们没有能力做到这一点，因为当时对有关情况还没有从历史中如此清晰地总结出

---

[1] 假如弗里德里希大帝赢得了科林会战，并在布拉格让奥地利的主力连同其两位最高统帅做了俘虏，那么这将是对奥地利的一个沉重打击，以至他可以考虑开赴维也纳，动摇奥地利君主国，并由此直接迫使对方媾和。这对当时来说将是前所未闻的胜利，将与现代战争的结果非常相似，而且仅是由于小大卫战胜了大戈利亚，其战果就一定会更令人称奇和辉煌。这一结果在弗里德里希大帝赢得科林会战后极有可能出现。这与上述已经做出的论断并不矛盾，因为上述论断只涉及普鲁士国王原来的攻势目的，而包围和俘获敌人主力是所有计划以外的事，是普鲁士国王此前未考虑过的，至少奥军在布拉格一带笨拙的部署使这种情况有可能出现以前，他并未考虑过。——作者注

[2] 指1805年、1806年和1809年战争中的拿破仑。——译者注

来。正是1805年、1806年和1809年战局以及后来的战局，使我们从中较容易地抽象总结出了具有破坏力的近代绝对战争的概念。

因此理论要求我们在研究一场战争时，首先要根据政治要素和关系体现出来的盖然性把握这一战争的特点和大的轮廓。根据这一盖然性，战争的特点越是接近于绝对战争，战争的轮廓越是更多地包括交战国的民众并将他们更多地卷入战争，那么战事之间的联系就越清晰，就越有必要在未考虑好最后一步时不要迈出第一步。

二、关于战争目的的大小和投入力量的多少

我们给对手施加的压力应该有多大，取决于我们的和对手的政治要求的大小。假如双方都了解对方的政治要求的大小，那么投入力量的尺度就会是相同的。不过，双方政治要求的大小并不总是这样公开的，这就可能是双方所用手段不同的第一个原因。

交战国的位置和情况不同，这有可能成为第二个原因。

交战国政府的意志力、特点和能力也很少相同，这是第三个原因。

上述三个要考虑的问题使人们无法准确地计算出将遇到多大的抵抗，因此也就无法确定应该使用什么手段，以及可以设定什么目标。

由于如果在战争中投入力量不足的话，不但有可能什么都得不到，而且还有可能受到实际的损失，因此这就促使双方力图在力量投入方面胜过对方，从而产生了一种相互作用。

这种相互作用有可能使人们在投入力量方面设定一个极端的目标（如果对这样一个极端目标是可以确定的话）。然而这样一来，人们就会不考虑政治要求的大小，手段就会失去与目的的所有联系，"最大限度地使用力量"这一意图在大多数情况下就会由于自己内在情况的制约而无法实现。于是进行战争的人又回到折中的道路上来，在某种程度上遵循直接管用的原则采取行动，即使用刚好足以达到其政治目的所必需的力量，以及提出刚好足以达到其政治目的的目标。为使该原则得以实现，他必须放弃取得任何成果的绝对必要性，不去考虑那些遥远的

可能性。

在这里，智力活动离开了严格的科学、逻辑学和数学的领域而成为艺术（就这个词的广义而言），也就是成为一种通过判断情况时的直觉从大量事物和关系中找出最重要的和决定性的事物和关系的能力。这一直觉无疑或多或少就是下意识地对所有因素和关系进行比较，从而比通过严格的推论更快地排除那些关系不密切和不重要的因素和关系，更快地找出最密切和最重要的因素和关系。

因此，为了解为战争要运用多少手段，我们就必须考虑敌我双方为战争设定的政治目的，必须考虑敌国和我国的各种力量和关系，必须考虑敌国政府和民众的特点、能力以及我方在这些方面的情况，还必须考虑其他国家之间的政治联系以及战争可能给这些联系带来的影响。不难理解，权衡这些错综复杂交织在一起的多种多样事物的利弊是一项大的任务，只有真正的天才的眼力才能从中迅速地找出正确的东西，仅靠呆板的思考是无法驾驭这一复杂性的。

从这个意义上讲，拿破仑说得很对：仅靠呆板思考的话，上述任务就会成为一道代数难题，在它面前即使是一位牛顿式的人物也会被吓退。

如果说复杂和大量的各种情况以及难以正确把握的尺度在很大程度上加大了人们在战争中得到有利结果的难度，那么我们必须看到，由于权衡这些复杂事物的利弊拥有无比和巨大的**重要性**，因此即使这些事物并未加大完成上述任务的复杂程度和难度，但它们毕竟加大了人们一旦完成这一任务所立下的功劳。普通人的思维的自由和活力不会由于危险和责任而提高，而是受到压制；但对少有的伟人来说，危险和责任无疑会使他们的判断更为迅速和准确。

因此我们首先必须承认，只有了解了所有关系的全貌（包括一时非常具体的特点），才能对一场临近的战争以及这场战争可以追求的目标和必要的手段做出判断；这一判断像在军事活动中的任何判断一样，从不可能是纯粹客观的，而是根据君主、政治家和统帅们的思维和性情特点做出的（不管这些特点是否集于一人）。

如果我们考察各国脱胎于其时代和环境的总的情况，那么问题就具有普遍性了，更适合进行抽象的研究。在这里我们不得不快速地浏览一下历史。

半开化的鞑靼人、古代的共和国[1]、中世纪的采邑主[2]和商业城市[3]、18世纪的国王们,以及19世纪的君主和民众,他们都是以各自的方式进行战争,使用的手段不同,追求的目标也不同。

鞑靼部族总是在寻找新的居住地。他们全族外出,携妻带子,因此人数众多,是其他任何军队都比不上的。他们的目标是打垮或赶走对手。假如他们再有较高的文明程度,那么用这些手段很快就可以打垮面前的一切。

古代共和国（除了罗马共和国）的版图都很小,其军队的规模更小,因为它们将大众——底层平民排除于军队之外[4]。这些共和国数量众多,相距又近,以至它们在自然形成的均势中（根据一条完全普遍存在的自然法则,小的单独存在的部分总是处于这种均势状态）总会遇到障碍,无法采取大的行动。因此它们的战争局限于对平原地区进行劫掠和占领个别城市,以便在这些地方确保后续的一定影响。

只有罗马共和国是个例外,但只是在它的后期。为争取战利品和同盟,它长期用小规模的军队同邻国进行小规模的战斗。它逐渐变大,更多是通过结盟,而不是通过真正的征服。在结盟过程中,邻近的民族逐渐与它融为一体。在以这种

---

[1] 此处指古罗马和古希腊。——译者注
[2] 采邑制是中世纪在西欧实施的一种土地占有制度。大封建主对于提供兵役或执行其他任务的臣属,以封赐土地或金钱等作为恩赏,称作采邑,供终身享用,但是不能世袭。此后,这些封臣又分赐采邑给其下属,从而形成一个以土地为纽带的领主与下属之间的关系。作为采邑封赏给下属的主要是土地,但也包括伯爵等国家官职和教会职务。采邑制的一些惯例包括：领主担负保护下属土地的责任,下属则有义务效劳,为领主作战,否则收回采邑；采邑享用期以领主或者封臣的在世时间为限,双方任何一方离世,都应交回采邑。采邑制在当时对于提高国家的战斗力很有帮助,而且通过采邑制逐渐形成了一种封建等级制度。由于得到采邑的封臣都力图把采邑变成自己世袭占有的土地,到了11世纪,采邑制基本上消失。——译者注
[3] 10—11世纪,随着手工业与农业的分离和商业的逐渐活跃,在西欧开始出现以手工业和商业为中心的城市。这些城市是在教会或世俗封建主的领地上产生的,受到封建主的束缚和管辖,遭受严重的剥削。11—12世纪,这些城市为了摆脱领主的统治和取得自治,曾进行不同方式的斗争。12世纪,在法国、英国和德意志已有不少城市获得独立和自治,它们设立自己的高等法院,铸造货币,建立军队。——译者注
[4] 在欧洲,古代各奴隶制共和国的自由民常按农田收入的多少划分为数个等级,享受不同的政治权利。例如古代雅典共和国的自由民分为四个等级。第一和第二等级享有很大的政治权利,允许服兵役；第三等级享受的权利较小,构成军队的主要组成部分——重步兵；第四等级人数最多,但没有担任任何职务的权利,包括不允许服兵役,只是在后期才用他们组成轻步兵。——译者注

方式把自己的领土扩展到整个下意大利[1]以后，它才开始进行真正的征服活动。迦太基灭亡了，西班牙和高卢[2]被征服了，希腊屈服了。罗马的统治还扩展到亚洲和埃及。在这个时期，它没有耗费太大的力量就拥有了一支庞大的军队，因为它有充裕的财力。这样一来，它就与古老的共和国不同了，与以往的自己也不同了，而是成了一个独一无二的国家。

同样，亚历山大的战争就其方式来说也是独一无二的。他用一支人数虽少但内部组织完备的军队推翻了亚洲国家的腐朽建筑。他一鼓作气、毫无忌惮地进入辽阔的亚洲，一直推进到印度。一个共和国是无法做到这一点的，只有一位国王才能如此迅速地完成这样的事，因为在某种程度上，他本人就是自己的佣兵队长[3]。

中世纪大大小小的君主国用臣属提供的军队进行他们的战争。在这个时期，所有行动都限制在一个短时期内；凡是在这个短时期内无法完成的事情，就只能看作是无法实施的事情。臣属提供的军队本身是封闭的臣属关系的产物，维系这种臣属关系的纽带一半是法定的义务，一半是自愿的结盟，整体上其实是一个邦联[4]。其武器和战术以体力强者占上风的原则和个人的战斗为基础，因此不大适用于较大规模的军队。总之，在历史上没有一个时期像这个时期，国家的结构是如此松散，每个国民是如此不受约束。所有这些以最确切的方式决定了这个时期的战争特点。这一时期的战争进行得相对迅速，军队很少在战场上停留，战争的目的大多只是惩罚敌人，而不是打垮敌人；人们只是掠夺敌人的牲畜，烧毁敌人的城堡，然后又返回本国。

大的商业城市和小的共和国使用雇佣兵进行战争。这是一种昂贵的、规模受到很大限制的作战力量。从他们的战斗力来看，其价值就更小；至于发挥最大的

---

[1] 下意大利（Unteritalien），又称南意大利，指意大利南部地区，历史上是双西西里王国（那不勒斯王国和西西里王国）所在地。——译者注
[2] 高卢（Gallien），古代罗马人将凯尔特人居住的区域称为高卢，大致包括今法国、比利时和德国西部的部分地区。——译者注
[3] 中世纪晚期至16世纪中叶，意大利一些城邦国家如威尼斯、佛罗伦萨、热那亚等虽然经济发达，但防卫能力弱，于是为维护其利益而与佣兵签合同，由后者提供保护。佣兵成为一种职业，佣兵的首领称为佣兵队长（Condottiere）。每个佣兵集团的武器装备为佣兵队长所有，给养和薪饷由佣兵队长负责。佣兵队长可以将自己的集团受雇于任何国家甚至个人。——译者注
[4] 邦联（Konföderation），多个平等、独立的主权国家结成的一致对外的联盟，例如德意志邦联（1815—1866）。——译者注

能量和努力，也根本谈不上，以至他们在作战时大多只是装装样子。一句话：仇恨和敌意不再推动国家直接采取行动，而是成了国家的一个交易品；战争中的危险大部分消失了，战争的本性完全改变了。人们根据战争的本性为战争确定的一切对这种战争已经不适用了。

采邑制逐渐演变成对某块领土的统治，国家的结构变得更密切了，人身义务转变为实物义务，大部分义务逐渐被金钱支付代替，雇佣军代替了臣属提供的军队。佣兵队长制度是其间的过渡，因此在一段时期是较大国家的工具。但是这种情况持续的时间不长，短期雇佣兵变成了**常备雇佣兵**，各国的军队演变成靠国库供养的常备军。

由于军队是缓慢地向常备军这个目标发展的，自然就导致出现这三种类型的军队交织并存的现象。在亨利四世时代，臣属提供的军队、佣兵队长制度和常备军就是同时存在的[1]。佣兵队长制度一直延续到三十年战争，其个别残迹甚至进入到18世纪。

正如这些不同时期的军队各具特点一样，欧洲国家的其他情况也是各不相同的。当时的欧洲实际上分为多个小国，其中有些是内部动荡的共和国，有些是政府权力极为有限的、不稳定的小君主国。一个这样的国家根本不是一个真正的统一体，而只是一个力量松散地联系在一起的聚合体。因此人们也不能把这样的一个国家想象成是一位根据简单的逻辑法则行事的智者。

人们应从这个观点出发考察中世纪的对外政策和战争。我们只需回想一下，德意志的皇帝们在半个世纪期间不断地前往意大利进行远征[2]，但从未彻底征服过该国，甚至都没有过这样的意图。将此视为一个总是反复出现的错误，视为一个源于时代的错误观点，是容易的。但是更为理智的是将此视为上百个重大原因的结果。我们必要时虽然也可以设身处地去设想这些原因，但毕竟不能像与它们处于冲突之中的当事者那样生动地去体会它们。只要脱胎于这种混乱的大国需要

---

[1] 亨利四世在位期间，法国已经建立了常备军（最初建立于1445年），但欧洲其他一些国家，有的还在使用雇佣军（例如意大利的一些城邦），有的则还是由臣属提供军队（如德意志神圣罗马帝国）。——译者注

[2] 10—13世纪，德意志的封建主为了掠夺意大利的城市，对意大利进行了多次远征。后来，尽管德意志神圣罗马帝国逐渐衰落，内部封建割据加剧，但这种远征一直持续到16世纪。——译者注

时间使自己凝聚成一个整体并发展起来，那么它们的力量和努力就只能主要用在这上面[1]；因此这些大国较少发动针对外部敌人的战争，发动这样战争的国家一般带有不成熟的国家联合体的印记。

英国人针对法国的战争[2]是最早出现的此类战争，但毕竟法国当时还不能被视为一个真正的君主国，人们只能把它看作多个公国和伯爵领地组成的一个聚合体；英国当时尽管更多地以一个统一体的面目出现，但毕竟是用臣属的军队作战的，而且国内动荡不安。

法国在路易十一世[3]治下向内部统一迈了最大一步，此后在卡尔八世[4]治下它作为征服力量出现在意大利，最后在路易十四世治下，法国的国家和常备军发展到最高程度。

西班牙在"天主教国王"斐迪南[5]治下开始统一，通过众多偶然的联姻，在卡尔五世[6]治下突然出现一个由西班牙、勃艮第[7]、德意志和意大利组成的庞大的西班牙君主国[8]。这个大块头用金钱弥补它在一致性和国家的内部聚合方面的不足，它的常备军首先与法国的常备军交战。卡尔五世退位后，这个庞大的西

---

[1] 指这些大国只能先致力于形成统一的国家，并发展壮大自己。——译者注
[2] 可能是指百年战争（1337—1453）。百年战争是英国、勃艮第同法国、苏格兰进行的战争，断断续续进行了116年。——译者注
[3] 路易十一世（Ludwig XI., 1423—1483），法国国王（1461—1483）。——译者注
[4] 卡尔八世（Karl VIII., 1470—1498），法国国王（1483—1498），路易十一之子。——译者注
[5] 斐迪南（Ferdinand II., 1452—1516），阿拉贡、西西里、撒丁国王，历史上以残酷对待犹太教和伊斯兰教著称，1492年曾下令将所有非天主教民众逐出伊比利亚半岛，故别称"天主教国王"。——译者注
[6] 卡尔五世（Karl V., 1500—1558），神圣罗马帝国皇帝（1519—1556），西班牙国王（1516—1556）。——译者注
[7] 勃艮第（Burgund），历史上东日耳曼民族的一个部落，后成为独立的王国（534—843），大致包括今法国中部的勃艮第大区。——译者注
[8] 15世纪，欧洲伊比利亚半岛上有卡斯蒂利亚和阿拉贡两个重要国家。1469年，阿拉贡王子斐迪南（1452—1516）与卡斯蒂利亚公主伊莎贝拉联姻。1474年，伊莎贝拉即位，成为卡斯蒂利亚女王；1479年，斐迪南即位，成为阿拉贡国王。两国合并后形成统一的西班牙王国。1516年，斐迪南死后无嗣，哈布斯堡家族马克西米利安的外孙卡尔（1500—1558）继承西班牙王位，称卡尔一世（1516—1556）。卡尔从母亲方面继承了西班牙王位和那不勒斯王国、西西里、撒丁等领地，以及在美洲的殖民地，从外祖父方面继承了奥地利皇位和所谓"勃艮第遗产"（包括尼德兰、卢森堡和弗朗什孔泰等地区）。1519年，卡尔当选神圣罗马帝国的皇帝，称卡尔五世。后来他又在意大利战争中打败法国，夺取了米兰和其他地区，组成了疆土辽阔的西班牙君主国。——译者注

班牙大块头分裂为西班牙和奥地利两部分[1]。后者由于得到波希米亚和匈牙利而增强了力量，以一个大的强国[2]面目出现，把德意志邦联[3]像小船一样拖在它后面随意摆布。

我们在18世纪看到的常备军在17世纪末（路易十四世时代）已经发展到了顶点。这种军队是在征募和金钱的基础上建立起来的。这时各国已经发展成为完整的统一国家，各国政府将其臣民的各项义务转变为纳税，从而将其全部力量集中表现在其金库上。由于文化迅速发展，行政管理日益健全，这一国家力量与以前的比较起来变得非常强大。法国可以用数十万人的常备军出征，其余强国也可以根据情况派出相应的部队。

各国的其他情况也与以前不同了。欧洲分成了十余个王国和数个共和国。人们可以想象其中两个国家进行一场大规模的战争，而不必像以前涉及十倍于此的其他国家。政治关系仍然可能有多种多样的组合，但对它们毕竟是可以看清楚的，并且有时是可以根据盖然性予以确定的。

几乎各国都成了内部关系十分简单的君主国，各阶层的权利和影响逐渐消失，政府是一个完整的统一体，对外代表国家。因此当时已经达到了这样一种程度：一个有力的工具和一个独立的意志已经能够赋予战争一个符合其概念的形态。

在这个时期又出现了三个新的亚历山大式的人物：古斯塔夫·阿道夫[4]、卡尔十二世和弗里德里希大帝。他们试图借助于数量适中和组织完备的军队把自

---

［1］神圣罗马帝国皇帝卡尔五世（西班牙国王卡尔一世）于1521年将德意志领地交给弟弟斐迪南（1503—1564）统治，1556年又将帝位让与斐迪南（称斐迪南一世）；将西班牙王位让与自己的儿子菲利普（即位后称菲利普二世）。于是原来的西班牙分为西班牙和奥地利两个国家。——译者注

［2］卡尔五世的弟弟斐迪南之妻安娜是匈牙利国王路易二世的妹妹。1526年路易二世死后无嗣，斐迪南被选为波希米亚国王（1526年10月22日）、匈牙利国王（1526年12月16日）。1556年，卡尔五世将神圣罗马帝国帝位让与斐迪南。于是奥地利成为神圣罗马帝国成员中最大的一个国家。——译者注

［3］1815年6月8日，维也纳会议宣布成立德意志邦联，成员包括奥地利、普鲁士和德意志其他各邦，共35个邦国和4个自由市。1866年德意志战争结束后签署《布拉格和约》（*Prager Frieden*），该邦联解散。——译者注

［4］古斯塔夫二世（Gustav Ⅱ. Adolf, 1594—1632），瑞典国王（1611—1632），著名统帅。为争夺波罗的海霸权，曾与丹麦、波兰和俄国作战，在三十年战争中屡败天主教联盟和神圣罗马帝国军队。注重进攻，强调机动性，善于灵活运用炮兵。——译者注

己的小国家建成强大的君主国,并横扫面前的一切。假如他们只与亚洲的帝国作战,那么就其作用来说,他们与亚历山大就更近似了。无论如何,从他们在战争中敢于冒险这一点来看,人们可以把他们视为拿破仑的先驱者。

不过战争在一方面赢得的力量和结果,在另一方面又失去了。

军队是靠国库维持的,而君主几乎把国库视为他的私人金库,或至少把国库看作是一个属于政府而不属于人民的东西。与其他国家的关系,除了一些贸易品,大多只触及国库或政府的利益而不触及人民的利益,至少这是人们对这些概念的普遍理解。于是政府自视为巨大财产的拥有者和管理者,不断地努力增加财富,可是它的臣民们在这一财富的增加过程中却不能有特别的利益。在鞑靼人出征时,是全体人民参加战争;在古代共和国和中世纪,是人民中的很多人(如果人们将人民这一概念限定于真正的国民的话)参加战争;但在18世纪的这种状态下,人民对战争没有任何直接的影响,而只是通过其总的素养或缺点对战争尚有间接的影响。

这样由于政府脱离了人民并自视为国家,战争也就在同样程度上成为纯粹是政府的一件事了,即政府借助于国库的金钱以及本国和邻国的无业游民进行战争。结果是各国政府所能使用的手段有了相当明确的限度,具体是手段的规模和持续时间都有了限度,而且交战双方彼此都了解对方的这种限度,这就夺走了战争的最危险的一面:努力走向极端以及与此有关的一系列难以估计到的可能性。

人们大体上知道其对手有多少金钱、财富和信贷,也知道对手的军队规模。由于在战争爆发时大规模增加这些东西是不可行的,于是人们就可以了解敌人最多会有多大力量,就可以对自己不至于全部覆灭有相当的把握;在感到自己力量有限的情况下,就会选择一个适当的目标。既然不会受到最极端的打击,人们也就不再需要冒险采取最极端的行动。必然性不再驱使人们采取最极端的行动,只有勇气和抱负能驱使人们这样做,但是勇气和抱负在国家关系中会遇到巨大的阻力。甚至国王自己担任统帅时也不得不谨慎地使用军队这一战争工具。如果军队被粉碎了,国王不可能很快就筹建起新的军队,而除了这支军队以外,他没有任何其他战争工具。这就强烈要求他在采取任何行动时都特别谨慎。只有在人们看来出现了确切的有利时机时,人们才使用战争这一昂贵的手段。创造这一确切的有利时机，是统帅的一种艺术。在这一有利时机没有出现的时候，人们在某种程度上就无事可做，没有行动的理由，一切力量即所有的动机就像是静止了。进攻者最初的动机也就窒息于谨慎和踌躇之中。

这样的战争实质上已经变成一种真正的纸牌游戏，洗牌的是时间和偶然性；战争就其意义来说只是一种稍加强化的外交，是一种更有力的谈判方式。在这种方式下，会战和围攻成了外交照会的主要内容。即使是好胜心最强的人，其目标也只是使自己处于一个适中的有利地位，以便在缔结和约时加以利用。

我们说过，战争之所以有这种受到限制和挤压的形态，是因为它的基础狭窄。但是像古斯塔夫·阿道夫、卡尔十二世和弗里德里希大帝这样出色的统帅和国王率领他们同样出色的军队，却也未能从众多一般现象中脱颖而出，而是不得不满足于取得一般水平的战果，其原因在于欧洲的政治均势。以往欧洲有很多小国，它们之间存在着直接的、完全自然的利害关系，相距近，接触多，有亲戚关系和个人熟络，这些可以阻止个别国家迅速坐大。而现在国家变大了，其中心相距远了，阻止个别国家迅速坐大这一点是由更大规模的外交来做的。政治利益、吸引力和排斥力已经形成一个非常微妙的体系，以至于如果没有所有政府参与，在欧洲就不会燃起战火。

因此，一位新的亚历山大式的人物除了要手执一把利剑，还要手持一支好笔。即便如此，他在征服其他国家方面也还是鲜有进展。

尽管路易十四世意图改变欧洲的均势，而且他在17世纪末已经强大到不在乎对其普遍存在的敌意的程度，但他仍是以既有方式进行战争，因为他的军队虽然是最强大和最富有的君主的军队，但就其本性来说，与其他君主们的军队是一样的。

对敌国进行掠夺和破坏，在鞑靼人、一些古老民族，甚至在中世纪都起过重要的作用，但已经不再符合时代的精神。人们有理由将此视为无益的野蛮行径，这种行为容易受到报复，而且它对敌国臣民的打击甚于对敌国政府的打击，因此没有什么效果，只是用于使有关民族的文化水平永远处于落后状态。因此战争不仅就其手段，而且就其目标来说，都越来越限于军队本身。军队和它的要塞，以及一些建成的阵地构成了一个国中之国，国内其他方面的战争因素就慢慢地消失了。整个欧洲都为这一趋势而高兴，认为这是智慧进步的一个必然结果。尽管这是一种误解,因为智慧的进步绝不会导致自相矛盾,绝不会导致二二得五(正如我们以前说过,而且以后还要说的那样),但是对各国人民来说,这种变化当然还是有好的作用,只是不可否认,这一变化更让战争成了只是政府的事情,更让人民的利益异化了。在这个时期,一个国家如果是进攻者,那么它的战争计划大多在于控制敌国的这个或那个地区;一个国家如果是防御者,那么它的战争计划就是阻止敌人实现这个计划;各战局计划则是攻占敌人的这个或那个要塞,或阻止敌人攻占自己的要塞;只是为此要不可避免地进行会战时,才寻求和进行会战。谁要是在会战可以避免的情况下只是出于求胜心切而寻求会战,谁就会被认为是位鲁莽的统帅。通常一个战局只进行一次围攻,多的话进行两次围攻也就结束了,进驻越冬营地被认为是必然的休战时期。在冬季宿营期间,一方不能利用另一方的不利状态而采取行动,双方的接触几乎完全中断,因此我说冬季宿营成了一个战局中本应采取行动的一个明确界限。

如果双方的力量过于均衡,或者主动行动的一方明显是兵力较少的一方,那么也不会发生会战和围攻,于是一个战局的全部活动就仅围绕着保有某些阵地和仓库以及定期袭扰某些地区来进行。

只要战争普遍都是这样进行的,只要战争的威力受到的自然限制总是这样直接和显而易见,那么就不会有人在其中发现什么矛盾之处,而是认为一切都处于最好的状态。从18世纪开始涉足军事艺术领域的评论针对的是战争的个别问题,没有太关心其开始和结束,于是就出现了各式各样的伟人和完美,甚至连道恩元帅也可以被视为伟大的统帅,其主要功绩在于让弗里德里希大帝完全达到了目的,让玛丽亚·特蕾西娅[1]完全未达到目的[2]。在那时,只是间或出现过精辟的见解,即健全和理智的见解,认为如果人们拥有优势,就应利用优势达到一些积极的目的,或者认为使用过多的技巧反而打不好仗。

当法国革命爆发时,出现的就是上述这种情况。奥地利和普鲁士试图运用

---

[1] 玛丽亚·特蕾西娅(Maria Theresia,1717—1780),奥地利大公,哈布斯堡王朝皇帝卡尔六世(1685—1740)之女,匈牙利女王、波希米亚女王。——译者注
[2] 作者在此显然是在讥讽道恩。道恩在七年战争中担任奥军统帅,屡战屡败,使普鲁士得以长期占有西里西亚。——译者注

其外交上的军事艺术解决问题,但不久就表明这种军事艺术已经不够了。当时人们按照常见的方式看待事物,把希望寄托在规模不大的军队上,但是在1793年出现了一支人们此前无法想象的军队:战争突然又成了人民的事情,具体来说是成了全部自视为国民的3000万法国人民的事情。在这里我们不去深究当时与这种伟大现象同时出现的其他详细情况,只想明确在这里具有决定意义的结论。由于人民参加了战争,不是一个政府和一支军队,而是全体人民连同其固有的重要性来到了战争的天平上。这时所能使用的手段和所能做出的努力就不再有一定的界限了,所能用来进行战争的能量也就不再有任何能阻止它的力量了,因此给对手带来的危险也是最大的。

如果说整个革命战争在让人充分感到其威力和完全认清它之前就过去了,如果说法国革命的将领们未能不可阻挡地前进到最后的目标,未能摧毁欧洲的众多君主国,如果说德意志的军队还不时有机会能够成功地进行抵抗,挡住对方胜利的洪流,那么造成这些情况的原因确实只在于法国人在技术上的不完善,这是他们应予以改进的地方。这种不完善起初表现在普通士兵身上,后来表现在将军们身上,最后在督政府[1]时期表现在政府自己身上。

当这一切在拿破仑的手中得到完善以后,这支基于全体人民力量的军队就满怀信心和把握地去横扫欧洲,以至只要有旧式的军队与其对峙,法军就毫不犹豫地与之开战。好在反抗拿破仑的力量还是及时地醒过来了:在西班牙,战争自然而然地成了人民的事情;在奥地利,政府于1809年首先做出不寻常的努力,组织了预备队和后备军,这些努力接近了预定目标,超出了该国以前所有被认为可做的事情;在俄国,人们在1812年以西班牙和奥地利的例子为样板,这个帝国由于幅员辽阔,虽较迟进行战争准备但仍产生效果,并且在另一方面还扩大了这种效果。成果是显著的:在德意志,普鲁士率先奋起行动,使战争成为人民的事情,在人口只有1806年时的一半、根本没有金钱和贷款的情况下,投入的兵力比1806

---

[1] 1795年8月22日,法国国民会议(1792—1795)通过新宪法,规定最高立法机构为上下两院,上院称元老院(250名成员),下院称五百人院;规定最高行政机构为督政府,其5名成员由元老院自五百人院提交的名单中选出。10月12日进行首次选举;26日,国民会议举行最后一次会议;31日,第一届督政府宣告成立。至1799年11月9日被拿破仑推翻,存在过七届督政府。——译者注

年时增加了一倍；德意志的其余各邦先后仿效了普鲁士的例子。奥地利所做的努力尽管比1809年时的小，但是也出动了不同寻常的兵力。这样一来，如果把参战的和损失的人员都计算在内，德意志和俄国在1813年和1814年两个战局中针对法国投入了约100万人。

在这种情况下，反法力量在作战指挥方面的魄力也今非昔比了，虽然只是部分达到法军的水平，而且在其他方面仍有胆怯畏缩的主要问题，但是总的来说这两次战局已经不是按照旧的风格，而是按照新的风格进行了。在八个月内，战区从奥得河转到塞纳河，高傲的巴黎不得不首次低下它的头，令人畏惧的拿破仑被捆缚着倒在地上[1]。

自拿破仑以来，战争先是在交战双方中的一方，然后在交战双方中的另一方又变成全体人民的事情，于是战争就有了完全不同的本性，或者更确切地说，战争已经非常接近其真正的本性和绝对完善的形态。战争中可使用的手段已经没有明显的限制，这种限制已经消失在各国政府及其臣民的干劲和热情之中。由于手段增多，可能取得的成果范围扩大，以及人们的情感迸发强烈，于是作战指挥的魄力得到大幅的提高，打垮对手成为战争行动的目标。人们认为只有当对手无力地瘫倒在地时，才可以停止行动并就各自的目的进行沟通。

于是战争要素就从一切传统的桎梏中被解放出来，爆发出其全部自然的力量。原因在于各国人民参与了这一大的国家事务。而各国人民之所以参与，一方面是由于法国革命给各国的内部关系带来了影响，另一方面是由于各国人民受到了法国人的威胁。

那么上述情况是否会永远不变呢？欧洲未来的所有战争是否都将是倾国家全力，从而只是为涉及各国人民的利益而进行呢？或者政府是否又会逐渐脱离人民，单独进行战争呢？对此是很难断定的，而且我们也不想武断地做出这样一种断定。不过人们对我们下面这样的说法是会同意的，那就是：在某种程度上，只

---

[1] 1813年8月，奥地利、普鲁士、俄国、瑞典等国组成第六次反法联盟。10月，联军在莱比锡大会战中取得了对拿破仑的决定性胜利，于次年初进入法国作战，3月底进入巴黎。4月11日，拿破仑退位，之后被流放到厄尔巴岛（die Elba，今意大利的一个岛屿，位于地中海，面积224平方公里）。——译者注

有当人们还没有意识到某种可能性时，才会存在限制，而一旦这些限制被打破，就很难再被恢复起来；至少每当发生大的利害冲突时，双方的敌对关系就得用我们现在这样的方式来解决。

我们对历史的概述就到此为止。我们做这种概述，并不是想匆忙地为每个时代总结出一些作战原则，而仅仅是想指出各个时代有其自己的战争、限制条件和偏见。因此，即使人们早晚会不再根据哲学原理制定战争理论，但每个时代还是会保留其自己的战争理论。由此可见，在评价每个时代的战事时，必须考虑其特点，只有那些不在琐碎的细节上纠缠，而是去洞察总的关系、设身处地去了解每个时代特点的人，才能正确理解和评价当时的统帅们。

但是这种根据国家和军队的特殊条件而采取的战法，想必还是带有某些较为普遍的东西，或者更确切地说，应该带有某些完全具有普遍性的东西。这些是理论必须首先加以研究的。

在距我们最近的时代，战争已经达到了其绝对暴力的程度，有最多的普遍适用性和必要性。然而就像战争一旦突破限制就无法再被完全束缚一样，将来的战争恐怕也不会全都具有这种伟大的特性。因此，面对其本性已经由于外来的影响而发生变化的情况，如果人们运用这种只研究绝对战争的理论，那么它就会把这些情况排斥在外，或者把这些情况当作错误而加以指责。这不可能是理论的目的，因为理论应该是关于现实关系中的战争的学说，而不是关于理想状态中的战争的学说。因此理论在审视、区别和整理事物的时候，总是要考虑从中有可能产生战争的关系的多样性；理论在给出战争的大致轮廓时，应该让时代特点和当时的要求在其中有一席之地。

综上所述，我们必须指出，进行战争的人提出的目标和使用的手段应根据其处境的具体情况而定，但同时又要具有时代和一般情况的特性。最后，它们还要**服从于从战争的本性中必然得出的普遍的结论**。

★ 第四章 ★
对战争目标的进一步规定
——打垮敌人

战争的目标就其概念来说，永远应该是打垮敌人，这是我们的论述所依据的基本观点。

那么什么是打垮敌人呢？为打垮敌人，并不总是要占领敌人的全部国土。假如联军在1792年攻占了巴黎，那么针对革命党的战争非常可能在当时就结束了[1]，根本不需要先击败它的军队，因为这些军队尚不能看作是唯一的战争潜力。相反，1814年只要拿破仑还在统率着一支较大规模的军队，那么即使联军攻克了巴黎，也不会达到所有的目的。但是由于拿破仑的军队在当时已经绝大部分被消灭了，因此联军在1814年和1815年只要占领了巴黎，也就决定了一切。假如1812年拿破仑在占领莫斯科之前或之后能够彻底消灭在通往卡卢加大路上的12万俄军（就像他在1805年消灭奥地利军队和1806年消灭普鲁士军队那样），那么尽管还有大片俄国国土没有被占领，但是他对俄国首都的占领就已经极有可能导致媾和。1805年，决定一切的是奥斯特利茨会战。在这次会战以前，虽然拿破仑占领了维也纳以及奥地利三分之二的领土，但这并未能迫使对方签订和约。从另一方面看，在这次会战之后，即使整个匈牙利的领土得以保持完整，也不足以阻止

---

[1] 1792年，普鲁士和奥地利联合反对法国。7月，普鲁士的布伦瑞克公爵率领普奥联军攻入法国，曾抵达沙隆附近。9月，法军在瓦尔米炮战中获胜，普奥联军退至莱茵河东岸。——译者注

缔结和约。使俄军大败是拿破仑在缔结和约前要完成的最后一击，而亚历山大皇帝在附近并没有其他部队，因此缔结和约就是拿破仑取得这一会战胜利后的必然结果。假如俄军已经在多瑙地区与奥地利人会合，并一同遭到大败，那么拿破仑很可能根本不需要占领维也纳，而是在林茨[1]就可以签订和约了。

也有一些占领了敌国全部国土还不足以解决问题的情况，例如1807年在普鲁士就是这样。当时法军在埃劳[2]对普鲁士的友军俄军取得的胜利是有争议的，不够确切[3]，而拿破仑在弗里德兰[4]取得的胜利[5]是确切无疑的，于是就像一年前他在奥斯特利茨所取得的胜利一样，起到了决定性的作用。

我们看到，在这里战果也不是由一般的原因决定的。起决定作用的往往是一些如果评论者当时不在现场就纵览不到的具体原因，以及很多从未有人提及的士气方面的原因，甚至是一些在历史中只被当作趣闻逸事加以记述的最细小的情节和偶然事件。理论在这里能指出的只是：重要的是要密切注意两国的主要情况。这些情况会形成一个为整体所依赖的重心，即力量和运动的中心。集中所有力量进行的打击都必须指向对手的这个重心。

小的总是取决于大的，不重要的总是取决于重要的，偶然的总是取决于本质的。我们必须遵循这一点来进行考察。

亚历山大、古斯塔夫·阿道夫、卡尔十二世和弗里德里希大帝的重心在于他们的军队，假如他们的军队被粉碎了，那么他们也就完了；被内部的众多派别弄得意见不一的国家，其重心大多是首都；依靠强国的小国，其重心是这些盟友的军队；在盟友中，重心是共同的利益；在民众武装中，重心是主要领导人个人以

---

[1] 林茨（Linz），今奥地利上奥州首府，位于多瑙河畔，东距维也纳150公里。——译者注

[2] 埃劳（Eylau），即今俄罗斯加里宁格勒州巴格拉季奥诺夫斯克（Bagrationowsk）。——译者注

[3] 1807年战局是普鲁士同法国1806年战局的继续，但普军得到了俄军的支援。当时普鲁士已几乎失去全部领土。在法军的进攻下，普军退至柯尼斯贝格，俄军退至埃劳。2月，法军与俄普联军在埃劳激战，法军损失较俄军大，但俄军于夜间突然撤退。次日，拿破仑占领战场并宣告胜利。克劳塞维茨认为法军这个胜利不是真正的胜利。——译者注

[4] 弗里德兰（Friedland），即今俄罗斯加里宁格勒州城市普拉夫金斯克（Prawdinsk）。——译者注

[5] 即弗里德兰会战。1807年6月14日，拿破仑指挥8万法军，在当时东普鲁士的弗里德兰打败俄国本宁森将军指挥的俄普联军6万人，是第四次反法联盟战争中的最后一次会战。作者认为法军此次会战胜利是真正的胜利，对7月签订《蒂尔西特和约》（*Frieden von Tilsit*）起到决定性的作用。——译者注

及民众的态度。打击应该针对这些重心。如果对手因重心受到打击而失去平衡，那么就不应让他有时间恢复平衡，而应一直沿着这个方向继续打击。换句话说，胜利者应该总是全力打击敌人的重心，而不是以整体打击敌人的部分。人们不应以优势的兵力舒服稳妥地占领敌人的一个地区，不应选择有把握地占领一个小的地区，而不去争取大的战果。人们应该不断地寻找敌人力量的核心，针对它投入全部力量，以求获得全胜，只有这样才能真正把对手打垮在地。

不管我们要打击的对手的重心是什么，战胜和摧毁敌军始终都是最可靠的第一步，并且在任何情况下都是很重要的一步。

因此我们认为，从大量的经验来看，打垮对手主要可以采取下列办法：

1. 如果敌军在某种程度上构成敌人的主要潜力，那么就应粉碎这支军队。

2. 如果敌人的首都不仅是国家权力的中心，而且是各政治团体和党派的所在地，那么就应占领敌人的首都。

3. 如果对手的最主要的盟友比对手还强大，那么就应有效地打击这个盟友。

到目前为止，我们一直是把战争中的对手当作一个整体来考虑的。在研究最一般的问题时，是允许这样设想的。可是当我们指出打垮对手在于粉碎他集中在重心上的抵抗力以后，就必须抛开这一设想，而去探讨另一种情况，即与我们作战的对手不止一个的情况。

如果两个或多个国家联合起来针对第三国，那么从政治上看，它们所进行的只是**一场**战争。不过这种政治上的统一体的一致程度是不同的。

问题是这些国家中的每一个国家是都有其各自的利益以及追求这一利益的独自的力量呢？还是其中只有一个国家是主要的，其他国家的利益和力量只是依附于这个国家的利益和力量？越是后一种情况，我们就越可以把不同的对手视为唯一的对手，就越可以把我们的主要行动简化为一次主要打击。只要这种做法可行，那么它就是取得战果的最有效的手段。

因此我们可以提出这样一个原则：只要我们有能力通过战胜一个对手而战胜其余对手，那么打垮这个对手就必须是战争的目标，因为一旦我们击中这个对手，也就击中了整个战争的共同重心。

上述观点在多数情况下都是成立的，也就是说，把多个重心减至一个是现实的。但是在这种情况不成立时，人们当然只能把这样的战争看作是两个或更多的战争,而且各有其自己的目标。由于这种情况是以多个敌人各自独立行动为前提的,同时也是以它们占很大优势为前提的,因此在这种情况下,就根本谈不上打垮对手了。

现在我们要进一步谈谈打垮敌人这个目标何时才是可能的和可取的。

首先,我们的军队必须足以:

1. 使我们对敌军赢得一次决定性的胜利;

2. 经受得起必要的兵力消耗,以便让我们把胜利扩大到敌人无法再恢复均势的程度。

其次,我们的政治处境必须能保证这样一次胜利不至于唤起当即能迫使我们放弃第一个对手的敌人参战。

1806年,法国彻底打垮了普鲁士,尽管这样一来它招致俄国的全部兵力为敌,但是它有能力在普鲁士抵抗俄国。

1808年,法国在西班牙也同样有能力做到这一点,但只是对英国而言,而不是对奥地利而言。1809年,法军在西班牙不得不大幅削减自己的力量,而且假如不是它对奥地利占有过大的物质上的和士气上的优势,恐怕它就不得不完全放弃西班牙了[1]。

因此,人们对上述像三级审判一样的因素都必须仔细地加以考虑,以免在最后一级审判时输掉在前两级审判中已经获胜的诉讼,从而被判承担诉讼费。

在考虑力量以及它们所能发挥的作用时,人们常常有一个想法,即按力学上的类比法将时间视作力量的一个因素,认为以一半的努力,也就是用一半的力量在两年内应该可以完成以全部力量在一年内完成的工作。这种想法是完全错误的,但是它却时隐时现,不时成为制订战争计划的依据。

军事行动像世界上的任何一件事情一样,需要一定的时间。毫无疑问,人们

---

[1] 1808年2月9日,法军入侵西班牙,3月23日,占领首都马德里。5月5日,拿破仑强迫西班牙刚退位国王的斐迪南七世即即位国王卡洛斯四世均放弃王位,10日立约瑟夫(拿破仑之兄)为西班牙国王。23日,西班牙人民开始全国范围的起义。8月1日,英国派遣约13,000名远征军登陆葡萄牙,之后进入西班牙,支援起义军。5日,拿破仑命令驻德意志的一半法军赶赴西班牙增兵,击退英军。1809年3月2日,奥地利向法国宣战,但在4月的雷根斯堡会战和7月的瓦格拉姆会战中均失败,不得不于10月14日与法国签订《美泉宫和约》,结束第五次反法联盟战争。作者认为,在这次战局中,法军如果不是对奥地利在物质和士气方面占优势,就不得不完全放弃西班牙。——译者注

不可能在八天内从维尔纳步行到莫斯科。但是像力学上时间和力量之间的那种相互影响在军事行动中是根本不存在的。

时间是交战双方都需要的，问题在于双方中的哪一方就其处境来看可以首先指望从时间中得到**特别的好处**。显然，如果抵消双方各自处境的特点，那么处于劣势的一方可以首先指望得到这些好处。提出这一观点当然不是根据力学的法则，而是首先根据心理学的法则。忌妒、猜忌、忧虑，或许还有间或出现的宽容心都是失利者的天然说客，它们一方面会给失利者唤来朋友，另一方面会削弱和瓦解胜利者的同盟关系。因此，时间对被征服者比对征服者更有利些。其次，人们应该考虑到（正如我们在别的地方已经指出的那样），利用最初的胜利是需要消耗很多力量的，而且这种力量消耗不是一次就完结了的，而是持续的，就如同要维持一个大家庭一样。国家的力量虽然可以使我们占领敌人的地区，但并不总是足以支付占领敌人地区所多出来的消耗。在这种情况下，国家投入力量会越来越困难，最后投入的力量可能不足，于是时间本身就可能使情况发生剧变。

1812年拿破仑从俄国人和波兰人那里掠得的金钱和其他财富，能给他带来一支为占据莫斯科而必须派往那里的数十万人的军队吗？

但是如果占领的地区十分重要，在这些地区中有一些地点对未被占领的地区很重要，以至占领这些地点以后，对方的灾难会像恶性肿瘤一样自动地蔓延开来，那么在这种情况下，占领者即使不再采取任何其他行动，也可能是得大于失。在这种情况下，如果被占领者得不到外来的支援，那么时间就会完成占领者已经开始了的行动，尚未被占领的地方也许会自然陷落。可见时间也可能成为占领者的力量中的一个因素。不过这种情况只有在下述场合才会发生，那就是失利者已经不可能再进行反攻，局势不可能发生有利于他的逆转，也就是说其力量中的这个时间因素对占领者已经不再起作用了，因为占领者已经完成了主要的事情，最大的危险已经过去，简而言之，对手已经被打垮了。

我们通过上面的论证是要说明，占领完成得越快越好。如果我们完成占领的**时间超过了这一行动所绝对必需的时间**，那么**这不会使占领变得更容易，而是会使占领变得更困难**。如果说这种看法是正确的，那么同样正确的是：只要有足够的力量完成某一占领，就应该一鼓作气地完成这一占领，而不应该有停顿。当然这里所说的停顿不是指集结兵力和采取这种或那种措施所需的短暂的平静时间，这是不言而喻的。

上述观点指出速战速决是进攻战的一个根本特点。我们认为，这种观点已经从源头上打破了**那种**反对不停顿的、持续不断的占领的见解，即打破了那种认为缓慢的、所谓步步为营的占领更有把握和更为谨慎的见解。不过甚至对迄今一直赞同我们的人来说，我们的论断也有可能像是一个似是而非的论断，与人的第一印象有矛盾，而且我们的论断与书本中出现过千百次的根深蒂固的陈旧偏见是格格不入的，因此我们认为最好对那些与我们对立的所谓根据做进一步的探讨。

到达较近的目标当然比到达较远的目标更容易，但是如果较近的目标不符合我们的意图，那么我们还不能认为停顿一下、有一个停歇点就能够让我们更容易地走完下一半路程，而是应该继续前行。一个小的跳跃当然比一个大的跳跃要容易些，但是一个想跳过一条宽沟的人不会因此而先跳一半，因为这样他只会掉进沟里。

如果我们进一步考察一下，什么是所谓步步为营的进攻战，那么我们就会发现这个概念通常包括以下内容：

1. 攻占进攻中遇到的敌人的要塞；
2. 储备必要的物资；
3. 对重要地点如**仓库**、**桥梁**、**阵地**等进行加固；
4. 部队在冬季进行休整以及在其他时间进入营舍休整；
5. 等待次年的人员补充。

人们为达到这些目的，就把进攻进程正式地划分为阶段，确定运动中的停歇点。他们相信这样就可以获得新的基地和新的力量，就好像自己的国家能跟在自己军队的后边一样，就好像军队能随着每一次新战局的开始都可以获得新的活力一样。

所有这些令人钦佩的目的也许使进攻战更便于进行，但是不能使进攻战有更多获胜的把握。这些做法大多不过是用来掩饰统帅矛盾心情或政府缺乏决心的借口。对它们，我们想按相反顺序予以驳斥。

1.不是一方，而是双方都在等待新的力量，而且人们完全可以说，对手更期待得到补充。此外，一个国家在一年内能组建的部队与在两年内能组建的部队，从数量上看是差不多的，这是事物的本性决定的，因为一个国家在第二年实际能增加的力量与总数比起来是微不足道的。

2. 在我们休整时，对手在同一时间也在休整。

3. 对城市和阵地进行加固，不是军队的事情，因此不是停止不前的理由。

4. 从部队目前采取的给养方式来看，部队在停止时比在前进时更需要仓库。只要前进顺利，总是可以占有敌人的物资，可以解决贫瘠地区给养不足的问题。

5. 攻占敌人的要塞不能被视为进攻的停顿，它其实是猛烈的进攻。因此，攻占要塞引起的表面上的停顿实际上不是进攻力量的停止和减弱，与我们这里所说的情况不是一回事。但是对某个要塞是进行真正的围攻好，还是仅进行包围，甚至仅进行监视好，是一个根据当时的具体情况才能决定的问题。我们对此只能泛泛地说，要回答这个问题，只有先回答另一个问题，即如果进攻者仅留下部分部队包围要塞，而大部队继续前进，是否会面临过大的危险。如果进攻者这样做不会面临过大的危险，而且还有展开力量的空间，那么最好是把正式的围攻推迟到整个进攻行动的最后。进攻者不应热衷于尽快确保已夺得的东西的安全，因为这样他会错过更重要的东西。

进攻者如果继续前进，从表面上看，自然面临很快失去已获战果的危险。对此我们认为：在进攻战中任何划分阶段、设立停歇点和中间站的做法都是不合理的；当不可避免地出现这些东西的时候，应该把它们看作是迫不得已的，因为它们不会使进攻者更有把握取得战果，而是相反。如果我们严格地遵循普遍真理，那么就必须承认，从中间站出发（在我们力量弱时不得不寻找这样的中间站），通常是不可能向目标做第二次冲击的；如果这第二次冲击是有可能进行的，那么这就说明本无设立中间站的必要；如果一个目标对我们的力量来说一开始就是过远的，那么它始终就是过远的。

我们说，普遍真理就是这样的。我们之所以谈到它，只是想借以消除那种认为时间本身对进攻者最有利的想法。但是由于政治关系在前后两个年份有可能发生变化，因此时常会发生与这种普遍真理相背离的情况。

以上所谈的可能给人一种印象，似乎我们已经丢掉了我们的一般观点，而只注意进攻战了。实际上完全不是这样。那些能够确立以彻底打垮其对手为目标的人当然是不会轻易采取仅以保有已占有的东西为直接目标的防御的。不过我们在这里必须坚持的看法是：没有任何积极因素的防御无论在战略上还是在战术上都是自相矛盾的。因此我们要一再重申：任何防御一旦享尽了防御的好处，就应根据自己的力量寻求转入进攻。因此，防御者在可能的情况下，也应该把打垮敌人列为目标。这一目标可以是防御者转入的进攻的目标，也可以是防御的本来目标（不管这一目标是大还是小）。我们还要指出，也可能出现这样的情况：作战的一方尽管抱有一个远大的目标，但在开始时却更愿采用防御的形式。1812年战局可以证明这种看法并非没有现实意义。亚历山大皇帝也许没有想到他进行的战争能像以后发生的那样完全打垮对手。但是假如他像我们一样做了上述分析，就有可能萌生这样的想法，从而十分自然地坚持认为俄国人应以防御的形式开始进行战争。

★ 第五章 ★

对战争目标的进一步规定（续）
——有限的目标

我们在前一章中说过，如果打垮敌人是可以实现的，那么人们就应该把它看作是军事行动本来的绝对目标。现在我们来探讨一下，如果不具备实现这一目标的条件，还有什么其他的目标。

实现打垮敌人这一目标的前提条件是在物质上或士气上占有大的优势，或者具有卓越的进取精神，即勇于冒险的精神。在不具备这些条件的情况下，军事行动的目标只能有两种：要么是夺取敌国的某一小部分或稍大一部分国土；要么是保住本国的国土，**等待更有利的时机**。后一种目标通常是防御战的目标。

至于何时应确定前一种目标或后一种目标，我们上面对后一种目标说的那句话对我们是有启示的。等待更有利的时机是假设我们可以期待未来会提供这样的时机，因此只有在具有这种前景的情况下，我们才有动机等待，即进行防御战。相反，如果未来不会给我们而是会给敌人带来更好的前景，那么我们就只能采取进攻战，也就是说，应该利用当前的时机。

第三种情况也许是最常见的情况，即双方均不能期待未来会带来什么肯定的东西，也就是说，双方都无法从未来中得到任何行动的依据。在这种情况下，政治上处于进攻的一方（抱有积极动机的一方）显然应该采取进攻战，因为他为这个目的做了战争准备，而没有足够理由失去的所有时间正是**他的**时间。

我们在这里决定采取进攻战或防御战所依据的理由与作战双方的兵力对比没有任何关系。有些人认为，在做这一决定时，把兵力对比作为主要根据似乎合理得多。然而我们认为，这样做恰恰会偏离正确的道路。对我们这一简单推论的逻辑正确性，是不会有人提出异议的。现在我们想看一下，这种推论在更具体的情况下是否是荒谬的。

首先，让我们设想一个小国与一些非常占优势的力量陷入了利益冲突，而且这个小国已经预见到其处境将逐年恶化。如果它无法避免战争，难道它不应该利用其处境还不太坏的这段时间吗？因此它必须进攻，但并不是因为进攻**本身**能给它带来好处（相反，进攻更有可能加大它在兵力上的差距），而是因为它需要在困难时期到来以前彻底解决问题，或者至少暂时争取到一些好处，以便以后利用。这一观点不会是荒谬的。假如这个小国完全有把握，知道对手们会向它发起进攻，那么它就可以而且应该针对它们进行防御，以便争取得到它的第一个战果，这样它就不会面临损失时间的危险。

其次，我们设想一个小国和一个较大的国家交战，而未来的情况对它们下何决心没有任何影响，如果这个小国从政治上看是进攻的一方，我们也应要求它向其目标开进。

既然这个小国敢于向一个较强的国家提出积极的目的，如果对手拒绝它的话，它就必须行动，即向对手发起进攻。等待是荒谬的，除非这个小国在即将行动时改变了它的政治决心。这种情况是常见的，这在不小的程度上使战争具有某种特点。对此，即使是哲学家也不知道该怎么办。

对有限目标的考察使我们接触到带有有限目标的进攻战，并使我们接触到防御战。我们想用专门的章节来考察这两种战争[1]，但是在此之前还必须先谈谈另一方面的问题。

迄今我们只是从内在的原因来研究战争目标的变化。至于政治意图的本性，我们仅从政治意图是否追求积极的东西这个角度进行了考察。政治意图中的所有其他事物其实与战争本身关系不大，不过我们在第一篇第二章（《战争中的目的

---

[1] 见本篇第七章和第八章。——译者注

和手段》）里已经承认，政治目的的本性、我方或敌方的要求的大小，以及我方的整个政治状况实际上对作战起着最具决定性的影响，因此我们还想在下一章里专门研究一下这个问题。

★ 第六章 ★

一、政治目的对战争目标的影响

  人们永远不会看到一个国家在参与另一个国家的事务时，会像处理其本国事务那样认真。它会派出一支兵力不大的援军，如果这支援军失利了，它也会认为已经在相当程度上尽到了义务，并寻求尽可能廉价的脱身之计。

  欧洲政治中的一个惯例是，加入攻守同盟的国家承担相互支援的义务。但是一个国家并不因此就必然与另一个国家同仇敌忾、利害一致，它们只是在并未考虑战争的对象和对手使用多少力量的情况下，彼此预先约定派出一定兵力的、通常兵力很有限的部队。在履行这种同盟义务时，盟友并不认为自己与对手已经处于必须以宣战开始和以媾和结束的真正的战争之中，而且同盟这个概念也从来不是十分明确的，在运用时也不是固定不变的。

  假如盟友把此前答应提供的这1万、2万或3万人的援军完全交给正在作战的国家，以至它可以根据自己的需要来使用，可以把这支援军看作是雇来的部队，那么事情就会有某种内在联系了，战争理论在这方面也就不致完全陷入窘境了。不过事实上远非如此。援军通常都有自己的统帅，他只听命于本国宫廷，而宫廷给他规定的目标总是和宫廷的意图一样摇摆不定。

甚至当两个国家的确在针对第三国进行战争时，也并不总是意味着这两个国家都必然会把第三国看作你死我活的敌人，而是常常会像做生意那样行事。每个国家根据它要冒的风险和可期得到的好处而投入3万至4万人作为股金，行动时则注意除了这些股金外，不能再有任何损失。

不仅一个国家为一些与己无关的事去支援另一个国家时是这样，甚至当两个国家有很大的共同利益时，支援也是按上述方式进行的，而且还要有外交上的保证。同盟者通常也只提供条约中规定的少量支援，而将其余的军事力量用于追求通过结盟可能会达到的自己的特殊政治目的。

这种考察同盟战争的方式曾十分普遍，只是到了现代，当极端的危险驱使某些国家（例如那些**反抗拿破仑的国家**）走上自然的道路时，当不受限制的暴力让某些国家（例如那些**追随拿破仑的国家**）不得不走上这条道路时，人们才不得不采取自然的方式考察同盟战争。过去那种考察方式是不彻底和不正常的，因为战争与和平从根本上讲是两个无法划分程度的概念。但是这种考察方式并非出于纯粹的、理性可对其伴作不知的外交习惯，而是深深地源于人类固有的局限性和弱点。

最后，即使在一个国家单独对其他国家进行的战争中，政治动机对战争的进行也有强烈的影响。

如果我们只要求敌人做出不大的牺牲，那么我们就会满足于通过战争赢得一个不大的等价物，并认为通过不大的努力就可以达到这个目标。对手大体上也会做同样的考虑。一旦这一方或另一方感到自己的估计有些错了，发现自己不像原来希望的那样比敌人稍强，而是比敌人弱，那么此时他通常就会感到缺少财力和其他各种手段，缺少可激起更多干劲的足够的精神动因，于是他就尽量应付，希望未来发生对他有利的事件（虽然他根本无权抱这种希望）。在这种情况下，战争就像一个久病的患者无力地勉强拖延着。

这样一来，战争的相互作用、超过对方的雄心、战争的暴烈和不可阻挡都消失在微弱动机引起的停滞状态中。双方都在大幅缩小了的、带有某种安全保障的范围内活动。

如果我们允许（而且也必须允许）政治目的对战争具有这一影响，那么这种影响就不再有什么界限了。我们就不得不承认也存在着内容纯粹是**威胁对手和支**

持谈判的战争。

如果战争理论要成为而且一直成为一种哲学的思考，那么它显然会在此陷入窘境。在这样的战争理论中，似乎找不到战争概念中的一切必然的东西，因此有失去一切论据的危险。但是不久就显示出一条自然的出路：军事行动中的缓和因素越多（或者更确切地说，行动的动机越弱），行动就越转为一种痛苦，发生的战事就越少，就越少需要指导原则，于是整个军事艺术就变为纯粹的小心谨慎，主要是小心飘摇的均势突然发生于己不利的变化，小心不彻底的战争变成真正的战争。

二、战争是政治的一个工具

到目前为止，当战争的本性与个人的和社会团体的其他利益对立时，我们不得不有时从这一方面，有时从另一方面进行探讨，以免忽视这两个对立因素中的任何一个。这种对立源于人的本身，是哲学思考所无法解决的。现在我们想寻找这些矛盾因素在实际生活中由于部分相互抵消而形成的统一体。假如不是有必要明确地指出这些矛盾和分别考察不同的因素，我们本来在一开始就可以谈这个统一体。这个统一体是这样一个概念：**战争只是政治交往的一部分，因此战争绝不是什么独立的东西**。

人们当然知道，战争只有通过政府与政府、人民与人民之间的政治交往才能引起，但是通常人们是这样想象的：战争一旦爆发，这一政治交往即停止，开始出现一个只受战争自身法则支配的完全不同的状态。

相反，我们坚持认为，战争无非是政治交往以其他手段[1]的继续。我们之所以说"以其他手段"，为的是同时指出这种政治交往并没有因战争本身而停止，没有因战争而变成完全不同的东西。无论政治交往使用什么样的手段，政治交往在本质上继续存在着；战事发展和联系的主线只是政治交往的贯穿战争直到媾和的线条。难道还有其他可设想的吗？难道伴随着宣战的外交照会，不同人民之间和不同政府之间的政治关系就停止了吗？难道战争不过是他们表达思想的另一种

---

[1] "手段"一词，作者用的是复数。——译者注

文字和语言方式吗？当然，战争有它自己的语法，但是它没有自己的逻辑。

因此决不能把战争与政治交往分开。如果离开政治交往来考察战争，就会割断构成它们之间关系的一切线索，只会出现一个毫无意义和目的的东西。

甚至当战争是彻底的战争，完全是敌意因素的恣意发泄时，人们也必须这样看问题，因为所有作为战争基础和决定战争主要方向的因素（如同我们在第一篇第一章中所列举的：自己的力量、对手的力量、双方的盟友、双方人民和政府的特点等），其本性不都是政治的吗？不都是与整个政治交往密切相关，以至于不可分的吗？同时，现实战争并不像战争的概念所规定的那样是一种一贯的、趋向极端的努力，而是一个内部矛盾的、不彻底的东西；这样的战争不可能服从其本身的法则，而是不得不被视为另一个整体的一部分，而这个整体就是政治。如果我们再考虑到这些，就更要像上面那样看问题了。

政治在运用战争这一手段时，总是不管那些产生于战争本性的严密的结论，很少考虑最终的可能性，而只是以最直接的盖然性为依据。如果在整个交往中因此而出现了大量的不确定性，那么它就变成了一种赌博，每个政府在制定相关政策时就都想在这场赌博中以机智和敏锐的眼力超过对手。

这样一来，政治就使战争这个摧毁一切的要素成了一个单纯的工具，使要用双手和全身力气举起做致命一击的可怕的战刀成了一把轻便的剑，有时甚至成了练习用的钝头剑，政治可以用这把剑交替地进行冲刺、虚刺和防刺。

这样一来，"战争能将天生胆怯者卷入"的这一矛盾现象就有了解释，如果这可以算作一个解释的话。

既然战争属于政治，那么战争就具有政治的特性。政治越是宏伟而有力，战争也就越是宏伟而有力，而且可以达到其绝对形态的高度。

因此当我们这样看待战争时，不但没有必要忽视这种具有绝对形态的战争，而且还应该经常在脑海中浮现出这样的战争。

只有这样看待战争，战争才又成为一个统一体；只有这样看待战争，人们才能把所有的战争视为同一类事物；只有这样看待战争，人们才能在做判断时有一个正确和准确的立场和观点，而这一立场和观点是我们在制订和评价大的计划时应该依据的。

当然，政治因素不是深入地渗透到战争的细节，部署骑兵哨和巡逻哨是不需要以政治上的考虑为依据的。但是政治因素对制订整个战争计划和战局计划，甚至往往对制订会战计划，是有更确切的影响的。

因此，我们并未急于在一开始就提出这个观点。在考察个别问题时，这个观点对我们用处不大，反而会在一定程度上分散我们的注意力；但是在制订战争计划和战局计划时，它是不可缺少的。

一般来说，在生活中最重要的莫过于准确地找出理解和判断事物所必须依据的观点并坚持这一观点，因为只有从**一个观点**出发，我们才能对大量的现象有一致的理解，而且也只有观点一致，才能使我们不至于陷入矛盾。

因此，既然制订战争计划时不能有两个或更多的观察事物的立场，不能忽而以军人的视角，忽而以行政官员的视角，忽而以政治家的视角等，那么人们就要问：其他一切都要服从的是否必然是**政治**呢？

我们探讨问题的前提是：政治能够集中、平衡内政和个人的一切利益以及哲学思考所能提出的其他利益，因为政治本身不是别的，对其他国家而言，它无非是这一切利益的纯粹的代言人。至于政治会有错误的方向，会优先为执政者的野心、私利和虚荣服务，不是在这里要讨论的问题，因为在任何情况下，军事艺术都不会被视为政治的导师。我们在这里只能把政治看作是整个社会的一切利益的代表。

因此现在的问题仅是：在制订战争计划时，政治观点是否必须让位于纯粹的军事观点（假设这样的军事观点是可以想象的），即政治观点完全消失或从属于纯粹的军事观点，或者政治观点是否必须仍然是主导的，而军事观点必须从属于它。

只有假如战争是由纯粹的敌意引起的殊死斗争，才可以设想政治观点会随着战争的爆发而完全消失。然而正如我们上面说过的，战争实际上无非是政治本身的表现。将政治观点从属于军事观点是荒谬的，因为战争是由政治产生的。政治是头脑，战争只是工具，而不是相反。因此只可能是军事观点从属于政治观点。

让我们想想现实战争的本性，回忆一下在本篇第三章中讲过的，即**我们首先应该根据由政治因素和政治关系产生的战争的特点和主要轮廓的盖然性来认识每场战争**[1]，而且时常——现在我们大可断言，在**大多数情况下**——都必须把战争

---

[1] 这句话在本篇第三章中的表述与这里略有不同。两处均按原文直译。——译者注

看作是一个各部分不容被分离的、有机的整体，也就是说，各个单独的活动都必须汇集到整体中去，并产生于这一整体的概念。这样我们就会完全确信和明白，指导战争的最高观点（同时也是战争主线的出发点）只能是政治观点。

从这一观点出发制订的战争计划就会像一个铸件那样完整，对它的理解和评价就会更容易和自然，它的说服力就更强，制订它的动机就更令人满意，人们对有关历史也就更容易理解。

从这一观点出发，政治利益与军事利益之间的冲突至少不再是事物的必然了，因此即使出现了这种冲突，也可认为只是认识不完善的缘故。如果政治向战争提出了后者无法达到的要求，那么政治就违背了"政治应该了解它要使用的工具"这一前提，也就是违背了一个自然的、完全不可或缺的前提。而如果政治正确地判断了战事的进程，那么确定哪些战事和战事的哪个方向是符合战争目标的，就完全而且只能是政治的事情。

简而言之，军事艺术如果到了它的最高境界，就成了政治，当然此时的政治不是书写外交照会的政治，而是发起会战的政治。

根据这一观点，对一个大的战事或它的计划进行**纯军事的评价**是不能被允许的，甚至是有害的。像有些政府那样，在制订战争计划时向军人咨询，让他们从**纯军事**的观点来进行判断，是荒谬的。而更荒谬的是，有些理论家要求把现有的战争手段交给统帅，要统帅根据这些手段制订一个纯军事的战争计划或战局计划。一般的经验也告诫我们，尽管今天的军务部门已经非常多样，也有一定水平，但战争的主要轮廓仍始终是由政府决定的，也就是说（如果我们机械地表述的话）只是由政治当局，而不是由军事当局决定的。

这是完全符合事物本性的。如果对政治关系没有透彻的了解，就无法制订出战争所必需的主要计划。当人们说政治对战争指导的有害影响时（人们经常这样说），说的实际上完全不是他们要说的意思，他们应该指责的其实并不是政治的这种影响，而是政治本身。如果政治是正确的，也就是说，如果政治与其目标是一致的，那么政治就其本意来说只会对战争产生有利的影响。当这种影响与目标不一致时，其原因只能在错误的政治中去寻找。

只有当政治期待从某些战争手段和举措中得到与它们的本性不符的错误的效果时，政治才会连同它的决定对战争产生有害的影响。正像一个人使用未完全掌握的语言，虽然想法正确，却有时说了错话一样，政治也常常会做出不符合其本意的部署。

这种情况不断地发生，让人们感到政治交往的领导人也应对军务有一定的了解。

然而我们在继续论述以前，必须防止一种很容易产生的错误的理解。我们远非认为，当君主本人不出任首相时，一位埋头于公文的国防大臣，或者一位学识渊博的军事工程师，甚或一位能征善战的军人因此就可以成为杰出的首相。换句话说，我们决不认为，熟悉军务应是首相的主要素质。伟大而杰出的头脑和坚定的性格，这些才应是他的主要素质。至于对军务的了解，是大可用这种或那种方式予以弥补的。贝勒艾尔兄弟[1]和舒瓦瑟尔[2]公爵都曾是优秀的军人，但他们对法国军事和政治行动的参谋是最糟糕的。

要让一次战争完全符合政治意图，而政治又完全与战争手段相适应，那么在政治家和军人无法集于一人的情况下，就只有一个好的办法，即让最高统帅成为内阁成员，以便内阁能参与统帅主要行动的决策。但是只有当内阁即政府就在战场附近，不必费很多时间就能决定各种事务时，这才是可能的。

1809年，奥地利皇帝就是这样做的，1813年、1814年和1815年反法联盟的各国君主们也是这样做的，而且证明这种做法是完全可行的。

在内阁中，除了最高统帅的影响外，任何其他军人的影响都是极其危险的，这种影响很少能够导致健康而有力的行动。法国的卡诺[3]于1793年、1794年和1795年从巴黎领导战争事务的做法是应完全予以摒弃的，因为恐怖主义的做法只是供法国这样的革命政府使用的。

现在我们想以对历史的考察结束本章的论述。

---

[1] 即奥古斯特·贝勒艾尔（Louis-Charles-Auguste Fouquet de Belle-Isle，1684—1761）和阿尔芒·贝勒艾尔（Louis-Charles-Armand Fouquet de Belle-Isle，1693—1746）兄弟。前者为法国元帅、政治家，1757年任法国国防大臣；后者为法国中将、外交官。——译者注

[2] 舒瓦瑟尔（Étienne-François de Choiseul，1719—1785），公爵，法国将军、政治家。参加过奥地利王位继承战争。曾任法国外交大臣、陆军大臣和海军大臣。——译者注

[3] 卡诺（Lazare Nicolas Marguerite Carnot，1753—1823），伯爵，法国军官、数学家、政治家。1795年9月26日成为法国督政府成员，因反对1797年果月18日政变而逃往瑞士，1799年雾月18日政变后回国，历任拿破仑的国防大臣和内务大臣。——译者注

上世纪[1]90年代，在欧洲的军事艺术中出现了令人瞩目的变革。由于这些变革的出现，一些最优秀的军队看到自己的部分军事艺术失去了作用，同时一些军队在战争中取得了过去难以想象的巨大成就，于是人们自然将此都归咎于军事艺术的失算。军事艺术过去一直被习惯做法局限在众多概念的狭窄范围里，现在在这个范围以外，但又符合事物本性的可能性使军事艺术受到了意外打击，这是十分明显的。

那些视野开阔的观察家们把这种现象归咎于数个世纪以来政治对军事艺术所产生的非常不利的普遍影响，这种影响使军事艺术降为一种不彻底的东西，常常降为一种彻头彻尾的花招。事实也的确如此，然而只把这种情况看作是偶然发生的和可以避免的，却是错误的。

另一些人认为，这一切都可以用奥地利、普鲁士、英国等国各自不同的政策所产生的一时影响来解释。

然而军事艺术感受到的真正的意外打击，果真是来自军事领域而不是政治本身吗？用我们的语言来说就是，这种不幸究竟是产生于政治对战争的影响呢，还是产生于错误的政治本身呢？

很明显，法国革命之所以对外产生巨大的影响，究其原因，与其说是由于法国人采用了新的作战手段和观点，不如说是由于执政和管理艺术以及政府的特点和人民的状况有了彻底的改变。至于其他政府未能正确地认识到这一切，欲以惯用的手段去同新兴的和压倒一切的力量抗衡，这些都是政治犯下的错误。

假如人们以对战争纯军事的理解，是否能认识和改正上述错误呢？不可能的。因为即使真的有一位有哲学头脑的战略家，如果他仅仅根据敌对因素的本性就想推论出一切结果，并由此对未来的可能性做出预言，那么他的这种妄想也是根本不可能有任何结果的。

只有当政治正确地评价在法国觉醒的力量和在欧洲政治中新产生的关系时，它才能预见到那些即将呈现出战争大轮廓的情况，也只有这样，它才能确定手段的必要范围和达到目标的最佳途径。

因此人们可以说，法国革命之所以能取得长达20年的胜利，主要是反对这次

---

[1] 指18世纪。——译者注

革命的有关政府的错误政治使然。

当然这些错误只是在战争期间才暴露出来，表现为在战争中出现的现象与政治期望出现的完全相反。但这种情况的出现并不是因为政治没有向军事艺术请教。政治家当时可以相信的军事艺术是当时现实世界的、属于当时政治的军事艺术，是被政治到那时一直作为非常熟悉的工具来使用的军事艺术。**这样的军事艺术**，我认为自然是犯了与当时的政治同样的错误，因此它不可能纠正政治的错误。的确，战争本身在其本质和形式上也发生了一些大的变化，这些变化使战争更接近其绝对形态，但是出现这些变化并不是因为法国政府在某种程度上摆脱了政治的羁绊，而是因为法国革命在法国和全欧洲引起了政治改变。改变后的政治提供了不同的手段和不同的力量，从而使作战具有了在其他情况下难以想象的力量。

因此，军事艺术的真正变化也是政治改变的结果。军事艺术的这些变化远不能证明两者是可以分开的，反而有力地证明了两者之间的密切关系。

我们再重复一遍：战争是政治的一个工具；战争必然具有政治的特性，它必须用政治的尺度衡量有关事物；因此，战争指导就其主要轮廓来说就是政治本身，政治在这里以剑代笔，但并未因此就停止按照其自己的法则思考问题。

★ 第七章 ★
目标有限的进攻战

进攻者即使不能以打垮对手为目标，但仍然可以有一个直接的积极的目标，这一积极的目标只能是占领敌人的部分国土。

占领敌人部分国土的好处是：我们可以削弱敌人的国力，从而也削弱其军队，同时可以增强我们的国力和军队；可以把战争的负担部分转嫁给敌人；此外，在签订和约时可以把占有敌人的地区看作是一个现金盈利，因为我们要么可以继续占有这些地区，要么可以用它们换取其他好处。

这种占领敌人国土的观点是很自然的。假如不是进攻之后必然出现的防御状态常常引起进攻者不安的话，这种观点本身并没有什么自相矛盾的地方。

在《关于胜利的顶点》一文中，我们已经详细地说明了这样的攻势会以何种方式削弱部队，而且在这样的攻势之后可能出现一个令人担心有危险后果的状态。

我军由于占领敌人的地区而受到的削弱在程度上是不同的，这主要取决于所占领地区的地理位置。这个地区越是相当于我国国土的一个补充，被我国国土包围或者与我国国土相毗连，越是位于我军主力行动的方向上，则我军受到削弱的程度就越小。在七年战争中，萨克森是普鲁士战区的一个自然的补充，弗里德里希大帝的军队占领这个地区后，不仅没有使自己受到削弱，反而得到了加强，因为萨克森距西里西亚比距边区近，而且同时又保护着边区。

甚至1740年和1741年弗里德里希大帝一度占领西里西亚[1]时，他的军队也没有受到削弱，因为西里西亚就其形状、位置及其边界的特点来看，只要奥地利人没有控制萨克森，那么西里西亚对奥地利人来说就只是一个窄小的突出部，而且这个接敌的窄小地带还位于双方主要打击必经的方向上。

相反，如果占领的地区伸入到敌国的其他地区中间，位置离心，地形不利，那么部队就会受到显著的削弱，以至敌人不仅更容易取得会战的胜利，而且甚至可以不必进行会战即取胜。

每当奥地利人从意大利试图进入普罗旺斯[2]时，总是不得不未经会战即撤离该地区[3]。法国人在1744年未打一场败仗即得以逃离波希米亚[4]，这真是要感谢上帝。弗里德里希大帝于1757年在西里西亚和萨克森取得辉煌的战果，而在1758年用同一支部队却未能守住波希米亚和摩拉维亚[5]。总之，部队仅由于占领地区而受到削弱，进而未能守住所占地区的例子是常见的，因此我们没必要再举其他例子了。

因此，我们是否应该把占领敌人地区作为目标，取决于我们是否能承诺守住

---

[1] 西里西亚在当时本属奥地利，是奥地利国土伸向东北的一个狭窄的突出部分，西邻萨克森，北邻普鲁士，东邻波兰，与波希米亚之间隔有苏台德山脉。普鲁士在第一次西里西亚战争（1740—1742）后，根据《布雷斯劳和约》（Frieden von Breslau）占有了西里西亚。——译者注

[2] 普罗旺斯（die Provence），地区名称，位于法国东南部地中海岸，在罗讷河谷与意大利之间。——译者注

[3] 普罗旺斯是法国东南部的濒海地区，与意大利北部接壤，阿尔卑斯山脉是其天然屏障。奥地利军队曾多次从意大利北部侵入普罗旺斯，但由于退路易被切断，每次都被迫退出。例如1792年，奥地利和皮埃蒙特联军曾占领普罗旺斯地区的尼斯和阿尔卑斯山口。10月1日，法国革命军的一个师渡过瓦尔河后，奥地利和皮埃蒙特联军只好退到萨欧尔热附近。又如1800年5月，梅拉斯指挥的奥军将法军赶过瓦尔河，攻入普罗旺斯，但由于拿破仑率另一支法军越过阿尔卑斯山脉，奥军不得不退出普罗旺斯。——译者注

[4] 原文如此，疑误。1744年法军并没有进入波希米亚，这里的1744年可能是1742年之误。在奥地利皇位继承战争中，法军于1741年11月进入波希米亚，占领布拉格。1742年夏，普鲁士单方面与奥地利签订《布雷斯劳和约》，退出战争。法军鉴于自己远离本国孤军作战，危险极大，于是在当年年底前从波希米亚退至莱茵河西岸。——译者注

[5] 摩拉维亚（Mähren），历史地域名，位于今捷克共和国东部，面积约占捷克总面积的三分之一。1757年，弗里德里希二世在萨克森的罗斯巴赫会战和西里西亚的洛伊滕会战中均取得胜利，但在1758年率领同一支部队在摩拉维亚围攻奥尔米茨时失败，一直退到西里西亚。——译者注

这个地区，或者为了对这一地区进行一时的占领（入侵、牵制），是否足以值得投入力量，特别是是否担心一旦受到猛烈的还击会使我们完全失去均势。至于在每个具体场合，在这个问题上应考虑哪些事项，我们在探讨顶点的文章中已经谈过了。

只有一点我们还要补充说明。

这样的攻势并不总是适用于抵偿我们在其他地方受到的损失。在我们忙于占领敌人的部分地区时，敌人可能在其他地点对我们做同样的事。如果我们的行动并不是非常重要的话，敌人就不会因此而被迫放弃他的行动。因此，采取这样的行动时必须考虑周全：我们在一方面受到的损失是否会超过我们在另一方面得到的好处。

即使假设两个地区的价值完全相同，敌人占领我们一个地区使我们受到的损失也总是大于我们占领敌人一个地区所获得的好处，因为占领敌人的地区会使我们的很多力量在某种程度上成为烧尽的火焰[1]而起不到作用。不过由于对手也是这样，因此这一点本不应是更多考虑维持自己地区和较少考虑占领敌人地区的理由，但事实上却正是应该这样做的理由。维持自己的地区总是更现实，只有当报复敌人能够带来显著的，即大得多的好处时，它才能消除或者在某种程度上抵消自己国家遭受到的痛苦。

综上所述，我们可以得出结论：这种只有一个有限目标的战略进攻与针对敌国重心的战略进攻相比，要对其他未受到其直接保护的地点进行更多的防御，因此绝不可能在时间和地点上把兵力集中到像进攻敌国重心所要求的那种程度。为了至少能在时间上集中使用兵力，就有必要在所有多少适于这样做的地点同时进攻。这样一来，这种进攻的另一个"由于对个别地点进行防御而部署少量兵力即可"的好处就没有了。因此，在这种有限目标的进攻战中，一切就更没有轻重之分；整个军事行动就无法再汇成一个主要行动，无法根据主要想法引导该行动；整个军事行动就更加分散，各处的阻力增大，偶然性也就更大。

---

[1]"烧尽的火焰"一词，作者用了法语"feux froids"，直译为"冷却下来的火焰"，比喻进攻者在占领地区不得不留下守备部队等力量，从而使这些力量无法在战争中直接发挥作用。——译者注

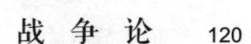

这是事物的自然趋势。统帅受到这种趋势的牵制，作用越来越小。统帅越是自信，越是拥有内在的辅助手段和外部的力量，他就越会试图摆脱这种趋势，以便让某一点具有特别的重要性，即便为此要冒更大的危险。

★ 第八章 ★
目标有限的防御战

正如我们以前已经说过的那样，防御战争的最终目标绝不能是绝对消极的。即便是最弱的防御者，也应该拥有一个可以影响和威胁对手的目标。

虽然人们可以说，这个目标就是拖垮对手，因为对手追求的是积极的目标，因此他的每个失利的行动即使除了损失投入的兵力以外没有其他后果，也已经是一种后退了，但是防御者受到的损失不是无谓的，因为他的目标是据守，而这个目标已经达到了。这样一来，人们会说，防御者的积极目标就是单纯的据守。假如人们能够说，进攻者经过一定次数徒劳的尝试后必然会疲惫不堪和放弃进攻，那么这种观点就是成立的，不过这里恰恰缺少进攻者疲惫不堪和放弃进攻的必然性。如果我们看一下双方力量的实际消耗情况，就可以知道，从总的对比来看，防御者**处于劣势**。进攻是受到了削弱，但只是可能出现转折点；在根本不再有可能出现转折点的情况下，防御者受到的削弱当然要比进攻者大。一方面是因为防御者是较弱的一方，即使双方损失相等，防御者的损失也相对比进攻者大；另一方面是因为防御者的一部分国土和补给基地通常会被对方占领。

由此可见，认为进攻者会放弃进攻的观点是没有根据的。这样就只剩下一个观点，即如果进攻者一再进攻，而防御者除抵御进攻外不采取任何其他行动，那么防御者就无法避免对方进攻迟早成功的危险。

因此，即使在现实中不时真的由于较强者力量枯竭，或者更确切地说由于较强者疲惫不堪而导致媾和，那也是战争在大多数情况下具有的不彻底性造成的，在理论上不能把它视为任何防御的总的和最终的目标。防御只能从"等待"这一概念中找到它的目标（等待本来就是防御固有的特征）。"等待"这一概念含有期待情况发生变化和期待处境得以改善之意，而在这一处境根本无法通过内在的手段（通过抵抗本身）得到改善时，就只能期待通过外力实现。这种来自外力的改善无非是指其他的政治关系，要么是防御者有了新的盟友，要么是原来针对他的同盟瓦解了。

因此，等待就是防御者因兵力少而无法考虑进行任何大的还击时的目标。不过根据我们给防御规定的概念，并不是每次防御都如此。按照我们的观点，防御是战争的一个更有力的形式，正因为它有这种优势，如果人们要进行较有力的还击，也可以运用防御。

人们必须从一开始就把这两种情况区分开，因为它们对防御有不同的影响。

在第一种情况下，防御者试图尽量长时间地占有并完整地保有自己的国土，因为他这样可以赢得最多的时间，而赢得时间是他达到目标的唯一途径。此时防御者还不能把在大多数情况下可以实现的，以及让他有机会在媾和时实现自己意图的积极目标列入战争计划。防御者在战略上处于这种被动状态，在某些地点可能得到的好处仅是抵御住敌人的进攻；他在这些地点上取得的优势，不得不被转用到其他地点，因为通常此时各处的情况都是捉襟见肘的；如果他没有机会这样做，那么他往往就只能得到些小的好处，即得到一段喘息的时间。

第二种情况是：如果防御者不是太弱，那么他在不改变防御目标和实质的情况下也可以采取一些小规模的攻势行动，例如入侵、牵制、进攻个别要塞等，但这时的目的是获得暂时的好处，用以补偿以后的损失，而不是永久地占有。

在第二种情况下，在防御中已经含有积极的意图，也带有更多积极的特点，而且条件允许进行的还击越猛烈，防御具有的积极特点就越多。换句话说，防御越是主动采取的，以便将来有把握地进行首次还击，那么就越是允许防御者更大胆地给对手设下圈套。最大胆的、一旦成功效果最大的圈套就是防御者向本国腹地退却，这同时也是与上述防御方法区别最大的一个手段。

人们只要回忆一下弗里德里希大帝在七年战争中，以及俄国在1812年时的不同处境，就可以明白这一点了。

当七年战争开始时，弗里德里希由于已经完成战争准备而占有某种优势，为他夺取萨克森创造了有利条件。而且萨克森是他战区的一个极其自然的补充部分，以至对萨克森的占领非但没有削弱，反而还加强了他的军队。

在1757年战局开启时，弗里德里希试图继续进行战略进攻。在俄国人和法国人尚未抵达西里西亚、勃兰登堡边区和萨克森战区以前，他是有可能进行战略进攻的。这次进攻失败了，他被迫在战局的其他时段进行防御，不得不再次撤出波希米亚，并从敌人手中夺回自己的战区。当时，他是用同一支军队先转攻奥地利人之后才成功夺回自己的战区的[1]。而他能得到这一好处，只能感谢防御。

1758年，当他的敌人已经缩小对他的包围，而且兵力对比已经开始对他非常不利时，他还试图在摩拉维亚发起一次小规模攻势。他想在对手真正准备好之前攻占奥尔米茨，但他不是希望保住这个地方，更不是希望从那里继续推进，而是想利用这个地方作为对付奥地利人的一个外围工事，作为一道反接近壕[2]。这样奥地利人就不得不把本战局的其他时段，甚至第二个战局都用于收复这个地方。弗里德里希的这次进攻也失败了，于是他放弃了发起任何真正攻势的想法，因为他感到攻势只能加大兵力对比的差距。在他各地区的中间（萨克森和西里西亚）收缩兵力部署；利用较短的战线，以便向受到威胁的地点突然增兵；在会战不可避免时进行会战；在有机会时，进行小规模的入侵，除此以外就静候，为有利时机积蓄力量——这就是他此时大致的战争计划。在实施这个计划的过程中，他的目标越来越消极了。由于他看到，即使胜利了，也要付出过多的代价，于是他就试图以较小的代价来应付局势。对他来说，这时的主要问题只在于赢得时间，在于保住他仍占有的地盘。他越来越珍惜地盘，不惜转而进行真正的哨所线防御。海因里希亲王在萨克森的阵地和国王本人在西里西亚山区的阵地都是哨所线防御。我们从弗里德里希大帝致达尔让[3]侯爵的信中可以看出他盼望进入越冬营地的迫切心情，以及当他没有明显损失，得以重新进入越冬营地时是多么高兴。

---

[1] 原著有些版本为："……用同一支军队先进攻法国人，后进攻奥地利人才夺回自己的战区的。"这可能是编者根据历史上的实际情况做了修改。——译者注
[2] "反接近壕"一词，作者用了法语"contre-approche"。——译者注
[3] 达尔让（Jean Baptiste de Boyer, Marquis d'Argens, 1703—1771），侯爵，法国作家、哲学家。曾在普鲁士宫廷供职，任弗里德里希二世侍从官、柏林科学院历史系主任。——译者注

我们认为，谁要是在这方面指责弗里德里希，认为他如此行动表明他的勇气减弱了，谁就是做了一个十分轻率的判断。

现在在我们看来，崩策尔维茨设防营垒、海因里希亲王在萨克森以及国王在西里西亚山区的哨所线部署已经不再是人们可以寄予最后希望的举措，因为一个像拿破仑那样的人很快就会把这种战术蜘蛛网冲破。但我们不要忘记，这是由于时代改变了；战争已经变得完全不同了，它是由不同于以往的力量进行的；当时有效的哨所线阵地现在已经不再有效了；此外还要考虑到对手的特点。针对帝国军队、道恩和布图尔林[1]，即使使用弗里德里希本人不屑一顾的手段，可能就已经是最高的智慧了。

结果也证明这个观点是正确的。弗里德里希在静候中达到了目的，避开了那些可能让他的力量碰得粉碎的困难。

1812年战局开始时，俄国人对法国人的兵力对比比起弗里德里希大帝在七年战争中与敌人的兵力对比还要不利得多。不过俄国人有望在战局进程中大幅增强自己的力量。对拿破仑来说，整个欧洲都是他暗中的敌人，在西班牙的一场消耗战弄得他手忙脚乱，他的力量已经发挥到最大限度，而幅员辽阔的俄国可使俄军通过上百普里的退却把敌军削弱到极致。在这种特殊情况下，如果法国的行动不成功（在亚历山大[2]皇帝不媾和或者他的臣民不造反的情况下，法国的行动怎么可能成功呢？），那么人们就不仅要考虑到俄国会进行猛烈的还击，而且还要考虑到这种还击可能导致其对手的毁灭。即使是有最高超的智慧的人恐怕也提不出比俄国人无意中遵循的更好的战争计划。

当时俄国人并没有提出这样的计划，甚至也许会认为这样的计划是荒谬的，但是这并不妨碍我们现在把它作为正确的计划提出来。如果我们想从历史中学到东西，那么我们就要将确实已经发生过的事情看作是将来也可能发生的事情。任何一个对这样的事情有判断能力的人都会承认，在法军进军莫斯科以后发生的一系列大的战事并不是偶然的。假如俄国人有可能勉强在边境进行防御，那么法国

---

[1] 布图尔林（Alexander Borissowitsch Buturlin，1694—1767），伯爵，俄国元帅。1720年任彼得大帝副官。在1760—1761年俄普战争中任俄军司令。——译者注

[2] 指亚历山大一世（Pawlowitsch Alexander Ⅰ.，1777—1825），俄国皇帝（1801—1825）。在位期间曾多次与普鲁士和奥地利组成"神圣联盟"，参加对拿破仑的战争。——译者注

军力虽然仍很有可能受到削弱，对俄国有利的局势转变虽然仍很有可能出现，但这种转变出现得肯定不会那么强有力和那么具有决定性。俄国用牺牲和危险换来了这个巨大的好处。当然这种牺牲和危险对其他任何国家来说太大了，对大多数国家来说是不可能做到的。

由此可见，人们永远只有通过积极的、以**决战**为目标，而不是以单纯的等待为目标的举措，才能取得大的积极的成果。简单说就是，人们在防御中也只有下大的赌注才能获得大的好处。

★ 第九章 ★
以打垮敌人为目标的战争计划

在我们较详细地论述了战争可能具有的不同目标以后,现在想看一下与这些目标相对应的三种不同程度的整个战争的部署。根据我们迄今对这个问题的全部论述,有两个主要原则贯穿于整个战争计划,并且是其余一切的准绳。

第一个主要原则是把敌人的力量归结为尽可能少的数个重心,如果可能就归结为一个重心;把对这些重心的打击归结为尽可能少的数次主要行动,如果可能就归结为一次主要行动;最后,尽量把所有的次要行动保持在从属的地位上。总之,第一个主要原则是尽量集中力量行动。

第二个主要原则是尽可能迅速行动,也就是说,只要没有充分的理由就不要停顿,不要走绕远的路。

能否把敌人的力量归结为一个重心,取决于下列条件:

第一,取决于敌军的政治关系。如果敌军是一个君主的军队,那么找到它的重心大多没有什么困难;如果敌军是结成同盟的国家的军队,其中一国的军队在行动时只是履行同盟的义务,没有它自己的好处,那么找到其重心的困难也不会很大;如果敌军是具有共同目的的同盟国的军队,那么能否找到其重心,取决于它们之间的友好程度。关于这一问题我们在前面已经讲过了。

第二,取决于敌人不同军队所在战区的位置。

如果所有敌军是在一个战区内,那么它们实际上组成了一个整体,因此我们就不必考虑其他问题了;如果敌军是在一个战区内,但分属不同的国家,那么它们的一致性就不再是绝对的,但各部队之间毕竟还有足够的联系,通过坚决打击一支部队,还是会一起影响到其他部队;如果敌军部署在毗邻的、没有大的天然障碍相隔的战区,那么其中一个战区仍会对另一个战区产生明确的影响;如果战区之间相距很远,中间还有中立地区、大的山脉等,那么一个战区对另一个战区是否会产生影响,就很难说了,也就是说不大可能产生影响了;如果各战区位于交战国家的完全不同的方向上,以至对这些战区的行动是在离心方向上进行的,那么各战区之间就几乎没什么联系了。

假如俄国和法国同时对普鲁士发起战争,那么从作战的角度来看,这等于是两场不同的战争,它们之间的一致顶多在谈判时能显现出来。

相反,人们应将七年战争中萨克森和奥地利的参战部队视为一支军队。如果其中一支军队受到打击,另一支军队则必然同时受到影响。这一方面是因为两个战区对弗里德里希大帝来说是在同一个方向上,另一方面是因为萨克森在政治上根本没有独立性。

1813年,拿破仑虽然要与很多敌人作战,可是对他来说这些敌人几乎都在同一个方向上,而且敌军所在的战区之间联系密切,相互影响很大。假如拿破仑能够集中兵力在某处击败敌军主力,那么就会由此一并决定所有敌军的命运[1]。假如他打败联军在波希米亚的主力军团,经布拉格向维也纳推进,那么布吕歇尔就无论如何不会继续留在萨克森,因为他会奉命前往波希米亚,去援救主力军团,而瑞典王储[2]甚至不会继续留在勃兰登堡边区。

相反,如果奥地利在莱茵地区和意大利同时针对法国作战,那么它就很难通过在其中一个战区的胜利推进一并决定另一个战区的命运。这一方面是因为瑞

---

[1] 1813年8月,反法联盟同拿破仑的和谈破裂,战争再起。奥地利、普鲁士、俄国、瑞典等国的军队分为三个军团,即波希米亚军团(主力,由奥地利的施瓦岑贝格指挥)、西里西亚军团(由普鲁士的布吕歇尔指挥)和北方军团(由瑞典的贝纳多特指挥),试图以优势兵力合击法军。拿破仑率法军在易北河中游德累斯顿地区试图从内线各个击破联军。——译者注
[2] 指贝纳多特(Jean-Baptiste Jules Bernadotte, 1763—1844),侯爵,法国元帅,瑞典国王。因他是瑞典国王查理十三的养子,国王去世后,贝纳多特于1810年8月被瑞典国会选为瑞典王储。1813年统率瑞典、俄国和奥地利联军在莱比锡大会战中击败拿破仑。1818年,登基为瑞典国王,即查理十四世(1818—1844)。——译者注

士以其群山把两个战区完全隔开了,另一方面是因为两个战区中的道路走向是离心状的。相反,法国更容易通过在一个战区内的决定性的胜利一并决定另一个战区的命运,因为法军对两个战区的方向都呈向心状,均指向奥地利君主国的重心维也纳。而且我们可以说,自意大利出发更容易决定莱茵战区的命运,而不是相反,因为从意大利出发进行的打击更多是击中奥地利军队的中央,而从莱茵地区出发进行的打击更多是击中奥地利军队的翼侧。

从这里可以看出,有关敌军分开和相互联系的概念也是有不同程度的,因此人们只有在具体情况下才能看清其中一个战区的战事对另一个战区会有什么影响,然后根据这一点才能确定在多大程度上能将敌军的不同重心归结为一个重心。

次要行动只有在可以带来**不寻常的好处**的情况下,才可以作为例外,不运用"将全部力量指向敌军重心"这个原则。不过在这种情况下仍然有一个前提,即我们有明确的兵力优势,使我们的主要地点在我们进行次要行动时不至于有过多的危险。

当1814年弗里德里希·冯·比洛将军开往荷兰时,人们可以预料到他3万人的部队不仅能够牵制同样多的法军,而且还会给荷兰人和英国人提供机会,使他们原来根本无法发挥作用的部队参战[1]。

因此人们在拟订战争计划时应遵循的第一个观点是找出敌军的重心,并尽可能把这些重心归结为一个重心。应遵循的第二个观点是把计划针对这一重心的兵力集中用于一次主要行动。

在这个问题上,也许有人会找出一些与我们上述观点相反的理由,作为分兵的根据。这些理由是:

1. 各国军队最初的部署位置,即正在进攻中的各国的位置不适合集中兵力。

如果集中兵力要走弯路和浪费时间,而分兵推进不会面临太大的危险,那么分兵推进是有道理的,因为浪费很多时间去进行不必要的兵力集中,会使首次打击失去锐气和速度,这是违背我们提出的第二个主要原则的。在所有人们有望一

---

[1] 在1814年战局中,按联军的行动计划,弗里德里希·冯·比洛军从汉诺威出发,经荷兰、比利时向法国北部进军,然后并入西里西亚军团。这一行动不仅帮助了奥兰治公爵回国复位,以及帮助了英军登陆,而且还牵制了迈松(Nicolas Joseph Maison, 1770—1840,侯爵,法国元帅、国防大臣)率领的法军。——译者注

定程度上出敌不意的场合，均应特别注意这一点。

然而一个更应注意的情况是：如果发起进攻的几个盟国不是沿一条线前后面对受到进攻的国家，而是并行地面对。如果普鲁士和奥地利发起对法国的战争，假如两国的军队欲从一个地点出发推进，则是一种非常别扭和浪费时间与力量的做法，因为要直捣法国的心脏，普鲁士人自然应从下莱茵地区出发，奥地利人自然应从上莱茵地区出发。在这种情况下，如果两军先会合，再出发，就会在时间和力量上有所损失，因此在具体情况下要考虑是否有必要付出这样的损失。

2. 分兵推进可以取得更多的战果。

由于我们这里说的是针对**一个重心分兵推进**，因此这是以**向心**推进为前提的。至于在平行线上或离心线上的分兵推进则属于**次要行动**的范畴，而对此我们已经讲过了。

无论是在战略上还是在战术上，向心状进攻都容易取得**更大的**战果，因为如果向心状进攻成功了，其结果就不是简单地打败了敌人，而是或多或少地切断了敌军的退路，从而取得更大的战果。但是由于要分兵和战区更大，向心状进攻也是更冒险的一种进攻。在这一点上，向心状进攻的情况如同进攻与防御的关系一样——较弱的形式能给自己带来最大的战果。

因此，问题在于进攻者是否觉得自己强大到可以去追求这个大的目标。

弗里德里希大帝1757年进攻波希米亚时，是从萨克森和西里西亚出发，以两路部队进行的。他这样做的两个主要原因是：第一，他的部队在冬季就是这样部署的，如果把这两路部队先集中到一个地点再进攻，就会失去出敌不意的效果；第二，通过这种向心状推进，可使奥地利人的两个战区[1]中的每一个都受到来自翼侧和背后的威胁。这时弗里德里希大帝面临的危险是：他两个军团中的一个可能被优势之敌击败。如果奥地利人**不明白**这一点，那么他们要么只能在中央接受会战，要么面临在这一面或那一面完全失去退路的危险，从而遭到惨败。这正是这种向心状推进有可能给国王带来的超出预期的战果。奥地利人选择了在中央会战，但是其部队所在的布拉格当时在很大程度上仍受到围攻的影响。由于奥地利人完全是被动应付，普军的这一围攻有时间充分发挥作用，结果奥地利人输掉了

---

［1］指波希米亚和奥地利本身。——译者注

会战，而且是一次真正的灾难，因为2/3的军队连同主官被包围在布拉格，这不能不说是场灾难。

弗里德里希大帝在战局一开始即获得这一辉煌的战果，是因为他采取了向心状进攻的大胆行动。如果弗里德里希认为自己的行动准确，他的将领们干劲十足，他的部队占有士气上的优势，而奥地利人行动迟缓，因此认为这些足以让他的计划获得成功，那么谁又能责备他这样行动呢？但是人们在考虑问题时不能忽视这些士气因素，不能把胜利完全归功于进攻的简单几何形式。我们只要回忆一下拿破仑的同样辉煌的1796年战局，就可以明白这一点。在这次战局中，奥地利人因为在意大利进行了向心状进攻而受到了严厉的惩罚。这位法国将领[1]在1796年所拥有的手段也是奥军统帅在1757年所具备的（除了士气上的），而且后者还要多一些，因为奥军统帅当时的兵力不像拿破仑在1796年时少于对手。从这里可以看出，如果我们担心分兵进行的向心状进攻使对手有可能借助于内线而摆脱其兵力较少的不利处境，那么我们就不宜这样做。如果由于部队的位置而不得不这样做，那就只能把这种进攻视为不得已而为之的行为。

如果我们根据这种观点来考察联军1814年制订的进攻法国的计划，那么我们就不会同意这个计划。当时俄国、奥地利和普鲁士的军队位于美因河畔法兰克福[2]附近的一个地点，正是在针对法兰西君主国重心的最自然和最径直的方向上。但是联军把自己的这些军队分开了，以便以一个军团从美因茨攻入法国，以另一个军团穿过瑞士攻入法国。由于敌人的兵力很少，以至无法想象他对边境进行防御，因此即使联军这种向心状推进能够成功，全部好处也只是以其中一个军团占领洛林[3]和阿尔萨斯，以另一个军团占领弗朗什孔泰[4]。联军为这点小小的好处，值得向瑞士进军吗？我们很清楚，决定这一进军的还有另外一些同样糟糕的理由，但在此只谈我们正在研究的因素。

另一方面，拿破仑是一位善于对向心状进攻进行防御的人（其1796年的杰出

---

[1] 指拿破仑。——译者注
[2] 美因河畔法兰克福（Frankfurt a.M.），今德国黑森州一城市。——译者注
[3] 洛林（Lothringen），位于法国东北部，历史上曾为公国（843—1766），面积23,547平方公里。——译者注
[4] 弗朗什孔泰（Franche-Comté），历史地域名，包括今法国东部索恩河上游和靠近瑞士边境的广大地区。历史上曾是法国的一个省（1678—1790）。——译者注

战局已经证明了这一点)。即使对手在数量上大幅超过他,也不得不承认他在士气上占有很大的优势。虽然他抵达位于沙隆[1]的自己的部队时已经太迟,对其对手也过于轻视,但毕竟只差一点就在联军两个军团会合前打败他们。尽管如此,拿破仑在布里昂[2]附近遇到联军这两个军团时,它们已经削弱了很多:布吕歇尔手下只有原6.5万人中的2.7万人,主力军团的原20万人只还有10万人。联军给了对手一个再好不过的机会,而且联军刚一分兵就后悔了,感到没有比重新会合更迫切的事情了[3]。

根据以上考察,我们认为,即使向心状进攻本身是能够带来较大战果的手段,也大多只能在部队原本就是分开部署的情况下采用。为向心状进攻而让部队离开路程最短和行军最便利的方向,只在很少情况下才是正确的做法。

3. 战区扩大可以是分兵推进的一个理由。

当一个进攻的军团从一个地点推进并且成功地攻入敌国腹地时,尽管它能控制的区域并不仅仅局限于它途经的道路,而是会向两侧扩展一些,但是能扩展多少,取决于敌国的紧密度和凝聚力(如果我们可以这样形象比喻的话)。如果敌国的内部联系松散,民众软弱,缺乏战争历练,那么胜利进军的部队不用做很多就能在自己后面占领一个广阔的地区,但是如果敌国的民众既勇敢又忠诚,那么前进的部队在其后面所能控制的地区就会多少成为一个狭长的三角形。

进攻者为避免出现这种不利情况,就有必要在推进时安排出一定的宽度。如果敌军集中在一个地点,那么进攻者就只能在未与敌军接触时保持这个宽度。距敌军的部署地点越近,这一宽度就越要收窄,这本身是不言而喻的。

但是如果敌人自己是部署在一定宽度上的,那么进攻的部队均匀分兵本身就没有什么不合理的。我们在这里所说的是一个或多个但彼此毗邻的战区。显然这

---

[1] 沙隆(Chalons),即今法国东北部城市马恩河畔沙隆(Chalons-sur-Marne)。——译者注
[2] 布里昂(Brienne-le-Château),今法国奥布省一城市,位于奥布河畔。拿破仑少年时期曾在此上过五年军校(1779—1784)。——译者注
[3] 1814年战局初,布吕歇尔率领西里西亚军团过莱茵河后,将约克军留在摩泽尔河地区,只带27,000人开赴布里昂,准备与施瓦岑贝格率领的主力军团(波希米亚军团)会合。1月29日,布吕歇尔在布里昂附近与拿破仑率领的4万法军会战,战败后退向特兰。此时,联军波希米亚军团的11万人抵达奥布河畔巴尔,布吕歇尔得以用绝对优势的兵力于2月1日在布里昂附近的拉罗埃大败法军,但是在会战胜利后并未追击法军,反而分兵。很多评论家认为,如果联军当时集中兵力开赴巴黎,那么拿破仑就无法挽回败局。——译者注

属于"主要行动一并决定次要地点命运"这一观点所说的情况。

但是人们总是能够按这个观点行动吗？如果主要地点对次要地点的影响不够大而出现危险时，人们能冒这个危险吗？战区需要一定的宽度，这一点难道不值得特别注意吗？

在这里像在所有其他地方一样，不可能穷尽各种行动方式，但是我们坚持认为，除少数例外情况，在主要地点的决战会一并决定次要地点的命运。因此，除明显的矛盾以外，在其他情况下都应根据这个原则组织行动。

当拿破仑攻入俄国时，他有理由相信，通过击败俄军主力就会让道加瓦河上游的俄军部队败退。他起初只命令乌迪诺军去对付这部分俄军，不过维特根施坦转入了进攻，拿破仑被迫把第6军也派往那里了[1]。

与此相反，为对付巴格拉季翁，拿破仑一开始就派出了一部分部队，但是巴格拉季翁受到巴克莱所率中央部队退却的影响而一并退却，于是拿破仑得以把这部分部队重新调回到身边[2]。假如维特根施坦不是必须保护第二首都[3]的话，他也会随巴克莱的退却而退却。

1805年和1809年，拿破仑在乌尔姆附近和雷根斯堡[4]附近的胜利一并决定了意大利和蒂罗尔的命运[5]，尽管意大利是一个相当偏远和独立的战区。1806年，拿破仑在耶拿和奥尔施泰特的胜利[6]决定了在威斯特法伦、黑森[7]和沿通往法

---

[1] 1812年战局初，巴克莱率俄军第1军团从德里萨向维捷布斯克撤退时，把维特根施坦留在德里萨一带保护通往彼得堡的道路。拿破仑派乌迪诺率第2军渡过道加瓦河，开往波洛茨克和谢别日，保护主力的翼侧。在克利亚斯蒂策附近，乌迪诺被维特根施坦击败，于是拿破仑派圣西尔率领第6军去支援乌迪诺。——译者注

[2] 1812年战局初期，拿破仑率法军主力直逼维尔纳，俄军第1军团退向德里萨，继而退向斯摩棱斯克。法军达武部奉命向明斯克推进，企图切断俄国第2军团的退路，但俄军第2军团在第1军撤退后已经退却。当俄军的这两个军团在斯摩棱斯克会合后，拿破仑即将达武调回主力。——译者注

[3] 指彼得堡（Petersburg），即今俄罗斯城市圣彼得堡，位于波罗的海芬兰湾东岸、涅瓦河口。1703年由俄皇彼得大帝兴建，历史上曾长期为俄国首都。——译者注

[4] 雷根斯堡（Regensburg），今德国巴伐利亚州一城市，位于多瑙河畔。——译者注

[5] 1805年，拿破仑在乌尔姆会战中获胜，打乱了奥军的行动计划，迫使卡尔大公率领在北意大利的奥军退却。1809年的雷根斯堡会战后，拿破仑派勒费弗尔将军率领第7军进入蒂罗尔。在蒂罗尔的奥军本想阻止法军前进，但由于奥军主力败退，不得不退出蒂罗尔。——译者注

[6] 指第四次反法联盟战争中的耶拿和奥尔施泰特会战。

[7] 黑森（Hessen），今德国中部的一个联邦州，历史上曾是多个侯国、公国、边区的所在地。——译者注

兰克福大路的一切针对他的行动的命运[1]。

能影响到次要部分抵抗的情况很多,其中主要有以下两种。

第一种情况:如果防御者在一个幅员辽阔而且力量相对多的国家(例如俄国)可以长时间迟滞进攻者在主要地点上的决定性打击,那么在次要地点进行抵抗的防御者就不必把所有力量都匆忙集中到主要地点。

第二种情况:如果一个次要地点由于有很多要塞而拥有不寻常的独立性,例如1806年的西里西亚。但是拿破仑非常轻视这个地点,尽管他在进军华沙时不得不一开始就把这个地点放在身后,但他只派了弟弟热罗姆[2]率2万人前往该地。

如果有的战例表明,对主要地点的打击很有可能不会撼动次要地点,或者确实没有撼动次要地点,那是因为敌人在这些次要地点部署了较多的部队。在这种情况下,进攻者就不得不把这些次要地点视为无法避开的难题,派其他更适当的兵力去对付它们,因为进攻者不能一开始就完全放弃自己的交通线。

谨慎的人可能还会更进一步,他们可能要求向主要地点的推进与向次要地点的推进完全同步。如果敌人不肯从次要地点退却,这些谨慎的人就会要求把主要行动也停下来。

这个原则与我们"尽量把一切力量集中于一个主要行动"的原则虽然并不完全矛盾,不过这两者的指导精神是完全对立的。如果按这个原则行动,运动就会减缓,进攻力量就会减弱,偶然因素就会增加,以致这一原则与以打垮对手为目标的攻势实际上是完全不相容的。

假如敌在次要地点上的部队能够离心状退却,那么进攻者的困难就会更大。在这种情况下,我们进攻的一致性将变成什么样子呢?

因此,我们必须明确反对将"是否发起主要进攻,要视次要地点的情况而定"作为一项原则。我们坚持认为,一个以打垮对手为目标的进攻,如果没有胆量像一支箭那样射向敌国的心脏,那么它就无法达到目标。

---

[1] 1806年,普鲁士在勃兰登堡边区保留了一支3万人的战略预备队,准备在必要时在威斯特法伦另辟战场。黑森选帝侯在战前与普鲁士有协定:若普鲁士获胜,黑森将与普鲁士共同反法;若法国获胜,黑森则严守中立。耶拿会战前夕,普军派魏玛公爵出图林根山区,准备开赴弗兰肯,袭扰法军后方。由于普军在耶拿和奥尔施泰特会战中失败,这些计划均未能实现。——译者注

[2] 热罗姆·波拿巴(Jérôme Bonaparte,1784—1860),拿破仑最小的弟弟,威斯特法伦王国国王(1808—1813)。——译者注

4. 最后，易于取得给养是分兵推进的第四个理由。

以一个小的军团通过一个富庶地区，当然要比以一个大军团通过一个贫瘠地区舒服得多。但是如果措施得当，而且部队惯于吃苦，以一个大军团通过贫瘠地区并非不可能。因此"以小军团通过富庶地区"的想法绝不能让我们的决心受到影响，以致陷入分兵推进的大的危险之中。

谈到这里，我们已经承认分兵（由此将一个主要行动分为几个行动）的上述理由是有其道理的。如果在清楚地意识到目的和慎重地权衡了利弊的情况下，根据上述理由中的一个进行了分兵，那是无可指责的。

但是如果像常见的那样，计划是由一个学究气十足的参谋部仅按惯例制订的；如果不同的战区像下棋时先摆好棋子再走子那样，先以部队占据后再行动；如果这些行动为一些幻想出来的奇思妙想所左右，以各种复杂的线和几何关系接近目标；如果部队今天分兵只是为了两周后再冒极大的危险会合，以显示这些部队的全部艺术，那么这种为故意陷入极大混乱而离开径直、简单道路的做法，是我们所憎恶的。最高统帅对战争的指导越是无力，越是较少将战争视为以巨大力量武装起来的个人的简单行动（就像我们在第一章中指出的那样），整个计划越是参谋部这个脱离实际的工厂生产出来的，是十几个一知半解的人臆想出来的，那么上面说的愚蠢行为就越容易出现。

现在我们还要研究第一个原则的第三点，即尽量使从属行动保持从属地位。

由于人们力求把整个战争行为归结为一个简单的目标，并且力求尽量通过一个大行动来达到这个目标，就使交战国发生接触的其余地点失去了部分独立性，那里的行动就成了从属行动。假如人们能够把一切行动完全归结为唯一的一次行动，那么发生接触的其余地点就完全失去了作用。不过这种可能性是很少的。因此重要的是，要限制这些发生接触的次要地点的数量，以免它们占用过多本应用于主要行动的力量。

首先，我们认为，即使不可能把敌人的全部抵抗归结为一个重心，也就是说，即使像我们已经讲过的那样不得不同时进行两场几乎完全不同的战争，战争计划仍然必须体现出这个原则。我们必须始终把其中的一场战争视为**主要的**，应该首先针对它部署兵力和行动。

根据这个观点，只在这个主要方向上采取**进攻**，而在另一个方向上保持防御态势是明智的做法。只有在特殊情况下，同时在另一个方向上采取进攻才是正确的。

其次，我们应尝试以尽量少的兵力在这些次要地点上进行防御，尝试利用这种抵抗形式所提供的一切有利之处。

如果对手的来自不同国家的部队虽然出现在不同的战区，但从总的重心来看，这些部队会一并受到打击，那么我们的这个观点就更适合这些战区。

根据我们这个观点，在次要战区就不能再对**那个**应给予主要打击的敌人进行防御了。这一主要打击是由主要进攻本身和根据其他考虑而采取的次要进攻构成的，并使未受到它们直接保护的各地点的防御成为多余。这时一切都取决于主力决战，一切损失都会在主力决战中得到补偿。如果兵力足以去理智地寻找这样主力决战的机会，那么"主力决战**可能失败**"就不能再是"无论如何要在其他地点避免损失"的理由，因为**这样做恰恰**会使失败的可能性大增，而且会使我们的行动自相矛盾。

甚至在整个进攻的各个环节上，次要行动也应该服从于主要行动。但是由于这个战区和另一个战区应分别派哪些兵力去进攻共同的重心大多取决于另外一些原因，因此我们在这里指的只能是，必须**力求使**主要行动**居于主导地位**；越是能够使主要行动居于主导地位，一切就会越简单，受偶然性的影响也就越少。

第二个原则涉及部队的快速使用。

任何无谓的时间消耗，任何无谓的绕路，都是浪费力量，因此是战略所憎恶的。而更重要的是要记住，一般来说，进攻的唯一优点几乎就是开战时的出敌不意。突然和势不可当是进攻的最有力的翅膀，在以打垮对手为目标的进攻中，它们是不可或缺的。

因此，理论要求通过考察找到通向目标的最近的途径，而不是要求考察对向左还是向右、向这里还是向那里行动进行无休止的讨论。

如果回忆一下我们在《战略进攻的目标》一章中关于国家心脏的内容[1]以及在本篇第四章中关于时间影响的内容，那么我们相信，不做进一步的说明就可以

---

[1] 原文如此，疑误。《战略进攻的目标》是第七篇第三章，但作者在该章中并未谈到这个问题。——译者注

明白,"快速使用部队"这个原则确实具有我们所要求的那种影响。

拿破仑向来就是这样行动的。他总是最喜欢通过最近的大路直取敌军或敌国首都。

那么我们把一切归结于它并且要求迅速而直接完成的那个主要行动究竟是什么呢?

对于什么叫打垮敌人,我们在第四章中已经从总的方面尽可能地做了论述,已经没必要再重复了。不管打垮敌人最后在具体情况下取决于什么,走向打垮敌人的开端总是一样的,即消灭敌军,也就是说要对敌军取得一个大的胜利,并且粉碎敌军。试图夺取这一胜利的时间越早,也就是说试图夺取这一胜利的地点距我们的边境越近,这一胜利就**越容易**取得;夺取这一胜利的时间越晚,也就是说夺取这一胜利的地点越是在敌国腹地,这一胜利就越具有**决定性**。在这里与在所有地方一样,取得胜利越容易,成果就越小;反之,成果就越大。

如果我们对敌军还不是很占优势,以致没有获胜的把握,那么我们就应尽量去寻找他们(敌军主力)。我们之所以说"尽量",是因为如果这一寻找敌军主力的行动让我们走了大的弯路,走错了方向,浪费了时间,那么这一行动就容易成为一个错误。如果敌军主力不在我们行进的路上,而我们又不能去寻找它(因为对我们不利),那么我们可以确信以后会找到它,因为它会不失时机地向我们扑来。在这种情况下,正如刚才说的,我们将在较为不利的情况下作战,这种不利是我们无法避免的。如果我们仍能赢得这次会战,那么这次会战就更具决定性。

从中可以得出结论:在我们对敌军的优势还不能保证我们获胜的情况下,如果敌军的主力已经在我们行进的前方路上,而我们却故意从其侧面通过,则会犯下一个错误,至少认为这样从其侧面通过能让我们此后更容易获胜是错误的。

相反,从上述结论可以得出的一个结论是:当我军占有非常明确的优势时,为以后能发起一次更具决定性的会战,我们可以故意从敌军主力的侧面通过。

我们以上谈及的是彻底的胜利,也就是使敌人遭到惨败,而不仅仅是赢得一场会战。而要取得这种胜利,就要进行全面进攻或发起变换了正面的会战,因为这两种打法往往能使结局具有决定性。因此,以此为目标进行准备是战争计划的重要内容,包括准备必要的部队数量,以及为他们规定好行动方向。关于这些,我们在《战局计划》一章[1]中还要详细论述。

虽然直接对敌人正面发起会战也有可能使敌人遭到惨败，而且战史上也不乏这样的战例，不过，随着双方军队的训练水平和灵活敏捷程度日益接近，这种情况变得少见了，而且会越来越少。像在布林海姆[2]附近一个村子里即俘获27个步兵营的事，不再可能发生了。

一旦获得大的胜利，进攻者就不应考虑休息或喘口气，不应思前想后和查实确认等，而只应考虑追击，考虑在必要的地方发起新的进攻，考虑占领敌国的首都，考虑进攻敌人的援军或者敌国可作为依靠的任何目标。

当胜利的洪流把我们带到敌人的要塞旁，是否应该围攻这些要塞，取决于我们兵力的大小。如果我们在兵力方面占有大的优势，那么就应尽早控制这些要塞，否则就会损失时间。如果我们对先头部队下一步能否获胜没有把握，那么就只能用尽量少的兵力来对付这些要塞，就无法彻底围攻这些要塞。如果为了围攻要塞而迫使我们不能继续进攻，那么自这一刻起，进攻一般就达到了它的顶点。因此，我们要求主力迅速、不停歇地前进和追击。我们已经否定了"在主要地点上的这种前进应该取决于次要地点上的结果"的观点，因此在一般情况下，我军主力迅速前进和追击的结果是在其背后只有一个狭长的地带。不管这个地带可以叫作什么，它构成了我们的战区。这样的情况会如何削弱先头部队的突击力，会给进攻者带来哪些危险，我们在前面指出过。这种困难，这种内在的牵制力量会不会达到一个点而阻止部队继续前进呢？当然是会的，但是正如我们在前面已经指出的那样，如果一开始就想避免身后出现狭长的战区，并为此而降低进攻速度，那是错误的。现在我们还要说，只要统帅还没有打垮其对手，只要他相信自己的力量足以达到这个目标，那么他就应该追求这个目标。他这样做，面临的危险也许加大，但战果也会加大。当统帅到了不敢继续前进，认为应该考虑自己的后方，必须向左右扩展的时候，那么这极有可能就是他进攻的顶点。于是进攻者飞翔的力量到头了，如果这时他还没有打垮对手，那么就极有可能无法再打垮对

---

[1] 原文如此，疑误。本书并没有这一章。——译者注
[2] 布林海姆（Blenheim），布林德海姆（Blindheim）的英语称谓，今德国巴伐利亚州一小镇，位于多瑙河畔。西班牙王位继承战争期间，英荷联军于1704年8月13日在此重创法国和巴伐利亚联军，迫使其27个步兵营和4个骑兵团投降。——译者注

手了。

如果统帅为了步步为营地组织进攻而去占领要塞、山口、地区，那么这些行动虽然还是一种缓慢的前进，但已经只是一种相对的前进，不再是绝对的前进了。此时敌人不再是在逃跑途中，而是也许在准备新的抵抗，因此此时已经有可能出现这样的情况：尽管进攻者还在稳步前进，但是防御者也在行动，而且每天都比进攻者多一点进步。总之，我们再回到前面的那个结论：在一次必要的停顿以后，通常就不可能再进行第二次前进了。

因此理论要求的只是：只要还想打垮敌人，就要不停顿地向着敌人前进。如果统帅感觉这样做太危险而放弃这个目标，那么他停止前进和向两侧扩展就是正确的。理论指责的只是：如果他停止前进只是为了更巧妙地打垮对手。

我们不会愚蠢到宣称没有一个逐步打垮国家的例子。首先，我们提出的这个原则并不是毫无例外的绝对真理，它只是以很可能出现的一般结果为依据的；其次，一个国家的灭亡是逐渐发生的，有个历史过程，还是一下子就是敌人首次战局的目标，对这两种情况必须加以区别。我们在这里谈的只是后一种情况，因为只有在这种情况下力量才处于紧张状态，一方不是打垮对方的重心，就是面临被对方重心打垮的危险。如果人们在第一年得到些一般的好处，第二年在这基础上又得到些一般的好处，就这样逐渐地、缓慢地向目标前进，那么人们虽不会面临严重的危险，但取而代之的是要在很多地点面临危险。在这种情况下，从一个战果到另一个战果之间的每一个空隙都会给敌人以新的希望。前一个战果对后一个战果只有很小的影响或者往往没有影响，甚至还有不利的影响，因为敌人会得到恢复，甚至会由于受到刺激而进行更大的抵抗，或者会得到新的外援。而如果一切行动是一鼓作气进行的，那么昨天的战果就能导致今天的战果，胜利之火就会接二连三地燃烧起来。如果说有些国家确实在逐渐打击下被征服了（也就是说时间这一防御者本来的保护神对防御者起了不利的作用），那么我们要说，进攻者逐渐打击、征服一个国家的企图完全落空的例子要多得多。人们只要回想一下七年战争的结果，就可以明白这一点。当时奥地利人试图步步为营、小心谨慎地达到目的，结果完全没有达到。

根据上述观点，我们根本不能认同"在推进的同时还要注意建立相应的战区，以便在某种程度上与推进保持平衡"的观点。相反，我们认为推进所产生的不利是不可避免的，只有当我们在前面无望再获胜时，才应注意这种不利。

拿破仑1812年的例子远未让我们惊慌地背离这个论断，反而让我们更坚信这一论断。

拿破仑的这次战局之所以失败，不是像一般舆论所说的那样因为他推进得太快、太远，而是因为争取胜利的唯一手段受挫了。俄罗斯帝国不是一个能正式被征服（即保持占领）的国家，至少用现在欧洲国家的军队是征服不了的，用拿破仑为此而统率的50万人也是征服不了的。像俄国这样幅员辽阔的国家，只有利用其自身的弱点和内部分裂所造成的影响，才能使它屈服。而为了击中这些政治上存在的薄弱之处，进攻者就有必要撼动这个国家，直至其心脏。拿破仑只有通过强有力的突进抵达莫斯科，才有望撼动俄国政府的勇气及其民众的忠诚和坚定。他希望在莫斯科缔结和约，这是他在这次战局中能提出的唯一理智的目标。

拿破仑率其主力向俄军主力发起进攻，后者在他面前仓皇退过德里萨营垒，直到斯摩棱斯克附近才停下来。他迫使巴格拉季翁受主力拖累一并退却，打败了巴格拉季翁及其主力，占领了莫斯科。拿破仑在这里的做法与他一向的做法是相同的。他只是采用了这种打法才成了欧洲的统治者，而且也只有采用这种打法，他才能够成为欧洲的统治者。

因此，那些赞扬拿破仑在过去历次战局中是最伟大统帅的人，不应指责他在这次战局中的做法。

根据结果来评论一件事是允许的，因为结果是对一件事的最好评析（参阅第二篇第五章），但是之后人们对这一仅根据结果做出的评论不必再以人类的智慧去加以证明。寻找一次战局失败的原因，与对这次战局进行评析还不是一回事。人们只有证明了这些失败的原因本不应被忽视，才是真正进行了评析，才可以指责这位统帅。

我们认为，谁要是仅仅由于1812年战局中出现了巨大反弹就认为拿破仑的这次战局是荒唐的，而假如拿破仑这次战局取得胜利的结果，就又认为这次战局是其各种战法组合最卓越的行动，那么这就是一个完全没有评判能力的人。

假如拿破仑像大多数评析者所乐见的那样在立陶宛停下来，以便先确保各要塞的安全（实际上那里除了完全位于法军侧面的里加[1]以外，几乎没有要塞，因为博布鲁伊斯克[2]只是一个不重要的小地方），那么他就会不得不在冬天转入可悲的防御。这时，同样这些人又会首先叫起来：这已经不再是以往的那个拿破仑了！这个惯于通过奥斯特利茨和弗里德兰会战那样的胜利，在敌国的最后几道城墙下确认其占领的人，怎能未经一次主力会战就进入防御呢？他怎能犹豫不决，没有去占领敌国的首都（人去城空、已经准备弃守的莫斯科）呢？这样一来，莫斯科这个抵抗核心就能存在下去，新的抵抗力量就能围绕着它集结起来。他有前所未闻的良机，袭击这个远方的巨人，就像袭击一个邻近的城市一样，或者像弗里德里希大帝袭击近处小小的西里西亚一样，可他没有利用这个良机，在胜利的途中停了下来，难道是凶神绊住了他的双脚吗？——这些人恐怕会做出上述这样的评论，因为大多数评析者的评判都具有这样的特点。

我们认为，拿破仑的1812年战局之所以没有成功，是因为俄国政府保持了稳定，人民保持了忠诚和坚定。也就是说，是因为这次战局不可能成功。也许进行这次战局本身就是拿破仑的一个错误，至少结局表明他的很多考虑是自己欺骗自己。但我们认为，即使是应试图成功进行这一战局，那么恐怕基本上也只能是这样的结局。

拿破仑在战区东部没有像他在西部不得不做的那样进行长期的、代价很大的防御战争，而是试图采用唯一的一个手段达到目的：用一次大胆的打击迫使惊慌失措的对手媾和。在这种情况下，他可能面临全军覆灭的危险，这是他在这次赌博中下的赌注，是实现大的希望要付出的代价。如果说他的军队由于他的过错而受到了过大的损失，那么这一过错不在于推进得太远（因为这是他的目的，是不可避免的），而在于战局开始得太迟，在于他浪费人力的战术，在于他对军队的给养和退路考虑不周，最后还在于他离开莫斯科晚了一些。

至于俄军得以在别列津纳河设伏，正式阻止拿破仑退却，并不是一个有力的反驳我们的论据。理由如下：第一，这恰好表明，要真正切断敌人的退路是多么困难——被切断退路的敌军在能想到的最不利的情况下，最后还是打开了一条

---

[1] 里加（Riga），今拉脱维亚首都，位于道加瓦河畔。——译者注
[2] 博布鲁伊斯克（Bobrujsk），今白俄罗斯中部一城市，位于别列津纳河畔。——译者注

路。俄军这一整个行动虽有助于加大拿破仑的失败，但并非拿破仑失败的根本原因。第二，只是由于很少见的当地地形特点，俄军才得以在如此程度上切断法军的退路。假如没有横亘在大路前面的别列津纳河畔的沼泽地，以及沼泽地周围难以通行的茂密林地，俄军要切断法军退路的可能性就更小了。第三，为防止退路被切断，进攻者只有让自己的军队在一定的宽度上前进，而对这种办法我们以前就驳斥过了，因为一旦人们采用这种办法在中间推进，在左右留下部队保护两侧，那么某一侧部队的任何一次失利，都会迫使先头部队立即往回赶。这样一来，进攻大概也就带不来多少好处。

我们决不能说拿破仑忽略了对其侧面的保护。为对付维特根施坦，他留下了一支兵力占优势的部队；在里加城前，他留下了一支兵力适当的围攻部队（这一举措甚至是多余的）；在南方，他有施瓦岑贝格率领的5万人，超过了托尔马索夫的兵力，甚至几乎与契恰戈夫的兵力相当。此外，拿破仑在背后的中心地点还有维克托[1]率领的3万人。甚至在11月，即在俄军已经得到加强，法军已经大为削弱的关键时刻，在进入莫斯科的法军背后，俄军的优势仍不是很大。维特根施坦、契恰戈夫和萨肯[2]共有11万人，而施瓦岑贝格、雷尼尔[3]、维克托、乌迪诺和圣西尔[4]实际上还有8万人。即使是最谨慎的将军，恐怕在前进时也不会比拿破仑派出更多的兵力去保护自己的翼侧。

拿破仑1812年过涅曼河进攻俄国时，兵力是60万人。假如他带回法国的不是与施瓦岑贝格、雷尼尔和麦克唐纳一起退过涅曼河的5万人，而是25万人（如果拿破仑没有犯我们在上面指责他的那些错误，这是有可能的），那么这次战局虽仍是一次失败的战局，但理论就不能对此有任何非难了，因为在这种情况下损失过半并不是什么不寻常的事。如果说这个损失特别引人注意，那也只是因为损失的绝对数量过大。

---

［1］维克托（Claude Victor-Perrin，1764–1841），公爵，法国元帅。——译者注
［2］萨肯（Fabian Gottlieb Fürst von Osten-Sacken，1752—1837），侯爵，俄国元帅。在1812年战局中率预备军团在白俄罗斯、立陶宛、乌克兰一带活动。——译者注
［3］雷尼尔（Jean Louis Ebenezer von Reynier，1771—1814），伯爵，法军将军。在1812年战局中指挥法军第7军团（大多由萨克森人组成）。——译者注
［4］圣西尔（Laurent marquis de Gouvion Saint-Cyr，1764—1830），侯爵，法国元帅和军事理论家。在1812年对俄战争中指挥第6军团。1815年和1817—1819年两次任法国国防大臣。——译者注

关于主要行动及其必要的发展趋势，以及它面临的不可避免的危险，就谈这么多。至于次要行动，我们首先要指出：所有次要行动都必须有一个共同的目标，但是这个共同目标不应该妨碍每个部分的行动。假设联军分别从上莱茵地区、中莱茵地区[1]和荷兰出发进攻法国，目标是在巴黎会师，如果计划每个军团在会师以前都尽量保全自己而不冒任何危险，那么我们称这样的计划是**有害的计划**。执行这样的计划，三个军团的行动必然会相互牵制，每个部分在前进时都会迟缓、犹豫和畏缩。较好的办法是给每个军团分配一定的任务，当这些不同的行动自然地成为一个整体时再统一行动。

这种为了行军数天后再会合的分兵几乎在所有战争中都出现，但实际上毫无意义。如果分兵，就必须知道为什么要分兵，这个"为什么"必须有充分的理由，不能像跳一圈四对舞[2]那样仅仅是为了以后再会合到一起。

如果军队从不同的战区发起进攻，则应该给每支部队下达各自的任务，任务的内容应使各部队不遗余力地发挥出其突击力。这时的问题**在于各部队均应发挥出其突击力**，而不在于各部队去争得相应的好处。

如果敌人的防御与我们预想的不同，造成我们其中一支部队任务过重，遭到了失败，那么这支部队的失败不应该也不允许影响到其他部队的行动，否则一开始我们就会失去整体胜利的可能性。只有在多数部队或者主要部分已经失败的情况下，才允许这支部队的失败对其他部队产生影响（而且也必然会产生影响）。在这种情况下，整个计划也就失败了。

对本来担任防御，但防御成功后可以转入进攻的大小部队来说，如果它们不能把多余的兵力转用于主要的攻势地点（这主要取决于战区的地理位置），那么这条规则也适用这些部队。

然而在这种情况下，整个进攻的几何形状和一致性会有什么变化呢？与一个被击败部队相邻的各部队的翼侧和背后会有什么变化呢？

这正是我们应主要加以批驳的问题。这种把一个大规模进攻与一个几何学上的四边形粘在一起的做法，是陷入了错误的理论体系。

---

[1] 中莱茵地区（der Mittelrhein），指今德国宾根与波恩之间的莱茵河两岸地区。——译者注
[2] 拿破仑一世时期在巴黎出现的一种交谊舞。——译者注

我们在第三篇第十五章中已经指出，战略中的几何因素不像战术中的几何因素那么有效。我们在这里只想重复一下结论：进攻者尤其要重视各个地点上切实的结果，而不必重视在进攻中由于各地结果不同而逐渐形成的几何形状。

在战略的广阔范围内，有关各部分几何位置的考虑和决定自然是最高统帅应该做的，任何次一级的指挥官都无权过问他的友邻部队应该和不应该做什么，而是只应按照指示无条件地努力达成自己的目标，这在任何情况下都是一件确定的事。如果确实由此引起了严重的不协调，那么自上而下总还是有办法及时采取补救措施的。因此，这种分兵行动的主要弊端是可以消除的，包括：介入战事进程的不是真实的情况，而是很多担心和假设；每个偶然事件不仅影响到与它直接有关的部分，而且同时会影响到整体；次一级指挥官的个人弱点和个人仇恨情绪有过大的表现余地。

我们认为，只有当人们还没有充分和认真地研究战史，没有把重要的和不重要的事物区分开，没有估计到人的弱点的全部影响时，才会认为我们上述这个观点是荒谬的。

一切有经验的人都承认，在多路进攻时，通过准确地对各路部队进行协调来取得胜利，在战术范围就已经很困难了，那么在分兵程度大得多的战略范围内，这样做就更困难了，或者确切地说是根本无法做到的。如果说所有部分保持协调一致是取得战果的一个必要条件，那么对这种分兵进行的战略进攻就应该予以彻底否定。但是一方面，我们不能任意地彻底否定这样的进攻，因为一些我们根本无法控制的情况可能迫使我们采取这样的进攻；另一方面，即使是在战术上，所有部分也没有必要在作战过程中的每个时刻都保持协调一致，至于在战略上，正如上面所说，就更没有这个必要了。因此在战略范围，人们更应忽略各部分保持协调一致的问题，更应坚持给各部分分配各自的任务。

我们还要接着这一点做个重要的补充，这涉及如何正确地分配角色。

1793年和1794年，奥地利的主力在尼德兰，普鲁士的主力在上莱茵地区。奥军自维也纳开赴孔代[1]和瓦朗谢讷，与自柏林开赴兰道[2]的普军交叉而过。奥

---

[1] 孔代（Condé），即今法国诺尔省城市埃斯科河畔孔代（Condé-sur-l' Escaut）。——译者注
[2] 兰道（Landau），今德国莱茵兰-普法尔茨州南部一城市。——译者注

地利人虽然要在尼德兰对其比利时各省进行防御，但是如果他们在法属佛兰德占领一些地方的话，也是很方便的，不过他们对此没有多大兴趣。考尼茨[1]侯爵去世后，奥地利大臣图古特[2]为更好地集中力量而力排众议，完全放弃了尼德兰。的确，奥地利人到佛兰德比到阿尔萨斯几乎还要再远一倍，在兵力受到严格限制、一切都要依靠现金维持的时代，这不是件小事。不过图古特大臣显然还抱有另一个意图，他想通过让尼德兰面临危险来迫使那些对保卫尼德兰和下莱茵地区有兴趣的国家（荷兰、英国和普鲁士）做出更大的努力。他失算了，因为当时的普鲁士政府无论如何是不会上当的。不管怎么说，此事的发展过程始终展示出了政治利益对战争进程产生的影响。

普鲁士在阿尔萨斯地区既没有什么要防御的，也没有什么要夺取的。1792年，普军穿过洛林向香槟地区[3]的进军[4]是在骑士精神的驱使下进行的，因此当形势对这次进军不利时，普鲁士对继续作战的兴趣也就只剩下一半了。假如普军是在尼德兰，那么他们就与荷兰有了直接联系（他们几乎可以把荷兰视为自己的国土，因为他们曾于1787年征服过荷兰），就可以保护下莱茵地区，也就保护了荷兰这一普鲁士君主国距战区最近的部分。此外，普鲁士由于得到英国的援助，其与英国的同盟关系也是比较牢固的，在这些情况下，其同盟关系不会轻易地恶化为盟友之间的算计（当时人们认为普鲁士政府是利用盟友关系耍了计谋）。

假如当时奥地利人的主力在上莱茵地区，普鲁士人的全部兵力在尼德兰，奥地利人在尼德兰只留下一支小规模的部队，那么奥普联军就会收到好得多的效果。

1814年，假如人们让巴克莱将军（而非敢作敢为的布吕歇尔）统率西里西亚军团，让布吕歇尔留在主力军团，接受施瓦岑贝格的指挥，那么联军的这一战局也许会彻底失败。

在七年战争中，假如敢作敢为的劳东所在的战区不是普鲁士君主国最牢固的

---

[1]考尼茨（Wenzel Anton Kaunitz，1711—1794），侯爵，奥地利首相。主张联合法、俄，反对普鲁士，但未成功。因奥皇弗朗茨二世即位后与普鲁士结成反法联盟，于1792年离职。——译者注
[2]图古特（Johann Amadeus Franz de Paula Freiherr von Thugut，1736—1818），男爵，奥地利政治家，曾任奥地利外交大臣（1793—1801），推行反普、反法的外交政策，积极推动英、俄、奥结成反法联盟。——译者注
[3]香槟地区（die Champagne），历史上法国一地区名，今香槟-阿登大区的一部分。——译者注
[4]指1792年奥普联军进攻法国。——译者注

西里西亚地区，而是帝国军队所在的地区，那么整个战争的情况也许就完全不同了[1]。为进一步认识这个问题，我们必须根据主要不同点，对下列情况进行考察：

第一种情况是，我们与其他国家共同作战，而这些国家不仅是我们的盟友，而且有各自的利益。

第二种情况是，盟国的军队前来是为了支援我们。

第三种情况是，只谈将领们的个人特点。

对前两种情况，可能有人提出这样的问题：是应像1813年和1814年那样把不同国家部队完全混编，以至具体一路部队是由不同国家部队组成的？还是应尽量将各国部队分开，以便每支部队能更独立地行动？

显然第一种做法最有利，但前提是要有一定程度的友好关系和共同的利益，而这种情况是很少的。在各国部队混编的情况下，各国政府很难追逐各自的利益，指挥官们各自自私的想法所起的有害影响就只能表现在次一级指挥官们的身上，即只表现在战术范围，而且即使是在战术范围，这种自私的想法也不像在各国部队完全分开时那样可以不受惩罚地、自由地表现出来。而在各国部队完全分开时，这种有害影响就会转而进入战略范围，能够在决定性的步骤中起作用。但是正如我们说过的，要采取第一种做法，政府方面必须具有罕见的奉献精神。1813年，紧迫的形势促使各国政府向这个方向努力。当时派出部队最多并对局势好转贡献最大的俄国皇帝并未出于虚荣心要求俄军独立作战，而是把他们交给了普鲁士和奥地利的指挥官，对此是应该大加赞扬的。

如果各国部队不能这样混编在一起，那么他们完全分开自然比半分半合要好。最糟糕的是不同国家的两个独立的指挥官同在一个战区。例如在七年战争中，俄国人、奥地利人和帝国军队就经常是这样。在各国部队完全分开的情况下，要完成的任务也就更多地被分担了，于是各国部队就受到各自任务的压力，在形势的压力下就会采取更多的行动。而如果各国部队联系较多，或者甚至就在同一个战区内，情况就不是这样了，而且一国部队的不良企图会一并阻挠另一国部队的行动。

---

[1] 在七年战争中，奥地利的劳东将军主要在西里西亚作战。作者认为，假如奥地利将劳东部署到帝国军队所在的萨克森和巴伐利亚地区作战，其获得的战果会大得多。——译者注

在前述三种情况中的第一种情况下，各国部队完全分开不会有什么困难，因为每个国家出于自身的利益通常已经为本国部队规定了不同的目标；在第二种情况下，前来支援的部队可能没有自己的目标，此时受援国的部队通常只能完全从属于前来支援的部队（如果前来支援部队的兵力在某种程度上适合这样做的话）。奥地利人在1815年战局末期以及普鲁士人在1807年战局中就是这样做的[1]。

至于将领们的个人特点，就转而涉及每个人了。但是我们不能不提出一个总的看法，即不要任命最小心和最谨慎的那些人来担任从属部队的指挥官（通常很容易做出这样的任命），而是要让**最敢作敢为的那些人**来担任，因为我们曾经指出，在部队分开行动时要想取得战略上的成果，最重要的莫过于每个部分都积极行动，以充分发挥各自的力量。只有这样，在某一地点可能犯的错误才会被在其他地点的敏捷行动抵消。只有指挥官行动迅速和敢作敢为，受到其内在欲望和内心驱动前进时，人们才有把握看到各部分充分行动起来。仅是客观和冷静地考虑是否有必要采取行动，很难使军队充分行动起来。

最后我们还要指出，在使用部队和统帅时，只要情况允许，就应该根据其特点和地形情况规定其任务。

常备军、训练有素的部队、数量众多的骑兵、谨慎而理解力强的年长指挥官，应该用于开阔地带；民兵、民众武装、临时组织起来的底层民众、敢作敢为的年轻指挥官，应该用于林地、山地和山口；前来支援的部队应该用于他们喜欢去的富庶地区。

迄今我们从总的方面谈了战争计划，在本章中又专门谈了以打垮对手为目标的战争计划。在所有这些论述中，我们的意图是突出战争计划的目标，并指出为达到目标而准备手段和方法时应遵循的指导原则。我们想通过这样的论述使读者清楚地意识到，在这样的战争中应该追求什么和应该做什么。我们想强调必然的和普遍的东西，同时给特殊的和偶然的东西留下余地，但是我们想去除那些**任意的、无根据的、不严肃的、幻想的或诡辩的东西**。如果达到了这个目的，那么我

---

[1] "1815年战局"有可能是"1805年战局"之误，因为在1815年战局中，反法联军之间并没有支援和被支援的关系。1805年战局中的奥地利和1807年战局中的普鲁士都受到俄军的支援，而且在战局末期都主要依靠援军进行战争。奥地利在1805年奥斯特利茨会战失败后，以及俄普联军在1807年弗里德兰会战失败后，都与法国签订了和约，俄军即退出战场。——译者注

们就认为已经完成了任务。

谁要是因为我们在这里没有谈到迂回江河、利用控制点控制山地、避开坚固阵地和国土的锁钥等问题而感到非常奇怪，谁就是没有理解我们，而且在我们看来，他还没有从大的方面理解战争。

我们在前几篇中已经总的勾勒出这些问题的特点，并且指出其作用往往比其"名声"小得多。在以打垮敌人为目标的战争中，它们就更不能，也不应起大的作用了，也就是说不应对整个战争计划产生大的影响。

关于最高指挥权的问题，我们将在本篇的最后用专门的一章加以论述[1]。

现在我们以一个例子来结束这一章。

如果奥地利、普鲁士、德意志邦联、尼德兰和英国决定对法国开战，而俄国保持中立的话（这是150年来经常出现的一个情况），那么它们是有能力进行一场以打垮对手为目标的进攻战争的，因为无论法国多么幅员辽阔和强有力，毕竟还是有可能出现下面的情况：它的大半国土被敌军淹没，首都被占领，外援不足（除了俄国以外没有一个大国能够给予它有效的支援），西班牙离得太远，所处位置也极为不利，意大利各邦目前又太腐朽，没有力量。

对法作战的上述国家即使不算其在欧洲以外的领地也有7500万以上的人口，而法国只有3,000万人口。这些国家如果对法国进行一场认真的战争，可以毫不夸张地提供以下军队员额：

奥地利	25万人
普鲁士	20万人
其他德意志各邦	15万人
尼德兰	7.5万人
英国	5万人
	计72.5万人

如果这些军队确实能够投入作战，那么就极有可能远远超过法国能与之对峙的兵力，因为法国在拿破仑统治时期从未有过类似规模的军队。如果我们再考虑到，法军还要分兵用于要塞守备、建立补给站以及海岸线警戒等，那么我们就不

---

[1] 原文如此，疑误。本篇并没有这一章。——译者注

会怀疑联军在主要战区很可能占据大的优势,而这个优势正是打垮敌人这一目的的主要基础。

法兰西帝国的重心在于其军队和巴黎。联军的目标应该是在一次或几次主力会战中战胜法军,占领巴黎,并将法军余部赶过卢瓦尔河[1]。法兰西君主国的心脏地带位于巴黎和布鲁塞尔之间。在那里,从边境到首都只有30普里。联盟中的部分国家即英国、尼德兰、普鲁士和北德意志各邦在那里都有其自然的部署地点,有的国家就位于这个地带附近,有的就在这个地带的背后。奥地利和南德意志只有从上莱茵地区出发才便于对法作战。因此联军最自然的进攻指向是特鲁瓦和巴黎,或者是奥尔良[2]。从尼德兰和上莱茵地区发起的这两路进攻是非常直接、自然、简捷而有力的,都指向敌军重心。全部敌军应是分布在这两个地点[3]的。

只有两点考虑与这个计划的简单性有矛盾。

奥地利人不会全部离开意大利,他们无论如何要对那里的局势保持控制,因此奥地利人不会同意通过对法国心脏的进攻来间接保护意大利。鉴于意大利的政治状况,对奥地利的这个次要意图也是无可厚非的。但是如果把从意大利进攻法国南部这个已经尝试过多次的陈旧想法与奥地利的次要意图联系起来,并因此而向意大利派去大量部队(而意大利在首个战局中仅为防止出现极端的不利是不需要这么多兵力的),那么此举将是一个十分确切的错误。如果人们不想违背"**计划统一、兵力集中**"这个主要考虑,那么在意大利就只应保留在首个战局中为防止出现极端不利所需的少量兵力,而不应从主要行动中抽出更多的兵力。欲在罗讷河[4]畔征服法国,就像是要用刺刀尖举起一杆步枪,是不可能做到的。对于进攻法国南部,即使作为次要行动也应该加以反对,因为这种进攻只会激起新的力量来反对我们。对遥远地区的每一次进攻,都会把本应沉寂的利害关系和活动搅动起来。只有实际情况表明留在意大利仅为保障该地安全的兵力过多,即无所事

---

[1] 卢瓦尔河(die Loire),法国流入大西洋的最大河流,长1,004公里。——译者注
[2] 奥尔良(Orléans),今法国卢瓦尔省一城市,位于卢瓦尔河畔,东北距巴黎120公里。——译者注
[3] 原文如此。从上文理解,仅指巴黎和特鲁瓦或巴黎和奥尔良。——译者注
[4] 罗讷河(die Rhone),法国第二大河,发源于瑞士南部,流经法国东南部,长812公里。——译者注

事的时候，从那里进攻法国南部才是正确的。

因此我们再重复一遍：留在意大利的部队应该少到情况允许的最低程度，只要保障奥地利人不至于在一次战局中丧失整个意大利就足够了。在我们这个例子中，这个兵力可以假设为5万人。

另一个考虑是法国是一个滨海的国家。由于英国在海上占上风，法国的整个大西洋沿岸很容易受到威胁，因此它或多或少要派兵防守。不管派去的防守力量是多么少，法国要防守的边境长度毕竟会因此而增加两倍，为此肯定要从战区的法军中抽调一些兵力。英国人可调用2万或3万人的部队登陆，用以威胁法国。这些兵力也许会牵制两倍或三倍的法军，而且人们在此不仅要考虑到法军所需的部队，还要考虑到舰队和海岸炮台所需的经费和火炮等。我们假设英国为此投入2.5万人。

这样，我们的战争计划简单说应包括以下内容：

第一，在尼德兰集结：

普鲁士人	20万人
尼德兰人	7.5万人
英国人	2.5万人
北德意志各邦部队	5万人
	计35万人

其中约5万人用于占据边境要塞，其余30万人向巴黎推进，对法军发起主力会战。

第二，20万奥地利人和10万南德意志各邦部队集结于上莱茵地区，以便与从尼德兰出发的军团同时推进，具体是向塞纳河上游地区，进而向卢瓦尔河方向推进，同样对法军发起主力会战。上述这两个方向上的进攻也许会在卢瓦尔河畔合二为一。

这样，主要的内容就已经确定了。我们接下来要谈的主要与消除错误观念有关：

第一，统帅们应努力寻求进行计划中的主力会战，在拥有兵力优势和能够带来决定性胜利的有利条件下发起主力会战。为了这个目的，统帅们应该不惜一切，而在要塞围攻、包围、守备等方面应该尽量少用兵力。如果统帅们像施瓦岑贝格在1814年所做的那样，一踏进敌国就呈离心状散向四方，就会失去一切。

联军在1814年之所以没有在头两周内真的失去一切，只是多亏当时的法国软弱无力。进攻应该像一支用力射出的箭，而不应像一个膨胀到破裂的肥皂泡。

第二，联军应该把瑞士的安全交由其自己的力量去处理。如果瑞士保持中立，那么联军在上莱茵地区就有了一个良好的依托点；如果瑞士受到法国的进攻，那么它可以自卫，瑞士在很多方面是非常适于自卫的。最愚蠢不过的想法就是认为瑞士既然是欧洲地势最高的国家，那么它在地理上就能对战事产生决定性的影响。其实，这样的影响只有在某些特定的、很受限制的条件下才会出现，而瑞士根本不具备这样的条件。法国人在本国的心脏地带受到进攻的同时，不可能从瑞士向意大利或士瓦本发起有力的攻势，因此人们根本不能将瑞士的高海拔位置看作是决定性的情况。战略上拥有制高点所带来的好处首先主要是对防御重要，而对进攻来说，剩下的重要性可能表现在某次突击中。谁不了解这一点，谁就是没有想明白这一问题。如果将来在当权者和统帅主持的会议上出现一位学识渊博的参谋，忧心忡忡地抖搂出这番聪明话来，那么我们现在就可以预先声明，他的这番话是毫无价值的胡说。我们希望在这样的会议上能出现一位经验丰富的军人、一位有健全思维能力的人去堵住这位参谋的嘴。

第三，对这两路进攻部队之间的地区，我们可以不管。当60万人集结在距巴黎30~40普里的地方，准备向法国的心脏发起进攻时，难道还要去考虑保护中莱茵地区，包括柏林、德累斯顿、维也纳和慕尼黑吗？考虑这个问题是违背常识的。联军应该保护交通线吗？这个问题并非不重要，但是之后人们可能从这里做逻辑上的推论，认为保护交通线必须用和进攻一样强大的兵力，并赋予它和进攻一样的重要性，从而不是根据各国地理位置的要求分两路推进，而是不必要地分三路推进，然后这三路也许会变成五路甚至七路，同时相关的陈词滥调就又出现了。

我们所说的两路进攻，每路都有自己的目标。用于两路进攻的兵力极可能显著地超过敌人的兵力。如果每路进攻都十分有力，那么它们只会相互产生有利的影响。如果敌人的兵力分布得很不均衡，我们两路进攻中的一路失利了，那么人们有理由期待另一路进攻的胜利自然地弥补这一失利，这是两路进攻之间真正的内在联系。这两路进攻相距较远，不可能每天就战况相互联系，它们也不需要这种联系，因此直接的，或者更确切地说径直的联系是没有多少价值的。

同时，本国心脏正在受到进攻的敌人也不可能用很大兵力来切断这种联系。

更让人担心的是得到袭扰部队支援的居民会切断这种联系，以至敌人不消耗正规部队就能达到这个目的。为对付这种情况，只要从特里尔[1]向兰斯[2]方向派出一支以骑兵为主的1万～1.5万人部队就足够了。这支部队足以击败任何小股部队，并与大部队齐头并进。它不必包围或监视要塞，而只需从要塞之间通过；它不必占领任何牢固的基地，遇到优势之敌，避向任何方向即可；它也不会大败，即使大败，对整体来说也不是大败。在这种情况下，这样一支部队很可能足以构成两路进攻的中间点。

第四，两个次要行动（奥军在意大利的行动和英军登陆部队的行动）有可能以最好的方式实现其目的。只要不是无所事事，那么从大局来看，他们就已经达到了目的。无论如何，前述两路大规模进攻中的任何一路都绝对不能以任何方式依赖这两个次要行动。

我们坚信，如果法国再想采取傲慢态度，像过去的150年里那样压制欧洲，那么我们就可以用这种方式每次都打败和惩罚法国。只有过了巴黎，到达卢瓦尔河畔，我们才能从法国那里获得欧洲安宁所必需的条件。只有这样，3000万人对7500万人的人口自然比例关系才能迅速地呈现出来，而不会像150年来那样，各国军队从敦刻尔克[3]到热那亚[4]虽然像一条带子那样围住法国，但各国追求着四五十个不同的狭隘目的，没有一个足以克服普遍存在的，尤其是在联军中产生并反复出现的惰性、阻力和外来影响。

读者自然会注意到，德意志邦联军队目前的部署与这里要求的部署很不相符。在这一邦联中，德意志各邦构成了德意志力量的核心，而普鲁士和奥地利却被这个核心削弱，失去了它们应有的分量。但是一个邦联国家在战争中是一个很脆弱的核心，在那里不可能想象会有什么一致性、能量以及对统帅的理智选用、威信、责任心等等。

---

［1］特里尔（Trier），今德国莱茵兰-普法尔茨州西部一城市，位于摩泽尔河畔。——译者注
［2］兰斯（Reims），今法国东北部马恩省一城市，位于马恩河与韦勒河之间，西南距巴黎约130公里。——译者注
［3］敦刻尔克（Dunkerque），今法国诺尔省一海港城市，位于北海沿岸，东距法国和比利时边境10公里。——译者注
［4］热那亚（Genua），今意大利热那亚省省会，位于热那亚湾内。——译者注

奥地利和普鲁士是德意志帝国[1]突击力量的两个自然的中心，它们构成真正的打击力量，是锋利的刀刃，它们是君主国家，惯于征战，有各自明确的利益。它们是独立的强国，领先于其他国家。德意志的军事建设应该以这些自然的线条轮廓为基础，而不应以有关统一的错误主张为基础。在目前情况下，统一是完全不可能实现的，而谁要是因追求不可能的事而错失可能的事，谁就是一个蠢人。

---

[1]此处的德意志帝国指的是德意志民族神圣罗马帝国（962—1806），而非历史上的德意志帝国（1871—1945）。——译者注

★ 附录1 ★

作者在1810年、1811年和1812年为王储[1]殿下讲授军事课的材料

一、呈高迪将军审阅的授课计划

我认为，王储殿下从我这里得到的军事艺术方面的知识只应是基础知识，应能够帮助殿下理解近代战史。基于这一观点，我认为重要的是为王储清晰地讲授战争的概念，而且讲授的内容不能太详尽，不能要求殿下付出太多的精力。

要想完全掌握一门科学，必须在一个时期内把自己的精力和时间主要用在这门科学上，而这对王储来说似乎为时尚早。

基于这些考虑，我选择了以下授课方法。我觉得这种方法最适合一个青年人的自然的思考过程。

授课时，我将尽最大努力做到：首先，把内容讲得让王储能够理解，否则即使是这位最好学的学生也很快就会感到无聊，注意力分散，并对课程心生厌恶。其次，在任何问题上，都不能给王储讲授错误的概念，否则就会给以后更详细的讲授或者其自学带来诸多困难。

为了达到第一个目的，我将始终努力把授课内容与人的自然理解力密切地结

---

[1]即普鲁士国王威廉三世（1770—1840）的长子，后来的普鲁士国王弗里德里希·威廉四世（Friedrich Wilhelm Ⅳ., 1795—1861），1840—1861年期间为普鲁士国王。——译者注

合起来，并且注意摆脱所谓科学的系统性和学校的教学方式。

现在我将仓促拟订的授课计划呈送阁下审阅，如有不合尊意之处，恳请予以订正。

要想理解战史，除了必须具备有关兵器和兵种的基础知识外，主要还要掌握一些所谓应用战术（或称高等战术）和战略的概念。实际上，战术（或称战斗学）是主要的课程，这一方面是因为战斗起决定作用，另一方面是因为大部分要讲授的内容都是战术内容。战略（或称为实现战局目的而综合运用各个战斗的学问）更多的是自然形成的、成熟的判断力的一种活动；但是人们至少必须清楚地说明在战略中出现的一些内容，并且指出它们之间的联系。

在这种概略的讲授中，在讲授战术防御时讲授野战筑垒术，在讲授战略期间或之后讲授永备筑垒术，是最恰当的。

战术本身包含两种不同的内容。其中一种是在不了解整体的战略关联时也可以理解的，例如各种较小规模部队（从步兵连、骑兵连直到由各兵种的旅）在各种地形上的部署和战斗方式；另一种是与战略概念有联系的，例如整个军和军团在战斗中的行动、前哨、小规模战争等，因为在这里出现了位置、会战、行军等概念，而如果不了解整个战局的关联，就无法理解它们。

因此，我将把这两种内容分开讲授，先对战争概念做个非常浅显的描述，然后再讲战术（或较小规模部队在战斗中的行动），在讲到整个军和军团的纯粹的部署（战斗序列）时停下，以便回过来再对战局做一个概述，进一步指出有关事物的关联，然后再讲战术的其他内容。

最后，通过再次介绍一个战局的过程，开始讲解战略，以便从这个新的角度来考察各个问题。

由此得出下面的授课顺序：

武器

火药、滑膛枪、线膛枪、火炮及其附件。

炮兵

关于平射装药和曲射装药的概念。

火炮的操作。

一个炮兵连的编成。

火炮和弹药的费用。

火炮的效应——射程——命中率。

其他兵种

骑兵，轻骑兵、重骑兵。

步兵、轻步兵、重步兵。

编队——任务——特点。

应用战术或高等战术

关于战争、战斗的一般概念。

小部队的部署和战斗方式。

在各种地形上的步兵连（有炮兵时和无炮兵时）。

在各种地形上的骑兵连（有炮兵时和无炮兵时）。

步兵连和骑兵连的共同行动。

步兵连和骑兵连在各种地形上的共同行动。

一个由若干个旅组成的军的战斗序列。

一个由若干个军组成的军团的战斗序列。

（上述最后两点与地形无关，因为否则就会出现位置的概念。）

关于一个战局的较详细的叙述。

战局开始时军团的编成。

军团在行军和占领阵地时需要采取的警戒措施，例如前哨、巡逻、侦察——分遣队——小规模军事活动。

军团选择的阵地应该使军团能够在阵地上进行自卫。

战术防御——防御工事。

从在这样的阵地向敌人发起进攻——战斗中的行动——会战——退却——追击。

行军——江河防御——过河——扼守要地——舍营。

战略

从战略的角度对一次战局和整个一次战争的概述。

决定战争成果的是什么。

行动计划。

行动线——给养制度。

进攻战。

防御战。

阵地——扼守要地——会战——行军——江河防御和渡河。

舍营。

冬季宿营。

山地战。

战争理论,等等。

永备筑垒术和围攻战,不在战略之前讲,就在最后讲。

二、最重要的作战原则
(为王储殿下授课的补充内容)

这些原则虽然是我较长时间思考和不断研究战史的结果,但只是仓促写出来的,在形式上经不起严格的评析。此外,我只是从大量问题中突出了最重要的问题,因为在这里简短扼要是很重要的。因此,这些原则无法使殿下获得完整的教益,更多的是促使殿下自己思考,并为这种思考提供一个主要的思路。

(一)作战的一般原则

1. 战争理论主要是研究怎样能够在决定性的地点得到在物质力量和有利条件方面的优势,即使理论无法做到这一点,也要教导人们考虑到士气要素:考虑到敌人很可能犯的错误,考虑到一次大胆行动给人的印象等,当然也要考虑到我们自己悲观失望的情况。所有这一切绝不是在军事艺术及其理论范围之外的,因为军事艺术理论无非是对人们在战争中的各种可能处境所做的一种理智的思考。

第八篇
战争计划

人们必须最经常地考虑所有这些处境中最危险的处境，并对它做好最充分的准备。这样人们就会根据理智的理由做出英勇的决定，此后任何冷漠的仔细推敲者都无法动摇这种决定。

谁要是对殿下就上述内容做出其他的解释，谁就是一个书呆子，其见解只会对您有害处。未来在人生的重要时刻，在会战的混乱中，殿下将清晰地感觉到，在最需要帮助的地方，在枯燥无意义的数字抛弃我们的时候，只有上述这种见解才能帮助我们摆脱困境。

2. 当然人们在战争中无论是指望得到物质上的还是精神上的优势，总是力求使自己拥有获胜的可能性，不过这一点并不是总能做到的。在这种情况下，**如果人们没有什么更好可做的**，就要不时为**加大**这一获胜的可能性而采取些行动。如果此时丧失信心，那么我们就是恰恰在看上去一切正合谋反对我们的时候，在最需要理智思考的时候，却停止了理智的思考。

因此，即使人们获胜的可能性不大，也不应因此就认为采取行动是不可能的或者是不理智的；如果我们没有比采取行动更好的办法，那么在我们拥有手段虽然不多但已经尽量安排好一切的情况下，采取行动就总是理智的。

在战争中，沉着和坚定总是最先受到考验，在上述情况下是很难保持住的，而如果没有它们，人们即使有最灿烂的才智也会一事无成。为了在上述情况下保持沉着和坚定，人们必须树立光荣牺牲的观念，并不断地培育和习惯这一观念。殿下，请您相信，如果一个人没有这种坚定的决心，那么即使他是在最幸运的战争中，也干不成什么大事，更不用说在最不幸运的战争中了。

在弗里德里希二世的首次西里西亚战争中，肯定是这一观念在支配着他的行动。在那个令人瞩目的12月5日，他之所以在洛伊滕[1]附近向奥地利人发起进攻，正是由于他树立了这一观念，而不是由于他算出来用斜向战斗序列极有可能击败奥地利人。[2]

3. 当殿下在某个情况下要选择采取何种行动和何种举措时，您总是可以在最大胆的和最谨慎的之间选择。有些人认为，理论总是建议人们选择最谨慎的行动

---

[1]洛伊滕（Leuthen），即今波兰下西里西亚省村庄卢蒂尼亚（Lutynia），位于该省首府布雷斯劳附近。——译者注
[2]指洛伊滕会战。

和举措，这是错误的。如果理论提出什么建议的话，它也是会建议人们选择最具决定性的，即最大胆的行动和举措，这才是符合战争本性的，但是理论在此也会放手让统帅根据他自己的勇气、进取精神和自信心的大小进行选择，因此就请殿下根据这种内心力量的大小进行选择吧！但是请您不要忘记，任何统帅如果没有勇敢精神是不会成为伟大统帅的。

（二）战术或战斗学

战争是由很多单个战斗的组合构成的。尽管这一组合会有明智或不明智之分，而且战争的结局会在很大程度上取决于它，但首先战斗本身毕竟比组合更重要，因为只有胜利的战斗的组合才能给出好的结果，因此战争中最重要的永远是在战斗中战胜对手的艺术。殿下应尽量把注意力和思考运用到这个问题上来。下列原则，我认为是最重要的。

1. 一般原则

（1）防御的一般原则

①防御时应尽量长时间地让部队保持隐蔽。由于防御者除了自己进攻的时刻以外，随时都可能受到进攻，也就是说，他是处于防御状态的，因此他必须始终尽量隐蔽部署。

②不要立即把所有部队都投入战斗，否则指挥战斗时的一切智慧就没有了用武之地。只有手中有可调用的部队，才有可能扭转战斗局势。

③很少或者甚至根本无须考虑正面部队兵力的多寡，因为正面兵力多寡本身是无关紧要的，限制阵地纵深（前后部署的部队的数量）的是正面的宽度。部署在后面的部队是可以调遣的，既可用于在原来的战斗地点恢复战斗，也可用于邻近的其他地点。这一条是从上述第②条中得出的。

④由于敌人在进攻我部分正面时通常同时进行包抄和包围，因此我方部署在后面的部队适合对付敌人的这种行动，从而替代我方所缺的对地形障碍的依托。相比把这些部队部署在防线上延长正面，它们更适合在后面完成上述任务，因为如果把它们部署在正面，敌人可以很容易地迂回它们。这一条也是对上述第②条的进一步说明。

⑤如果人们有很多可以留用的部队，那么只需要把其中的一部分部署在前线

的正后方，其他部队则可部署在侧后方。

部队从侧后方阵地上可以对迂回我各路部队的敌翼侧部队发起进攻。

⑥一个主要原则是：决不要采取完全被动的防御，而是要从正面或侧面进攻敌人，即使是在敌人正进攻我们的时候也要这样做。防御者在一定的战线上进行防御，仅是为诱使敌展开兵力进攻这段防线，然后用自己保留的其他部队转入进攻。正如殿下有一次非常正确地讲过的那样，筑垒术对防御者所起的作用，不应该是让他可以像躲在城墙后面那样更安全地进行防御，而是应该让他可以更有效地进攻敌人。这正是人们对所有被动防御要说的话。防御始终只是一种我们在预先选定的、部署好部队的，并已经做好各种准备的地带对敌进行有利进攻的手段。

⑦这种防御中的进攻，可以在敌人确实向我们发起进攻时进行，也可以在他正开向我们时进行。我们还可以在敌发起进攻时后撤部队，诱敌进入一个对他来说陌生的地段，然后再从四面扑向他。纵深部署（只把2/3或1/2甚至更少的兵力部署在正面，把其余兵力尽量隐蔽部署在正后方或侧后方）对上述所有部署方式都是非常适用的，因此这种部署方式具有无比的重要性。

⑧假如我有两个师，那么比起并列部署，我更愿意将其前后部署；假如我有三个师，那么我会**至少保留一个师**；有四个师时，很可能保留两个师；有五个师时，至少保留两个师，在某些情况下也许会保留三个师；等等。

⑨在被动防御的地点，我们必须利用筑垒术，但要在那些非常坚固的、完全自成一体的工事中进行防御。

⑩在制订战斗计划时，必须选择一个**大**的目的，即进攻敌一路大部队，并彻底战胜它。如果我们选择了一个小的目的，而敌人却在追求一个大的目的，那我们显然就吃亏了。在赌博时要用银币压倒铜钱。

⑪如果防御者在自己的防御计划中预设了一个大的目的（例如消灭敌人的一路部队等），那么就必须以最大的干劲竭尽全力地争取达到这一目的。在大多数情况下，进攻者会在另外一个地点追求他的目的；当我们进攻他的右翼部队时，他会试图用他的左翼部队来赢得决定性的好处。如果我们先敌松懈下来，争取实现意图的干劲小于敌人，那么敌人就会完全达到其目的，夺得全部好处，而我们只能得到一半好处。这样敌人就占了优势，胜利就会是他的，而我们就不得不放

弃刚得到的那一半好处。殿下如果仔细读一读雷根斯堡会战[1]和瓦格拉姆会战的历史，就会发现这个道理既正确又重要。

在这两次会战中，拿破仑皇帝都是以他的右翼部队发起进攻，并试图以左翼部队进行防御。卡尔大公也是这样做的。但是前者在做这一切时非常果断，倾尽全力，而后者犹豫不决，总是半途而废。卡尔大公赢得胜利的部队得到的都是些无足轻重的好处，而拿破仑皇帝在相同时间段的对面地点上赢得的却是**决定性**的好处。

⑫请您允许我把上述最后两个原则再概括一下。这两个原则结合在一起得出的结论在今天的军事艺术中应该被视为全部制胜因素中的首要因素，即"以干劲和坚持不懈去追求一个大的、决定性的目的"。

⑬如果这样做没有成功，那么行动者面临的危险就会因此而增大，这是实情。但是以目的为代价换取更多谨慎不是艺术，因为换来的是一种错误的谨慎，是违背战争本性的，正如我在一般原则中已经讲过的那样。在战争中，为达到大的目的，人们必须敢于做大事。如果人们在战争中敢于采取行动，同时不是出于懒惰、怠慢和轻率而放弃寻找和运用那些手段，而且不会削弱我们追求实现目的，那么这就是正确的谨慎。拿破仑皇帝的谨慎就是如此，他在追求大的目的时还从未出于谨慎而畏缩不前和半途而废。

殿下只要回忆一下历史上为数不多的获胜的防御会战就会发现，其中最漂亮的都是符合这里所提原则的精神的，因为这些原则正是从战史研究中得出来的。

在明登会战[2]中，斐迪南公爵突然出现在一处敌人未预料到的战场，并转入进攻，同时在托滕豪森[3]附近的工事后面进行被动防御。

---

［1］指1809年4月19—23日，法国和奥地利之间进行的一系列战斗，统称雷根斯堡会战。

［2］1759年7月，法国和萨克森联军占领普鲁士城市明登（Minden，今德国北莱茵-威斯特法伦州东北部一城市，位于威悉河畔）。斐迪南公爵率英国、普鲁士、布伦瑞克-吕讷堡、黑森-卡塞尔联军在明登附近的托滕豪森和库滕豪森一线占领阵地。8月1日，法国-萨克森联军的右翼部队炮击斐迪南公爵在托滕豪森附近的左翼，但中央和左翼被斐迪南公爵击败。次日，明登守军投降。——译者注

［3］托滕豪森（Todtenhausen），今德国北莱茵-威斯特法伦州东北部城市明登的一个市区。作者在原作中给出的地点是坦豪森（Tannhausen，今德国巴登-符腾堡州一小镇），应为笔误。——译者注

在罗斯巴赫会战[1]中，弗里德里希二世在敌人未预料到的地点和时刻扑向敌人。

在利格尼茨会战[2]中，奥地利人白天曾查明普鲁士国王[3]在一个阵地上，夜间却在另一个阵地上遭遇到了国王。国王用全部兵力扑向敌人的一路部队，并在其他敌军赶到之前击败了这路部队。

在霍恩林登会战中，莫罗在正面部署了五个师，在后方和侧后方保留了四个师。他对敌人进行了迂回，并在敌右路部队发起进攻之前，先对它发起了进攻。

在雷根斯堡会战中，达武元帅进行被动防御，同时拿破仑以右翼部队对敌第5军和第6军发起进攻，并彻底击败了它们。

在瓦格拉姆会战中，奥地利人本来是防御者，但是由于他们次日以绝大部分兵力对拿破仑皇帝发起了进攻，因此我们也可以把拿破仑视为防御者。拿破仑以其右翼部队对奥军左翼部队发起进攻，迂回并击败了奥军左翼部队；同时他不顾自己在多瑙河畔兵力十分薄弱的左翼部队（只有一个师），利用强大的预备队（纵深部署）使奥军右翼部队的胜利没有对他在鲁斯巴赫河[4]畔的胜利产生不利影响，而且还用这些预备队夺回了阿德克拉[5]。

上面列举的会战并不是每一个都清晰地体现了所有前述原则，但是这些会战都是积极的防御。

弗里德里希二世指挥下的普鲁士军队的机动性对他来说是取得胜利的一个手段，而我们现在不能再寄希望于这种手段了，因为其他国家的军队至少已经具有和我们同样的机动性。另外，在那个时代，迂回还不是很普遍，因此纵深较大的

---

[1] 1757年11月5日，普鲁士国王弗里德里希二世率领2.2万人，在萨克森选帝侯国的罗斯巴赫（Rossbach，今德国萨克森–安哈尔特州城市布劳恩斯贝德拉[Braunsbedra]的一部分）附近与法国和神圣罗马帝国联军计4.1万人进行会战并获全胜。普方伤亡500余人，联军方面伤亡3000余人，并有7000余人被俘。——译者注
[2] 1760年8月15日，普鲁士国王弗里德里希二世率领1.6万人，在下西里西亚的利格尼茨（Liegnitz，即今波兰下西里西亚省城市莱格尼察，位于卡茨巴赫河左岸）附近与劳东率领的奥军3.2万人进行会战，并战胜对方。普方伤亡3300余人，奥军伤亡3800余人，并有4700余人被俘。——译者注
[3] 指弗里德里希二世。——译者注
[4] 鲁斯巴赫河（der Russbach），多瑙河的一条支流，流经今奥地利瓦格拉姆等地，长约71公里。——译者注
[5] 阿德克拉（Aderklaa），今奥地利下奥州一小镇，位于维也纳与瓦格拉姆之间。——译者注

部署不是很有必要。

（2）进攻的一般原则

①应力求以大优势兵力进攻敌阵地的一点，即敌军的一个部分（一个师，一个军），同时使敌军的其余部分处于不安状态（牵制它们）。只有这样，我们才能在兵力相等或较少的情况下在战斗中占有优势，即有获胜的可能性。如果我们兵力很少，那么就只能用很少的兵力在其他地点牵制敌人，以便在决定性的地点集中尽可能多的兵力。弗里德里希二世之所以能取得洛伊滕会战的胜利，无疑只是因为他把为数不多的部队部署到了一个不大的地方，而在这一地点上，其兵力与敌人相比是非常集中的。

②主攻应该指向敌人的一翼，方法是从正面和侧面进攻这一翼，或者完全对这一翼进行迂回，从背后发起进攻。只有在取得胜利的同时将敌人从其退却线上赶走，才能取得大的战果。

③即使兵力很多，进攻者也只应选择一点作为主攻方向，以便在这一点上集中更多的兵力，因为要正式包围一个军团，只在极少数情况下才是可能的，或者说要有巨大的物质优势或精神优势才行。进攻者也可以从敌翼侧的一点将敌人从其退却线上赶走，这就已经可以带来大的战果。

④有把握地（非常可能地）获得胜利，也就是有把握地把敌人逐出战场才是要事。会战计划必须围绕这一点来制订，因为通过有力的追击很容易使已经取得的、但不确切的胜利成为决定性的胜利。

⑤主力部队在进攻敌翼侧时应该力求对其进行向心状的进攻，也就是说要让其部队四面受敌。即使假设敌人在这里有足够的兵力可以向各方向作战，但在这种情况下还是更容易失去勇气，受到更多的损失，陷入混乱，等等。总之，我们这样做就有望更快地击败敌人。

⑥这样包围敌人时，要求进攻者在正面比防御者展开更多的兵力。

如果a、b、c各部队要向敌军的部队e发起向心状进攻，那么这几支部队自然要相邻部署（如图1）。但是我们在正面展开的兵力决不要大到未保留大的预备队的程度，否则就是我们最大的错误，而且如果对手对迂回已有所准备，那么这一错误将导致我们大败。

图1　　　　　　　　　　图2

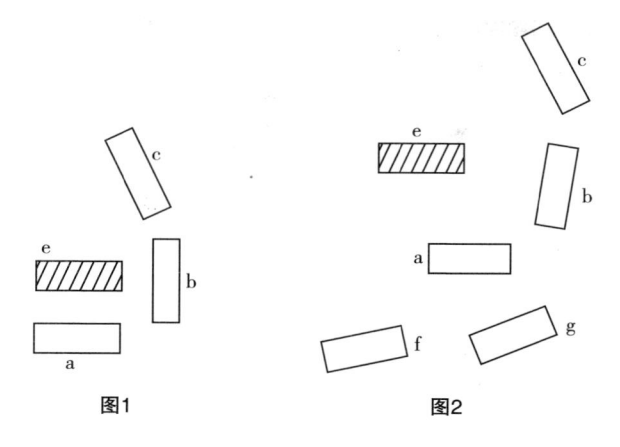

如果a、b、c各部队进攻敌军部队e，那么f、g部队就是保留的预备队（如图2）。有了这个纵深部署，进攻者就有能力在进攻地点不断组织新的进攻，而且当进攻者的部队在另一翼被击败时，不至于被迫立即放弃在此的战斗，因为他拥有一些可以迎敌的力量。法国人在瓦格拉姆会战中就是这样。当时法军左翼在多瑙地区与奥军右翼对峙，兵力非常少，而且已被彻底击败。即使是法军在阿德克拉附近的中央部队，兵力也不是很多，在会战首日即被奥军击退。但是这一切都未产生任何影响，因为法国皇帝[1]以其右翼从正面和侧面进攻奥军的左翼，并在这一翼采取了纵深部署，以至他可以用一路强大的骑兵和骑炮兵将奥地利人挤向阿德克拉。在那里，他虽未击败奥军，但毕竟把他们挡住了。

⑦在进攻中，如同在防御中一样，也必须选择敌军的一个部分作为进攻对象，并要求这一部分的大败能给我们带来决定性的好处。

⑧在进攻中，如同在防御中一样，在目的尚未达到，或者手段尚未用尽之前，决不应该松弛下来。如果防御者也是积极行动的，在其他地点向我们发起进攻，那么我们要取得胜利就只能在干劲和胆量方面超过他。如果他是被动的，我们当然就不会有什么大的危险。

⑨应该完全避免将部队部署成很长的相互关联的战线，这种部署只能导致现在已经不再适用的平行进攻[2]。

各师虽然都是按照上级的规定行动的，即是经过协调的，但它们是各自遂行

---

[1] 指拿破仑。——译者注
[2] 平行进攻（Parallelangriff），与敌军正面完全对峙的正面进攻。——译者注

进攻的。现在一个师（8000人～1万人）不再编成一个列阵，而是编成两个或者三个，甚或四个列阵，因此已经不再可能有很长的、相互关联的战线了。

⑩不应试图通过从一个地点指挥正在进攻的各个师和军，不应致力于使其在相距较远甚至被敌人分开时仍保持联系和采取准确的一致行动。这是过于强调共同行动的错误的和拙劣的方式。这种方式会受制于千百次的偶然情况，不可能取得什么大的战果，却肯定会被一个有力的对手击败。

正确的方式是给每个军或师的指挥官规定其行军的主要方向，指出目标是敌人，目的是战胜敌人。

这样，每位指挥官接到的命令就是：在发现敌人时，向敌发起进攻，并且要以全部力量。不能让他对结果负责，因为这会让他犹豫不决，他要负责的是他的部队应全力以赴、不惜代价地投入战斗。

⑪一支组织得很好的独立的部队可以在一段时间内（数小时）抵抗极优势之敌的进攻，不会转瞬之间就被消灭。即使它的确过早地与敌人发生了战斗，而且假设它被打败了，但它的战斗对整体来说并非徒劳无益。敌人为对付这一支部队展开并被占用了兵力，从而为我其他部队发起进攻提供了有利的机会。

应该如何为此组织一支部队，我们以后再谈。

因此，各部队之间协调行动的可靠办法是，让每支部队有一定的独立性，各自寻找敌人，并不惜一切代价地进攻敌人。

⑫进攻战的最重要的原则之一就是出敌不意。进攻越是能以袭击的方式进行，进攻者就越是能取得胜利。防御者可以通过隐蔽其举措和部队部署而做到出敌不意，而进攻者只有通过让防御者未预料到的接敌才能做到出敌不意。

但是这种现象在近代战争中是很少见的。其原因一方面在于现在人们有了更好的警戒措施；另一方面在于战争进行得很快，以至行动中很少出现能使一方松懈下来从而给另一方突然袭击机会的长时间的停顿。

在这种情况下，除了**总**是有可能实施真正的夜袭（例如在霍赫基尔希附近）以外，只有先向敌侧面或后方行军，然后再突然向敌人接近，才有可能造成出敌不意。此外，如果我们距敌较远，能够付出非凡的辛劳，通过迅速的行动突然出现在敌人面前，也能做到出敌不意。

⑬真正的袭击（例如在霍赫基尔希附近的夜袭）是一支很小的部队还能采取

些行动的最好手段，但是对不像防御者那样熟悉地形的进攻者来说，这种进攻会受制于很多偶然情况。人们对地形和敌人的部署了解得越不确切，遇到的偶然情况就越多，因此在一些情况下，只能把这种进攻看作是绝望中的手段。

⑭在进行夜袭时，一切部署都应比在白天更简单，更集中。

2. 部队的使用原则

（1）既然人们不能缺少火器（假如可以缺少它们，为什么还要携带它们呢？），那就应该用它们开启战斗。至于骑兵，则应该在我步兵和炮兵已经大量杀伤敌人之后再使用。由此得出以下结论：

①应该把骑兵部署在步兵的后面。

②不要轻易地以骑兵开启战斗。只有在敌人陷于混乱、仓促退却，使我们有了胜利希望的情况下，才应大胆地以骑兵冲向敌人。

（2）炮兵的火力要比步兵有效得多。一个有8门6磅炮的炮兵连所占据的正面还不到一个步兵营正面的1/3，兵力不到一个步兵营的1/8，但其火力效果肯定是一个步兵营的2～3倍。然而炮兵的弱点是不像步兵那样便于机动。一般来说，即使最轻便的骑炮兵也是如此，因为它不像步兵可以用于任何地形。因此人们一开始就应该把炮兵集中在最重要的地点，因为它不像步兵那样可以在战斗过程中再向这些地点集中。在大多数情况下，一个有20～30门火炮的较大的炮兵连对其所在地点的战斗能起到决定性的作用。

（3）根据上述及其他一些明显的特点，可以得出关于使用各兵种的以下规则：

①用炮兵开启战斗，而且一开始就使用绝大部分炮兵；只有在部队规模较大时，才把骑炮兵和步炮兵编入预备队；战斗开始时，人们需要在一个地点上集中较多的炮兵；一个较大炮兵连的20～30门火炮可以防御主要地点，或者轰击我们要进攻的敌人的那部分阵地。

②随后开始使用轻步兵[1]（不管是普通步兵，还是狙击步兵或使用燧发枪的步兵），主要是为了不一开始就投入过多的力量，而是先试探一下当面情况（因为很少能一览无余地看清），观察一下战斗的变化情况，等等。

---

[1] 轻步兵（leichte Infanterie），18世纪时，在步兵列阵前部署的携带轻型装备、便于机动的步兵，目的是在会战正式开始前对敌阵进行不规律的点射，以扰乱敌部署。——译者注

如果进攻者能以这些轻步兵组成的火力线[1]与敌人保持均势，情况又不紧迫，那么就不应急于使用其余力量，而是应尽量以这场战斗拖垮敌人。

③如果敌人投入战斗的部队很多，以致我们的火力线不得不后撤，或者我们不能再坚持下去，那么我们就应该把整个步兵线调上去，在距敌100～200步的地方展开，并根据当时的情况决定对敌射击或发起进攻。

④以上两点就是步兵的主要任务。但是如果我们的部署纵深大，以至还有一路步兵线可作为预备队，那么我们就可以相当有把握地控制这个地点的战斗。这第二路步兵线应该尽量成纵队部署，用于决战。

⑤在战斗中，骑兵应部署在正战斗部队后面不至于受到大损失的近后方，也就是在敌霰弹和滑膛枪射程以外。但是它必须准备随时投入战斗，以便能够迅速地扩大战斗中呈现出的每个战果。

（4）如果人们或多或少地仔细遵守了上述这些规则，那么就是注意到了以下这个原则（对于该原则的重要性，我无论怎样强调都不为过）：

不要图侥幸地把全部兵力一次投入战斗。

如果把全部兵力一次投入战斗，那么我们就会失去主导战斗的一切手段。应该用少量兵力尽量把对手拖垮，应将具有决定作用的较多兵力保存到最后决定性的时刻再使用。这些具有决定作用的兵力一旦投入战斗，就必须最大胆地使用他们。

（5）必须为整个战局或整个战争确定一个战斗序列，即部队在战斗前和战斗中的部署样式。在没有时间进行专门的部署时，这个战斗序列是可以替代专门部署的，因此确定这一战斗序列时应优先考虑防御的需要。这种战斗序列会使军队的作战样式成为某种程式，而这种程式是很有必要和有效的，因为大部分下级将领和较小部队的指挥官都不具备专门的战术知识（这是不可避免的），而且对于战争大概也没有什么突出的天赋。

由此就产生了某种**习惯做法**[2]，在缺少军事艺术的地方代替军事艺术。据我

---

[1]火力线（die Feuerlinie），处于交火中的散兵或成建制的部队组成的、在战术上距敌人最近的战线。——译者注

[2]"习惯做法"，德语为"Methodismus"，是作者创的一个词，意为"Ritual"，即"严格的程序"或"习惯做法"。有的中译本将该词译为"方法主义"或"认识论"，似不妥。——译者注

所知，这种情况在法国军队中已经达到极高的程度。

（6）根据以上我所讲的各兵种使用原则，一个旅的战斗序列大致应该如下：

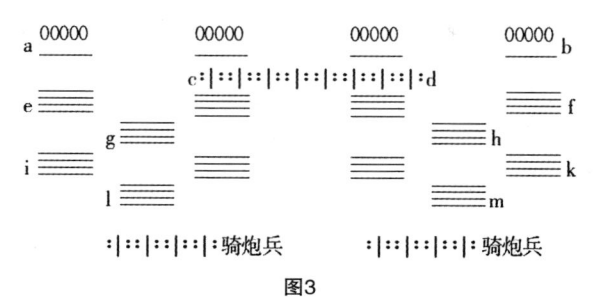

```
a 00000      00000       00000       00000 b
         c|::|::|::|::|::|::|::|::|:d
e ═══         ═══         ═══         ═══ f
         g ═══                   h ═══
i ═══                                 ═══ k
              l ═══         ═══ m
     :|::|::|::|::|: 骑炮兵     :|::|::|::|: 骑炮兵
```

图3

ab是开启战斗的轻步兵线，在复杂地形，某种程度上可以用作前卫部队；然后是炮兵cd，部署在有利的地点，在进入阵地以前要留在第一步兵线的后面；ef是第一步兵线，其任务是向敌开进和开火，如图3所示是四个步兵营；g、h是两个骑兵团；ik是第二步兵线，是预备队，留在决定战斗胜负时使用；l、m是第二步兵线的骑兵。

同样根据上述这些原则，一个大的军也是类似的部署。只要遵循了上述原则，至于战斗序列是否恰好就是这样还是稍有不同，是无关紧要的。例如，在一般部署时，也可将骑兵g、h一起部署在l、m构成的线上，只在个别情况下，例如当这个位置距前方太远时，才把它们调到前面去。

（7）军团是由若干这样有自己的将军和参谋部的独立的军组成的。根据战斗的一般原则，它们左右相邻或前后部署。在这里还要指出一点：如果骑兵不是很少，则应组成一个专门的骑兵预备队，这个预备队当然应该部署在后面，其任务是：

①当敌人从战场上退却时，对其进行追击，并进攻其掩护退却的骑兵。如果我们能够在这个时刻击败敌骑兵，而敌步兵又创造不出什么英勇的奇迹，那么我们就会取得大的战果。较小的骑兵部队在此不会达到这一目的。

②即使敌人是在没有战败的情况下退却的，或者是在会战失败的次日退却的，也应该更迅速地追击他。骑兵比步兵行进快，而且更能令退却中的敌军望而生畏。在战争中，追击是击败敌人以外最重要的事。

③如果要对敌人进行大规模的（战略）迂回，并且由于绕道而需要使用行进较快的兵种，那么就要用骑兵预备队来完成。

为使这支骑兵预备队在一定程度上具有更多的独立性，应该给它配属较多的骑炮兵，因为只有把几个兵种联系起来使用才能产生较大的力量。

（8）部队的战斗序列是针对战斗的；战斗序列就是部队开进战场时的部署。行军的序列基本上是这样的：

每支独立的部队（旅或师，不管它叫什么）都有自己的前卫部队和后卫部队，形成自己的纵队，但是这并不妨碍多支部队沿一条道路先后行军，即在某种程度上总地组成一路纵队。

②部队按照一般的战斗序列行军。正如它在停止前进时根据一般战斗序列形成的并列和前后次序一样，行军时也按此次序。

③各部队自己内部的行军序列应始终保持不变：轻步兵（配属1个骑兵团）担任前卫、后卫部队，其次是步兵，然后是炮兵，最后是其余骑兵。

无论是向敌行军（在这种情况下，这种序列本身就是自然的战斗序列），还是与敌平行行军（在这种情况下想必要把本来的前后部署改为并列部署行军），都应保持这种行军序列。如果人们是开进战场，那么人们肯定有时间把骑兵和第二列阵从左边或右边调上去。

3. 利用地形的原则

（1）在作战时，地形（地貌、地区）能提供两个好处。

第一个是妨碍敌人通行，使他要么不可能向这个地点推进，要么迫使他减缓行军速度，只能保持纵队行进，等等。

第二个是使我军能隐蔽部署部队。

这两个好处都很重要，但是我觉得后者比前者更重要。至少有一点是肯定的，就是人们更经常地享受到第二个好处，因为即使是在最简单的地形上，人们在大多数情况下也可以或多或少地隐蔽部署。

以前人们只知道利用第一个好处，很少利用第二个好处。现在由于各国军队都具备了机动性，人们已经较少能利用第一个好处了，正因为如此，势必应更多地利用第二个好处。对第一个好处只有在防御时才能利用，而对第二个好处在进攻和防御时都可以利用。

（2）地形作为妨碍通行的障碍，主要体现在以下两点：① 作为翼侧的依托；② 作为正面的加强。

（3）要想让翼侧可以依托某地形，就要求该地形完全无法通过，例如一条大河、一个湖泊、一片无法通过的沼泽等。但是这些地形很少见，因此完全可靠的翼侧依托是很少有的，而且现在比以往更少，因为现在部队的运动更多，不再长时间地停留在一处阵地上，因此也就不得不使用战区内更多的阵地。

如果通行障碍不是完全无法通过，那么它实际上就不是翼侧的依托点，而只是一个加强力量的点。在这种情况下，部队不得不部署在障碍的后面，于是对这些部队来说，它又成为一个通行障碍。

用这种方式来保障翼侧的安全虽然仍是有利的，因为这样人们在这个地点上就可以少用些兵力，但是必须防止出现两种情况：第一，完全依靠翼侧的这种坚固性，在后面不留强大的预备队；第二，自己的两翼被这些障碍环绕。由于这些障碍不能彻底保障翼侧的安全，因此不排除在翼侧发生战斗的可能性，而这些障碍会导致极为不利的防御，因为这些障碍让防御者自己很难从一翼出击，进行积极的防御。这样，人们就只得采用所有形式中最不利的形式，即以向后延伸的两个翼侧ad和cb进行防御（见图4）。

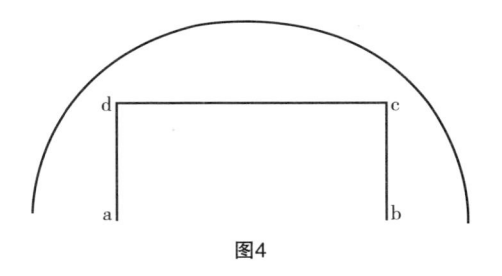

图4

（4）上面的考察又归结到纵深部署了。翼侧的依托越不可靠，就越需要在自己后面留有部队，以便对敌人的迂回部队进行迂回。

（5）所有人们无法从正面通过的地形，所有小的地点，所有由于有众多灌木丛和壕沟而建起的田地的树篱和围墙，所有泥泞的草地，以及所有要费些力气才能登上的山岭，都属于那种虽然能够通过但只有付出辛苦才能缓慢通过的地形障碍。在战斗中，这些障碍能够增强部署在其后的部队的力量。至于森林，只有生长得杂乱茂密，而且地面泥泞时，才算是这种障碍。一片普通的高高的森林与平原一样易于通过。但是林地便于敌人隐蔽这一点却是不可忽视的。如果己方把部队部署在林地里，那么双方都面临这种不利；而如果把部队部署在林地的后面或侧面，则是很危险的，因此是一个大的错误：只有通过林地仅限于几条小路时，才允许这样做。为阻止敌人通过而设置的障碍物所起的作用不大，因此它们很容易被清除掉。

（6）由此得出的结论是：人们应尝试在一个翼侧利用这些地形障碍，以便用少数兵力在这里进行相对有力的抵抗，同时在另一翼侧实施既定的进攻。非常恰当的做法是，把工事与这些地形障碍结合起来使用，因为一旦敌人通过了障碍物，那么兵力不大的部队可以借助工事，用火力保证自己不至于受到过于占优势的攻击，不至于过快地被击退。

（7）正面的每个通行障碍对防御者来说，都有很大的价值。

人们只是出于这种考虑才去占领山岭，并在上面部署部队，而非出于其他考虑，因为位于更高处对武器火力的发挥往往根本没有影响，大多没有重要影响。如果我们位于高处，敌人要接近我们就不得不费力攀登，只能缓慢前进，他的序列就会混乱，到我们面前时就已经筋疲力尽。在双方勇气和兵力相同的情况下，我们的这些优势就会起到决定性的作用。人们尤其不可忽视的是，全力奔跑着进行快速进攻，在精神上产生的影响是很大的。推进中的士兵往往会因此而忘却危险，而站在原地的士兵见状却会失去镇静，因此将最前面的步兵和炮兵部署在山上，总是非常有利的。

如果山很陡，或者山坡起伏不平，以致人们不能对它上面的目标进行有效的射击（这种情况是很常见的），那么人们就没必要把第一线作战人员部署在山的边缘，最多用普通步兵占领山的边缘即可，整线作战人员则部署到对上行到山上并正重新集结的敌人能进行最有效火力打击的地方。

所有其他的通行障碍，例如小河、溪流、隘路等，都可以用来打乱敌人的正面部署；敌人通过这些障碍后，不得不重整队伍，其行动就会因此而受阻，因此应该用最有效的火力控制这些障碍。如果炮兵多，那么最有效的火力就是霰弹（射程400～600步）；如果这个地点的炮兵少，那么最有效的火力就是燧发枪（射程150～200步）。

（8）因此可以得出一条法则：应以最有效的火力控制所有可加强我军正面的通行障碍。但重要的是要指出一点：决不能仅依靠这种火力进行整个抵抗，而必须总是将较多的兵力（1/3～1/2）部署成多路纵队，随时准备上刺刀冲锋。如果兵力太少，那么只需把火力线（步兵和炮兵）部署到能以火力控制障碍的近处，其余部队则应成纵队尽量隐蔽地部署在其后600～800步处。

（9）另一种利用正面前通行障碍的方式是把部队部署在这些障碍后面稍远处，使这些障碍正好在炮兵的有效火力控制之下（1000～2000步），当敌人的纵队通过时，就从各个方向攻击他们。

（斐迪南公爵在明登会战中用过类似的方法。）

这样，地形障碍就有助于实现积极防御的意图，积极防御（关于这种防御我们前面已经谈过了）就可以在正面进行。

（10）在迄今的论述中，主要是把地形障碍看作与较大阵地有关联的线。现在还有必要对单独的地点做一些说明。

对单个孤立地点一般只能利用工事或有力的地形障碍进行防御。这里不谈工事。应孤立扼守的地形障碍只能是：

①孤立的陡峭高地。

在这里，工事同样不可缺少，因为敌人在这里往往能够从多少都比较宽的正面对防御者发起进攻，而防御者最后往往在后面被攻克，因为他几乎不可能总是强大到在各个方向都能构成正面。

②隘路。

隘路指的是敌人只能从一个地点通过的狭窄的路段。桥梁、堤坝、陡峭的峡谷等都是。

对所有这些隘路要指出的是，有些隘路是进攻者根本无法绕开的，例如大河上的桥梁，此时防御者为尽可能有效地以火力控制渡河点，可以大胆地把全部兵力部署在这里；有些隘路不能绝对保证敌人无法绕开，例如小河上的桥梁和大部分的山中隘路，这样防御者就有必要保留较多的兵力（1/3～1/2）以进行围攻。

③集镇、村庄、小城市等等。

如果部队非常勇敢，作战情绪高昂，那么利用房屋进行防御就有可能以寡敌众（这在其他场合是不可能的）。但是如果防御者对单个士兵的能力没有把握，那么最好还是只用步兵占领房屋、院子等，用火炮封锁入口，把绝大部分部队（1/2～3/4）分成数路各自独立的部队隐蔽部署在该地点内或者其后，以便扑向攻入该地的敌人。

（11）在进行大规模行动时，这些孤立的地点有时可以作为前哨（这时大多不打算进行绝对的防御，而是单纯地迟滞敌人），有时就是那些在军团的行动计划中起重要作用的地点。为赢得时间，以展开既定的积极防御的举措，防御者往往有必要坚守一个偏远的地点。而如果这个地点偏远，那么它自然也就是孤立的了。

（12）关于孤立的地点，还有必要说明两点。第一，在这些地点后面必须备有部队，以接应可能被击退的分遣队。第二，即使地形障碍是很有力的，把这样一种防御纳入其行动计划的人也决不能对此抱过多希望。相反，奉命进行这种防御的人必须定下在最不利的情况下也要达到目的的决心。这里需要有一种坚决果断和不怕牺牲的精神，而这种精神只能源自抱负和激情，因此必须派遣不乏这些宝贵精神力量的人去防守这些孤立的地点。

（13）至于利用地形作为保护我军部署和开赴战场的手段，就无须做进一步说明了。

不要把部队部署在要防御的山上（迄今常发生这样的情况），而是应将其部署在山后；不要将部队部署在林地前面，而是应将其部署在林中或后面，而且只有当我们仍能观察到林地或树丛情况时，才允许这样部署；要使部队保持纵队，以便更容易进行隐蔽部署；要利用村庄、小丛林，以及各种起伏的地形，以便将部队隐蔽在其后；在开赴战场时，要选择最为复杂的地形；等等。

在耕作区，几乎没有一个地方能很容易地被人观察到，因此如果防御者巧妙地利用障碍，就应该可以隐蔽部署他的大部分部队。而进攻者要隐蔽他的行军则比较困难，因为他只能沿道路前进。

如果要利用地形隐蔽部署部队，就必须使这一举措与预定的目的和行动计划相一致，这是不言而喻的。这里最主要的问题是不要完全打乱战斗序列，但小改变是允许的。

（14）如果我们把以上关于地形的论述概括一下，那么对防御者来说，也就是对选择阵地来说，可以得出以下最重要的几点结论：

①一个或两个翼侧要有依托。

②在正面和翼侧要有开阔的视野。

③在正面要有妨碍通行的障碍。

④对部队要隐蔽部署。

⑤在部队背后要有复杂的地形，因为在我方失利的情况下，该地形可以增加敌追击的难度；但不要在背后太近的地方有隘路（例如在弗里德兰会战时），因为这会引起己方行动的停滞和混乱。

（15）如果有人认为，在战争中进入的每处阵地都会具有全部这些有利条件，那就是书呆子的见解。不是所有的阵地都同等重要。在里面受到进攻的可能性越大的阵地，就越重要。只是在最重要的阵地上，人们才试图得到所有这些有利条件；而在其他阵地上的有利条件则可以多些或少些。

（16）进攻者对地形应考虑的主要归纳为两点：一是不要选择过于困难的地形作为进攻点；二是要尽量通过最不容易被敌人观察到的地区开赴战场。

（17）我想用一个原则来结束关于利用地形的论述，这个原则对于防御是极为重要的，应将其视为整个防御理论不可或缺的内容，即：

决不要把一切希望寄托在有利的地形上，因此决不要受到一处有利地形的迷惑而进行被动防御。

因为如果地形确实非常有利，以至进攻者不可能驱逐我们，那么进攻者就会绕过它（这永远是可能的），这样一来，即使是最有利的地形也是多余的了，我们就会被迫在完全不同的情况下，在完全不同的地方进行会战，就好像我们此前根本没有打算利用那处非常有利的地形一样。而如果地形不是这么有利，如果进攻者仍有可能在这种地形上发起进攻，那么这个地形带来的好处绝不会抵消被动防御的不利之处。因此一切地形障碍只应用于局部防御，以便用少量兵力进行相对有力的抵抗，为发起攻势赢得时间。人们通过这一攻势，试图在其他地点取得真正的胜利。

（三）战略

战略为达到战局和战争的目的而把组成战争的各个战斗联系起来。

如果人们懂得如何战斗，如何取胜，那么需要说明的问题也就不多了，因为把胜利的战果联系起来是容易的，只要有熟练的判断力就可以做到，而不像指挥战斗那样需要专门的知识。

因此，我们可以把战略上为数不多的、主要是以国家和军队的状况为基础的原则简要地归纳为几点。

1. 一般原则

（1）作战有三个主要目的：

①战胜并消灭敌人的武装力量。

②夺取敌军有生力量以外的作战力量和其他来源。

③赢得舆论。

（2）为达到第一个目的，就要把主要行动总是指向敌军的主力，或者指向敌军的一个非常重要的部分，因为只有先打败敌人的这部分部队，才能有效地追求其他两个目的。

（3）为夺取敌有生力量以外的力量，应该把自己的行动指向这些力量最集中的地方，例如首都、仓库、大的要塞等。在通往这些地方的路上，人们将遇到敌军的主力或敌军非常重要的一个部分。

（4）通过大的胜利和占领首都，人们会赢得舆论。

（5）为达到上述各目的，必须遵循的第一个原则是：尽最大的努力，动用我们所拥有的**一切**力量。在这方面显露出的任何懈怠都会让我们无法达到目标。即使获胜的可能性本身相当大，如果不尽最大的努力使自己**完全有把握**获胜，那也是极不明智的，因为这种努力绝不会产生不利的结果。假设国家的负担因此而加重了，也不会从中产生不利，因为这种负担会因此而消除得更快。

这些努力产生的士气影响具有无限的价值；取得的战果会让每个人确信这些努力是使民族迅速振兴的最好手段。

（6）第二个原则是：在计划进行主要打击的地点尽量多地集中兵力。为了在这个主要地点有更大的获胜把握，宁愿在其他地点遭受不利，因为在主要地点的胜利会抵消其他一切不利。

（7）第三个原则是：不损失时间。如果我们从推迟行动中不能得到特别大的好处，那么尽可能地快速行动就是很重要的事情。我们行动迅速，就能把敌人的很多举措遏制在萌芽状态，就能首先赢得舆论。

出敌不意在战略上起的作用比在战术上重要得多，是制胜的最有效的因素。法国皇帝、弗里德里希二世、古斯塔夫·阿道夫、恺撒、汉尼拔、亚历山大都是由于行动迅速而赢得极大声誉。

（8）最后是第四个原则：要以最大的干劲来利用我们所取得的战果。

只有对败军进行追击，才能带来胜利的果实。

（9）这些原则中的首个原则是其他三个原则的基础。如果人们遵循了首个原则，那么在遵循其他三个原则时就可以采取最大胆的行动，而不会孤注一掷。首个原则为在我们后面不断形成新的力量提供了手段，而以新的力量可以使任何不利的情况重新好转。

那种可称之为"聪明的谨慎"就表现在这里，而不是表现在小心翼翼的前进上。

（10）在现代，小国家是无法进行征服他国的战争的。但是对防御战争来说，即使是小国家也有无数的手段。因此我坚信，谁能动员自己的一切力量，以便总是可以将新的大部队投入战斗，谁能利用一切想到的手段进行准备，谁能把自己的兵力集中在主要的地点，谁能在做了这些之后坚决而有力地追求一个大的目的，谁就是做了战略指导在大的方面所能做的一切。如果他在战斗中并不是完全不利，而其对手的努力和毅力不如他，那么他获胜的可能性必然会更大。

（11）在遵循这些原则时，最终很少取决于行动的形式。不过我还是想用很少几句话把其中最重要的一点说明一下。

在战术上，人们总是试图包围敌人，即包围我们主要要进攻的那部分敌人，这一方面是因为部队的向心状行动比平行状行动能带来更多好处，另一方面是因为只有这样才能切断敌人的退路。

如果我们把前面关于敌人和阵地的论述运用到敌人的战区（从而也是运用到敌人的给养）上来，那么受命对敌进行包围的各路部队或军团在大多数情况下相距很远，以致不能同时参加一场战斗，而对手可以处于这些部队或军团的中央，并可以逐个转向他们，以便用同一支部队对他们各个击破。弗里德里希二世进行的战局，特别是1757年和1758年的战局就提供了这方面的例子。

由于此时战斗是主要的、决定性的事，因此采取向心状行动的一方如果没有决定性的兵力优势，就会由于进行多场会战而失去包围原本能带来的所有好处，因为针对敌人给养采取的行动需要较长时间才会有效果，而会战胜利的效果产生得很快。

因此在战略上，位于敌人之间的一方比包围他的一方处境更有利，特别是在双方兵力相等，甚至前者比后者兵力少时。

若米尼上校在这一点上是完全正确的；亚当·冯·比洛先生用很多虚构的"真理"论证了相反的观点，其原因仅在于他认为针对敌人给养的行动很快就会产生效果，同时他十分轻率地完全否认会战必然会产生的效果。

战略迂回和战略包围用于切断敌人的退路，当然是非常有效的；但是由于人们必要时通过战术迂回也能达到这个目的，因此只有当自己占有很大优势（物质上的和精神上的），以至在主要地点上有足够的兵力，不会因派出迂回部队而受到影响时，才建议进行战略迂回。

法国皇帝尽管在物质上和精神上往往（几乎是始终）占有优势，但是他从未进行过战略迂回。

弗里德里希二世只是在1757年进攻波希米亚时进行过唯一一次战略迂回。不错，他用这一方法迫使奥地利人直到布拉格附近才发起第一次会战，然而尽管他占领了直至布拉格的波希米亚地区，却并未取得决定性的胜利，这一占领对他又有什么用呢？后来的科林会战[1]迫使他又放弃了这些地方。这就证明，会战决定一切。他在布拉格附近显然面临在什未林到来之前即受到奥军全部兵力进攻的危险，而假如他此前率全部兵力穿萨克森而行，就不会面临这种危险，与奥军的第一次会战也许就在艾格尔河畔布丁[2]进行了，而这次会战也会与布拉格会战一样是决定性的。普鲁士军队冬季在西里西亚和萨克森的位置无疑是他们呈向心状进入波希米亚的原因。重要的是要指出，在大多数情况下，人们在决定是否采取战略迂回时，更应考虑上述有关原因，而不应从部署的形状可能带来的好处出发考虑问题，因为行动的便捷性能加快行动的速度，军队这部庞大机器的阻力本来就已经很大了，人们除非迫不得已，不应再去加大这些阻力。

（12）如果人们能遵循我们刚阐明的"在主要地点上尽量集中兵力"这一原则，那么自然就会放弃战略包围的想法，部队的部署也就自然形成了。因此我可以说，这一部署的形状是没什么价值的。但是如果敌人在一个贫瘠的地区十分费

---

[1] 1757年5月6日，普鲁士国王弗里德里希二世赢得布拉格会战后，率5万普军包围了布拉格，欲围困该城，迫其投降。奥军元帅道恩率6万人前来解围，在布拉格以东60公里的科林（Kolin，波希米亚中部一城市，位于易北河畔）附近与32,000名普军进行会战并战胜普军。弗里德里希二世不得不放弃包围布拉格，退回萨克森。——译者注

[2] 艾格尔河畔布丁（Budin an der Eger），即今捷克城市奥赫热河畔布德讷（Budyně nad Ohří），东南距布拉格50公里。——译者注

力地设置了很多仓库,他的行动完全依赖这些仓库,那么对敌翼侧的战略行动就可以取得与会战相似的大的战果。在这种情况下,我们甚至建议不要以主力去迎向敌人主力,而是以主力直捣敌人的基地。不过这需要有两个条件:

①敌人距其基地很远,以至他因我们对其基地的行动而被迫进行远距离的退却。

②在敌主力的行进方向上,我方能够利用天然的和人为的障碍,以少量部队加大敌人前进的难度,以至他在此无法以占领我们的土地来补偿其基地的损失。

(13)给养是部队作战的一个必要条件,因此对行动有很大的影响,主要表现在只允许大部队集中到一定程度,并在选择行动线方面与其他因素一道决定战区有关情况。

(14)只要所在地区的条件允许,部队的给养就应以就地征用的办法解决。

在现代战争样式中,军队作战的区域比过去大得多。

组成若干独立行动的部队,就有可能就地征用给养,就可以避免按照老办法把部队(7万~10万人)集中在一个地点所带来的不利,因为一支按照现代编制组织起来的独立的部队,对两三倍于己的优势之敌也可以抵抗一段时间,然后其他部队就会赶过来支援。即使这支部队真的被击败了,它所进行的战斗也不是徒劳无益的,关于这一点,我们在另一处已经做了说明。

因此,现在各个师和军都是互相分开的,并列或先后进入战场。如果它们同属一个军团,那么它们的间距只要能保证它们参加同一次会战就可以了。

这样一来,在没有仓库的情况下,部队也有可能得到即刻的给养保障。部队本身的组织,包括其参谋部和供给机关使给养问题变得容易解决了。

(15)在没有比给养更重要的原因(例如敌主力的位置)时,人们应该选择在最富庶的地区行动,因为给养的便利有助于迅速行动。比给养更重要的只能是我们正在寻找的敌主力的阵地位置,以及我们要攻占的首都和要塞的位置。其他一切原因,例如部队部署时的有利形状(关于这一点我们已经谈过)通常是无关紧要的。

(16)尽管有了这种新的给养方式,人们还是远不能没有任何仓库。即使当地有足够的物资,一位睿智的统帅为防备意外,为在单个地点能够集中更多的兵力,也会在后方设置一些仓库。这种谨慎属于那种无损于目的的谨慎。

2. 防御

（1）防御战争在政治上就是人们为维护其独立而进行的战争；在战略上就是在已经为抗击敌人做好准备的战区内与敌人作战的战局。不管在这个战区内的会战是以攻势进行的还是以守势进行的，都不会改变防御战争的含义。

（2）如果敌人在兵力上占优势，那么人们就主要选择采取战略守势。作为战区主要设施的要塞和设防营垒自然能够为防御者提供很好的有利条件。此外，熟悉地形和拥有完善的地图也应该被看作是有利条件。有了这些有利条件，一支较小的军队，或者一支基于一个较小国家和较少后援力量源泉的军队比没有这些辅助条件会更有能力抵抗对手。

此外，还有以下两个原因可能促使人们选择防御战争。

①如果我们战区周围的地区在给养方面使行动非常困难。在这种情况下，我们可以避免这种不利，而敌人却不得不忍受这种不利。例如现在（1812年）俄军的情况就是这样[1]。

②如果敌人在作战方面占优势。在一个我们了解的、做好了准备的、各种条件都对我们有利的战区作战是比较容易的，不会犯太多错误。在我们的部队和将领因作战能力差而选择防御战争的情况下，人们通常愿意把战术防御与战略防御结合起来，也就是在我们准备好了的阵地上进行会战，这同样是因为可以少犯错误。

（3）与在进攻战争中一样，在防御战争中也必须追求一个大的目的。这个目的只能是消灭敌军。为达到这一目的，可以通过一次会战，也可以通过让敌人的给养出现极大的困难，使敌人沮丧，不得不退却，而他在退却中必定会受到大的损失。威灵顿的1810年和1811年战局[2]就是这样的例子。

因此，防御战争并不是无所事事地等待事情的发生；只有从等待中能够得到明显的、决定性的好处时，才可以等待。进攻者集结新的兵力，准备进行大规模战斗时出现的那种犹如暴风雨前的平静，对防御者来说是极其危险的。

---

[1] 在1812年战局中，处于守势的俄军在给养方面较法军占优势。——译者注

[2] 1810年，拿破仑命马塞纳率法军攻入葡萄牙，试图将威灵顿率领的英葡联军逐出葡萄牙。英葡联军退入托里什—韦德拉什营垒进行防御，法军屡攻不下，因粮食缺乏和疾病流行，不得不于1811年3月退往西班牙。——译者注

假如奥地利人在阿斯旁会战[1]后像法国皇帝那样把兵力增加三倍（当然这是他们能够做到的），那么直到瓦格拉姆会战前的一段平静时间对他们来说就是有益处的，但是只有在这一假设条件下才是这样。由于他们没有这样做，因此他们就失去了这段时间。当时如果奥地利人利用拿破仑的不利处境去收获阿斯旁会战的果实，本是更聪明的做法。

（4）要塞的任务是通过让敌军围攻来牵制其一大部分兵力，因此防御者必须利用这个时机打击敌军的其余部分。由此可见，防御者应该在自己要塞的后面，而不是在其前面进行会战，但是不能无所作为地坐视要塞被攻占。但泽[2]被围攻时，本宁森[3]就是坐视其被攻占[4]。

（5）大的江河，也就是架桥非常困难的江河，例如自维也纳起的多瑙河下游河段和下莱茵河[5]，都是天然的防线。但是防御者不应为绝对阻止敌人渡河而沿江河均匀地部署兵力（这是危险的），而是应该对江河进行监视，在敌人渡过江河的地点，在其尚未把全部兵力集结起来，还被限制在靠近江河的一个窄小地带的时候，从各方面进攻他们。阿斯旁会战就提供了这样的范例。在瓦格拉姆会战中，奥地利人毫无必要地给渡过河的法国人留出了过多地方，以至法军渡河原本面临的不利消失了。

（6）山地是可以用来构成良好防线的第二种地形障碍。一种方法是把防线设置在山地的后面，只用轻装部队占领山地，以便某种程度上把山地视为敌人必须过的一条河流，一旦敌人的几路部队从山口中出来，就用全部兵力进攻其中一路部队；另一种方法是将部队部署在山地中。在后一种情况下，防御者只应以小部队对各山口进行防御，而把较大部分部队（1/3～1/2）留作预备队，以便以优势兵

---

[1] 第五次反法联盟战争期间，1809年5月21—22日，拿破仑所率法军与卡尔大公所率奥军在阿斯旁（Aspern，今奥地利首都维也纳城区的一部分）和埃斯灵（Essling，今维也纳城区的一部分）一带进行会战，法军战败。卡尔大公满足于打破拿破仑不可战胜的神话，未追击法军。——译者注
[2] 但泽（Danzig），即今波兰城市格但斯克（Gdańsk）。——译者注
[3] 本宁森（Levin August Theophil von Bennigsen，1745—1826），伯爵，俄国将军。出生于布伦瑞克，曾在汉诺威选帝侯国军队任职。——译者注
[4] 1807年2月8日，俄普联军取得埃劳会战胜利后未乘胜追击法军，而是进入海尔斯贝格防御，导致法军于3月19日开始围攻但泽。5月中旬，部分英军和俄军部队试图从海上解围未果，本宁森则根本未去解围，结果但泽守军于25日向法军投降。——译者注
[5] 下莱茵河（der Niederrhein），指莱茵河由波恩至莱茵河三角洲的河段，位于今德国北莱茵-威斯特法伦州境内。——译者注

力对突入我方阵地的一路部队进行攻击。因此防御者不要为绝对阻止敌各路部队突入其阵地而把这支大的预备队分散开，而是应从一开始就决定用它进攻其认为最强的那路部队。如果防御者用这种方法击败了正在进攻的一支大部队，那么已经突入其阵地的其他几路部队就会自行退却。

大多数山地的形状是：在群山的中央或多或少有一些高的平地（台地），山地面向平地的一面有很多陡峭的山谷穿过，这些山谷就形成通道。因此防御者在山中可以找到迅速向左右运动的地方，而进攻者的各路部队则被陡峭的、不便通行的山脊隔开。只有在这样的山地，才能进行良好的防御。如果整个山地内部荒凉，不便通行，以致防御者的部队不得不分散部署，缺少互相联系，那么防御者以主力在这种山地进行防御就是危险的举措，因为在这种情况下，一切有利条件都为进攻者所有，他可以用大的优势兵力进攻各个点。任何山口和某个地点都不会坚固到进攻者以优势兵力在一天内无法攻克的程度。

（7）关于山地战，我们必须总的指出，在山地战中，一切都取决于部下和各级指挥官的机智，但更多取决于士兵的精神状态。这里不要求有大的机动能力，但是要求有勇于作战的精神和对事业的热忱，因为在这里每个人多少都要独自行动。因此民众武装特别适合山地战，他们虽然缺少勇于作战的精神，但具备对事业的极大热忱。

（8）最后，关于战略守势，我们必须指出，由于守势本身比攻势有力，因此战略守可以应用于夺取最初的大的战果。如果这个目的已经达到，但随后未能立即缔结和约，那么进一步的战果就只能通过攻势取得了。谁要是总停留于守势，谁就会总是陷入消耗自己的力量的不利境地。任何一个国家这样做，都只能支撑一时。如果一个国家受到对手进攻而总是不还击，那么最后它极可能衰弱和失败。人们以守势开始，是为了能够更有把握地以攻势结束。

3. 进攻

（1）战略进攻直接追求战争的目的，直接以摧毁敌军为目标，而战略防御在某种程度上只是试图间接地达到这个目的，因此在战略的一般原则中已经包含了进攻的原则。只有两个问题还需要进一步说明。

（2）第一个问题是部队和武器的不断补充。这个问题对防御者来说，由于他靠近补充来源地，相对更容易。进攻者尽管在大多数情况下是一个较大的国家，但他多少不得不从远方把其军队调上来，因此在这方面就有困难。为了不缺少兵员和武器，他必须在需要使用它们以前很早就采取措施，征召新兵和运输武器。在他的行动线的各条道路上必须不断有开赴战场的士兵和前送的必需品；在这些道路上必须建立兵站来加以运输。

（3）即使在最顺利的情况下，在精神上和物质上都占有极大优势时，进攻者也必须考虑到有可能出现大的不利情况，因此必须在行动线上设置一些自己一旦失败可以前往的地点，例如带有设防营垒的要塞或者单纯的设防营垒。

大的江河是把追敌阻挡一段时间的最好手段，因此必须确保这些大江河的渡口（由一系列坚固多面堡环绕的桥头堡）的安全。

为据守这些地点，为据守最重要的城市和要塞，进攻者不得不根据敌人的袭扰情况和当地居民的敌对程度或多或少地留下一些部队。这些守备部队与前来增援的部队一起组成新的部队，在前方部队取得胜利战果时，这些新的部队就可以跟随前进；在前方部队失利时，则可以部署在经过加固的地点，保障退却的安全。

法国皇帝在其部队的后面一直是非常谨慎地采取这些措施的，因此他进行的最大胆的行动并不像看上去那样冒险。

（四）关于既定原则在战争中的运用

军事艺术的各项原则本身是极其简单的，很容易被理解力健全的人理解。即使这些原则在战术上比在战略上更需要专门的知识作为基础，这种知识包括的范围也是很小的，几乎无法在复杂多样和内在联系方面与其他科学相比，因此这里根本不要求有渊博和高深的学问，甚至不要求有很高的理解力。如果说除了训练有素的判断力以外，还需要一种特殊的才能，那么可以断言，那就是狡诈或机智。长期以来，有人坚持完全相反的看法，但是这种看法只是出于对军事艺术的错误崇拜，出于撰写军事艺术的著作家们的虚荣心。只要我们毫无偏见地思考一下，就会认识到这一点，而且经验也让我们对这一点更加确信无疑。在革命战争期间，就有很多人以事实证明自己是机智的统帅，而且往往是一流的统帅，但他们并没有接受过军事教育。至少孔戴、瓦伦斯坦[1]、苏沃洛夫[2]以及其他很多人很让人怀疑是受过军事教育的。

指挥作战本身是很困难的,这是毫无疑问的,但困难不在于要求有专门的学识或大的天赋才能理解真正的作战原则;每个头脑清楚、没有成见、对军事不是一窍不通的人都能理解这些原则;甚至在地图或纸上运用这些原则,也不是什么难事,拟订一份好的行动计划也还不是什么伟大的杰作。指挥作战的全部困难在于:

在实施中始终遵循既定的原则。

提请殿下注意到这一困难,是最后这段论述的目的。我认为,使殿下对此有一个清晰明确的概念,是我要通过这篇文章达到的所有目的中最主要的。

整个作战如同一部带有莫大阻力的复杂机器的运转,以至在纸上很容易就制订出来的计划,在实施时只有付出大的努力才能实现。

这样,统帅的自由意志和行动时的一些考虑,时刻都会遇到阻力,于是一方面要求统帅有独特的精神力量和理解力去克服这种阻力,另一方面一些好的想法还是会由于这种阻力而无法实现,因此即使统帅在指挥作战时以更复杂的方法能获得更大的效果,他还是应该采用更简单、更易行的方法。

要把产生这种阻力的原因一一列举出来,也许是不可能的,但是最主要的原因是:

1. 我们对敌人状况和举措的了解总是比制订计划时设想的少得多。因此当我们要实施定下的决心时,会有无数的疑虑,怀疑自己的设想一旦有很多错误会造成危险。人在实施大的行动时容易产生的畏惧心理就会支配我们,而从这种畏惧到犹豫不决,从犹豫不决到不彻底的行动,只有很小的、不引人注意的一步。

2. 我们不仅对敌人的兵力**不确定**,而且传闻(通过前哨、间谍或者偶然从敌人处得到的一切情报)往往会夸大敌军的兵力。很多人天生就是胆怯的,因此通常会夸大危险,于是所有这些影响就会促使统帅对他面前的敌人的兵力做出错误的估计。这是犹豫不决的另一个根源。

---

[1] 瓦伦斯坦(Albrecht Wenzel Eusebius von Wallenstein,1583—1634),波希米亚贵族,公爵。三十年战争期间曾两次出任神圣罗马帝国军队统帅。——译者注

[2] 苏沃洛夫(Alexander Vasilyevich Suvorov,1730—1800),俄国军事家、军事理论家、战略家、统帅,俄国军事学术的奠基人之一。指挥过60余次会战和战斗,战功显赫。代表作《苏兹达尔团条令》《制胜的科学》。——译者注

这种对敌人的兵力不确定的程度，是人们怎么想象都不为过的，因此一开始就要对此有准备，这是很重要的。

即使人们事先已经冷静地思考过一切，即使人们已经毫无偏见地寻找并找到最有可能发生的情况，人们也不应立即就准备放弃先前的看法，而是应该对新收到的情报进行仔细的分析，对多个情报进行比较，并派人搜集新的情报，等等。如此一来，错误的情报往往当场被否定，最初得到的情报经常得到证实。在这两种情况下，人们就可以得到确切的情况，并据此定下决心。如果缺少确切的情况，那么人们应该懂得，在战争中凡事总是要冒险的；战争的本性根本不允许人们总是看清前进的方向；可能的事情尽管不是马上就能感性地让人看到，但毕竟是可能实现的；在其他举措理智的情况下，即使出现一个错误也不会立即毁灭。

3. 我们不仅不能确切地了解敌人每时每刻的情况，而且也不能确切地了解自己军队每时每刻的情况。自己的军队也很少能够集中到随时都可以让统帅清楚地看到各部分情况的程度。如果我们此时有所胆怯，就会产生新的疑虑。我们就会等待下去，不可避免地造成整个行动的停滞。

因此我们必须对自己总的举措有信心，相信它们能够达到预期的效果，特别是要信任自己的下级将领。我们必须选择信得过的人担任下级将领，其他任何考虑都是次要的。如果我们采取了适当的措施，并且考虑到了可能出现的失利情况，即做好了准备，以至在实施中即使遇到不利也不会立即毁灭，那么我们就要像穿过黑夜那样在情况不明的情况下勇敢地前进。

4. 如果统帅要部队付出艰辛的努力进行战争，那么下级将领，甚至部队（特别是战争历练较少的部队）往往会遇到在他们看来不可克服的困难。他们会觉得行军路程太远，太劳顿，给养无法维持。如果我们听信所有这些困难（弗里德里希二世就是这样称呼它们的），那么很快就会完全屈从于它们，就不会采取有力的行动，而是软弱地无所作为。

要抵制住这一切，就要求信赖自己的见解和信念，这在当时看来往往是固执，但实际上是我们称之为坚定的那种理解力和性格的有力表现。

5. 人们设想的战争中的一切行动，从不像一个本人没有留意观察过战争、未习惯于战争的人所想象的那样精确。

一路部队的行军时间往往会延误很多小时，却说不出停滞的原因；往往会出现无法预计到的障碍；往往设想率领部队抵达某一地点，却不得不在距该地点数小时行程的地方停下来；我们布设的小哨所发挥的作用往往比预期的小得多，而敌人的小哨所发挥的作用却大得多；一个地区的人力、物力往往并没有我们想象的那样大；等等。

对所有这些阻力，不付出很艰辛的努力是无法克服的，而统帅只有通过近乎冷酷的严格，才能使部队付出艰辛的努力。只有这样，只有确信部下总是会尽力去做，他才能有把握认为这些小困难不会对行动产生大的影响，他才不会距离可能达到的目标过远。

6. 可以肯定，一支军队在战争中所处的状况绝不会像那位在室内跟进其行动的人所设想的那样。如果他对这支军队有好感，就会把它估计得比实际情况要强和要好1/3～1/2。统帅在最初制订行动计划时处于这种情况，后来出乎意料地看到其兵力逐渐减少，骑兵和炮兵变得毫无用处等，这是相当自然的。甚至在战局开始时，在观察者和统帅看来可能和容易做到的事情，在实施中往往会变得困难和无法做到。如果统帅此时在炽烈的荣誉心驱使下仍能大胆而坚定地追求自己的目的，那么他就会达到目的，而一个平庸的人就会把军队的这种状况当作放弃既定目标的充分理由。

马塞纳在热那亚和葡萄牙的行动就是大胆而坚定追求自己目的的例子。在热那亚，他的坚强性格（可以说是他的冷酷）驱使部下付出十分艰辛的努力，因此获得了成功[1]；在葡萄牙，他至少比任何一个处于同样情况下的人都撤退得晚得多[2]。

在大多数情况下，敌军也处于类似的状态。瓦伦斯坦和古斯塔夫·阿道夫在

---

[1] 1800年，马塞纳奉命在北意大利对梅拉斯将军指挥的奥军进行牵制，以等待拿破仑率主力越过阿尔卑斯山脉。4月4日，梅拉斯以优势兵力向马塞纳发起进攻；16日，马塞纳退入热那亚，在前有奥军攻城、后有英国舰队炮轰的情况下坚守月余，后虽因弹尽粮绝于6月4日投降，但为拿破仑越过阿尔卑斯山脉赢得了时间，为法军在马伦戈会战中取得决定性胜利奠定了基础。——译者注

[2] 1810年，马塞纳远征葡萄牙，至托里什—韦德拉什防线，进攻受挫。虽然给养缺乏，疾病流行，但他一直坚持到次年3月才退往西班牙。——译者注

纽伦堡附近[1]，法国皇帝和本宁森在埃劳会战后的情况就是如此。人们看不到敌人的状况，但能看到自己的状况，因此自己的状况较敌人的状况对一般人的影响更大，因为对一般人来说，感性的印象总是比理性的语言更强烈。

7. 部队的给养，无论是通过仓库供给还是就地征收解决，总是有很多困难的，以至它在统帅选择举措时是一个很具决定性的因素。部队的给养问题往往与最有效的行动相矛盾，迫使部队在本应追求胜利和辉煌战果的时候去筹集给养。整个机器尤其因给养而变得笨重，其运转效果远落后于宏大计划设定的速度。

一位严酷地要求其部队付出最艰辛的努力和忍受最极端困苦的将领，一支在长期战争中惯于做出这些牺牲的军队，他们会领先对手多少啊！他们会不顾这些障碍比对手快多少去追求其目标啊！同样是好的计划，但结果是多么不同啊！

8. 总的来说，对所有上述情况，我们应该时刻注意以下这一点。

在实施中得到的直观的印象比此前通过深思熟虑所形成的观点更鲜活，但是直观的印象只是事物的初步表象。我们知道，这种表象很少与事物的本质完全一致，因此人们会面临注重直观印象而轻视此前的深思熟虑的危险。

这种最初的表象通常使人变得胆怯和过于谨慎，这是人的胆怯天性决定的，而胆怯的人看一切问题都是片面的。

因此我们应该警惕这一点，应该对自己此前深思熟虑得出的结论有充分的信心，使自己有力量去克服那些让人动摇的一时印象。

由此可见，能否克服在实施中遇到的这种困难，关键在于自己的信念是否牢固和坚定，因此研究战史才如此重要，因为通过研究战史可以使人在某种程度上仿佛身临其境，好似亲历事件的进程。从理论课中能学到的原则只适于帮助我们研究战史，提醒我们注意战史中最重要的东西。

因此，殿下应该抱着这样一种意图去熟悉这些原则，即在阅读战史时检验这些原则，并且看一下这些原则在哪些地方是与战争进程相符的，在哪些地方是为

---

[1] 三十年战争期间，瓦伦斯坦率神圣罗马帝国军队于1632年同瑞典国王古斯塔夫·阿道夫作战。7月3日，瑞典军队在纽伦堡西南占领一处坚固阵地，瓦伦斯坦军队构筑营垒与之对峙两个月。此后阿道夫数次向帝国军队发起进攻，但均未成功，最后放弃阵地，退往巴伐利亚。——译者注

战争进程所修正甚至推翻的。

但是在缺乏亲身经历的情况下，研究战史只适于让人对我在此称为"整个机器的阻力"的概念有一个形象的想象。

当然人们不应满足于得出的主要结论，更不应一味遵循历史著作家们的论断，而是应该尽可能地研究细节。这是因为历史著作家很少以记述最真实的情况为目的，他们通常要美化本国军队的行为，或者要证明事件与虚构的规则是一致的。他们不是写历史，而是造历史。为研究历史的细节，人们并不需要读很多历史。详尽地了解数场战斗比泛泛地了解很多战局更有益处。因此，多读一些杂志上刊载的有关报告和日记比阅读真正的史书更有益处。沙恩霍斯特将军在其回忆录中关于1794年梅嫩保卫战[1]的叙述，就是这种报告的无与伦比的范例。这一叙述，特别是关于出击和突围的描述，给殿下提供了一个应该如何撰写战史的标准。

世界上没有任何一次战斗像这次战斗让我确信：在战争中，直到最后时刻都不应对成功有所怀疑；好的原则不可能像人们想象的那样永远有规律地发挥作用，在人们认为这些原则已经完全不起作用的最不利的场合，它们往往又出人意料地发挥出作用。

一定有某种大的情感会激发统帅的巨大力量。这种情感可以是恺撒的虚荣心，可以是汉尼拔的对敌仇恨，也可以是弗里德里希大帝的宁愿光荣战败的豪迈。

殿下，请您敞开胸襟，来接纳这种情感吧！在制订计划时，您要大胆而有计谋，在实施时要坚决而顽强，要抱定宁愿光荣战败的决心。这样命运就会在您年轻的头上加上光荣的桂冠，它是君主的饰品，它的光芒将把您的形象镌刻到子孙万代的心中。

---

[1] 在第一次反法联盟战争期间，反法联军于1794年4月自尼德兰进入法国北部，包围了朗德勒西要塞。为了解围，皮舍格吕率法军分三路进攻联军右翼。梅嫩（Menen，即今比利时西佛兰德省城市梅宁）是联军右翼的一个重要据点，由布伦瑞克-吕讷堡选帝侯国的哈默施泰因少将率2500人防守。26日，莫罗率2万法军包围梅嫩。29日夜间，守军成功突围，损失很小。当时沙恩霍斯特任哈默施泰因的参谋长。——译者注

★ 附录2 ★

关于军队的有机划分
（可作为对第二卷第五篇第五章的说明）

当人们看到实际出现的部队的无数队形，就应该已经能推断出，对一支部队因基本战术而形成的不同部分进行划分并确定兵力大小的理由并非十分严格，而是允许有很大的余地。但是我们无须多加思考即可确信，根据这些理由是无法做出比较精确的规定的。至于在这方面通常提出的一些看法，例如如果一位骑兵军官提出，一个骑兵团的兵力越多越好，**否则它就没有能力采取什么行动**，是不值得认真予以考虑的。与基本战术有关的小部队（步兵连、骑兵连、步兵营和骑兵团）的情况就已经如此，而规模较大部队的情况就更复杂得多。基本战术在这里已经根本不够用了，要高等战术（或称之为部署战斗的学问）与战略一起才能解决。现在我们要研究一下这些较大的部队：旅、师、军和军团。

首先，我们用一点时间谈谈这个问题的哲理。究竟为什么要把大量人员有序地分为多个部分呢？这显然是因为一个人只能直接指挥一定数量的人。一位统帅不可能把5万名士兵中的每一个都部署和控制在适当的位置，并且指示他该做什么和不该做什么。假如这是可能的，那显然是最好不过了，因为这样一来，无数的下级指挥官中就不会有哪位再给统帅的命令加上些什么（至少这将是反常现象），但部队分为多个层级会使每个人在执行上级命令时或多或少地削弱其原有的力量，减少上级原有想法的准确性。此外，如果部队有多个层级，那么一个命令就需要很长时间才能传达到受命者。由此可见,部队的层层划分形成一个传达命令的阶梯,是**一件避免不了的苦恼事**。我们的哲理就谈到这里为止,现在开始从战术和战略方面来谈这个问题。

作为一个大的或小的独立整体来与敌人对抗的完全独立的部队有三个主要部分。如果没有这三个部分,这支部队几乎是不可想象的:一个是这支部队前出的部分a,一个是这支部队为应对意外情况而保留的部分c,以及在这两部分之间的主力部分b:

$$a$$
$$b$$
$$c$$

如果在对较大的整体进行划分时要着眼于各部分的独立性,如果要使固定的划分与经常的需要相适应(这一点当然应该是统帅的意图),那么这个整体就从不应该少于三个部分。但是不难看出,即使是这三个部分也还不能构成很自然的序列,因为谁也不会愿意让他前出的和保留的部分与主力部分的兵力一样多,因此设想主力部分至少由两个部分组成,也就是整体由四个部分组成,按abcd的顺序,会更自然:

$$a$$
$$b\ c$$
$$d$$

但是这显然还不是最自然的序列。尽管现在采取了纵深部署,但在战术和战略上使用部队的方式仍然是横线式的,因此就自然需要有右翼、左翼和中央。这样分为五个部分可以说是最自然的了,形式是abcde:

$$a$$
$$b\ c\ d$$
$$e$$

这种部署已经允许把主力的一个部分(在紧急情况下甚至是两个部分)派向右面或左面。如果有人与我一样主张保留强大的预备队,那么他也许认为保留的部分与整体相比兵力太少,因此再增加一个部分,使预备队的兵力占总兵力的1/3。于是整个划分的顺序是abcdef:

```
            a
          b   c   d
             e   f
```

如果是一支兵力很大的部队，是一个较大的军团，那么我们从战略上必须指出，这个军团几乎经常需要向左右派出部队，因此还可以增加两个部分，于是就形成下列abcdefgh的战略形状：

```
            a
        b   c   d   e   f
                g   h
```

由此可见，人们在划分一个整体时，不应少于三个部分，同时不应超过八个部分。不过这似乎是很不确定的，因为人们可以设想一下，如果把一个军团分为军、师和旅三个层级，每个层级有三个同级部队单位（3×3×3），计27个旅，或者把一个军团分为可以允许的18个因数的任何一个可能的结果，那么就会产生很多不同的组合。

我们还要考虑到一些重要问题。

我们没有谈到步兵营和骑兵团的兵力问题，因为我们想把它留到谈论基本战术时再论述。根据以上所述应该只会得出结论说，我们希望一个旅不少于三个步兵营。当然我们也必须坚持这一点，而且也看不到其中有什么不合理之处，但是要限定一个旅可以有的**最多**兵力却比较困难。旅通常被视为尚可以和应该由一个人直接（在他的口令范围内）指挥的部队。如果我们坚持**这一点**，那么一个旅自然不能超过4000～5000人，即根据步兵营不同的兵力，可以由6～8个营组成。但是我们在此必须同时把另一个问题作为一个新的因素纳入这一研究中来，这就是各兵种的结合。现在欧洲国家一致认为，在军团以下的部队就应该进行这种结合，只是有些人主张只在军一级，即2万～3万人的部队进行这种结合，有些人则主张在师一级，即8000～12,000人的部队就已经应该进行这种结合。我们暂且不想参与这个争论，只想指出一点（大概不会有人反对这一点）：一支部队之所以能够独立行动，主要是三个兵种相结合的缘故，因此对那些在战争中经常要独立作战的部队来说，至少是非常希望有这种结合的。

不过我们不仅要考虑三个兵种的结合，而且也要考虑到两个兵种，即炮兵和步兵的结合。虽然近代炮兵在骑兵先例的鼓舞下，几乎也要独立起来，单独组成一个小规模的炮兵军团，但是按照一般的习惯，炮兵和步兵的结合很早就已经出现了。迄今炮兵不得不同意分配到旅里去，因此炮兵和步兵的这种结合以另一种方式构成了旅的概念。问题仅在于，人们首先要确定将一个炮兵连经常与之结合在一起的步兵部队的兵力应该有多大。

确定这个问题比人们初看上去认为的要容易得多，因为能为每千人带到战场上去的火炮数目很少是我们能随意决定的，而是由其他一些原因（部分原因和我们的关系很小）决定的。有关一个炮兵连应该有多少门火炮的规定，比任何其他类似的规定都有更充分的战术依据，因此人们不问这部分步兵（例如一个旅）应该有多少门火炮，而是问应该有多少步兵与一个炮兵连编在一起。例如，如果在军团一级每千人有三门火炮，并且其中一门留在炮兵预备队，那么可以分配给部队的就是两门火炮，于是一个有8门火炮的炮兵连就可配属4000名步兵。由于这里所讲的比例也是最常用的比例，这就表明，我们在这里大体上得出了相同的结果。关于确定一个旅的人数，我们就不想多谈了。根据上述，一个旅由3000～5000人组成。部队的划分尽管一方面因此而受到限制，另一方面又因军团的兵力是一个既定数而已经受到限制，但总还是可以进行很多种组合的。严格地让部队遵循"划分的部分应该尽量少"的原则，为时尚早；我们还有一些一般性的问题需要考虑，而且也应该允许具体情况有特殊考虑的权利。

首先我们必须指出，较大的部队应比小部队有更多的部分，因为它们必须更灵活一些（上面已经提到），而如果将小部队分成太多的部分，则不便于指挥。

如果人们以两个主要部分组成一个军团，而每个部分有其专门的指挥官[1]，那么这就等于说人们要取消军团指挥官。每个了解这方面问题的人，无须进一步解释都会明白这一点。把军团分为三个部分也好不了很多，因为不把这三个部分再加以划分，就不可能进行灵活的运动和形成合适的战斗序列，而继续划分很快就会引起这些部分的指挥官不满。

---

[1] 指挥官的总人数是划分的真正根据。如果一位元帅统率10万人，将其中5万人交给专门一位将军指挥，同时元帅将另外5万人分为五个师亲自指挥（这种情况是常见的），那么整个部队实际上不是分成两个部分，而是立即分成了六个部分，只是其中一个部分的兵力是其他各部分的五倍而已。——作者注

部分的数目越多，最高指挥官的权力就越大，整个部队的灵活性也越大，这是人们把部队分成尽可能多的部分的一个原因。由于人们在较大的大本营中（例如军团的大本营）比一个军或一个师的较小的参谋部有更多的传达命令的手段，因此根据普遍存在的理由，划分一个军团最好不要少于八个部分。如果其他情况允许，可以把划分的数目增至九或十。而如果超过十个部分，要想总是十分迅速而完整地传达命令就会有困难，因为我们不应忘记，在这里不单纯是传达命令的问题（否则一个军团拥有的师的数量就可以与一个连的人数一样多了），而是还有与命令相关的大量的部署和检查问题，对六个或八个师进行这些工作当然要比对12个或15个师更容易。

相反，如果一个师的绝对兵力少，即假设它是一个军的一部分，那么它总是可以分成比说过的标准数目更少的部分：分为四个部分是非常恰当的，必要时可分为三个部分，而分为六个和八个部分恐怕就有困难，因为这个师迅速传达命令的手段较少。

对我们提出的标准数目的这一修正给了我们一个结论：一个军团不应少于五个部分，最多可以划分为十个部分；一个师不应超过五个部分，可以少到四个部分。在这两者之间是军，至于一个军的兵力应该有多少，以及到底应不应该有军存在，则取决于军团和师的数量关系结果。

如果把20万人分为十个师，一个师分为五个旅，那么一个旅就有4000人。就是说，把这样一支军队划分成几个师也就足够了。

人们当然也可以把这支军队分为五个军，每个军再分为四个师，每个师分为四个旅，这样每个旅就有2500人。

我认为第一种分法更好，因为第一，在指挥层级上少一个层次，因此命令抵达较快；第二，一个军团分为五个部分太少，不够灵活；一个军分为四个部分也是这个问题，而且一个2500人的旅太小。采取后一种划分方法，一个军团就有80个旅，而采取第一种划分方法只有50个旅，更为简便。然而人们为了直接指挥五位而不是十位将领，就放弃了第一种划分方法的这些优点。

一般性的考察就到此为止。但是根据具体情况确定如何划分部队是无比重要的。

在平原上指挥十个师是容易的，而在复杂的山地阵地中就有可能变得完全无法指挥。

如果一条大的江河把一个军团分开，那么在河的另一岸就需要派一位专门的指挥官。一般规则遇到这些实际情况是无能为力的。要指出的是，随着这些实际情况的出现，有些划分方法在其他情况下会引起的不利绝大部分会消失。当然这里也会出现滥加划分的情况，例如为满足某种不成熟的虚荣心，以及出于个人考虑而进行不恰当的划分。但是经验告诉我们，不管具体情况的需求到了何种程度，对部队的划分通常仍是要根据一般的理由进行。

★ 附录3 ★

战术或战斗学授课计划

一、引言 战略和战术概念界限的确定

二、战斗的一般理论（战斗——舍营——野营——行军）

1. 战斗的本性。战斗中的有效要素。仇恨和敌视——变化——其他情感力量——理解力和才能。

2. 对战斗的进一步规定——独立的战斗——部分战斗——部分战斗是怎样产生的。

3. 战斗的目的：胜利——胜利的程度、色彩和分量。

4. 胜利的原因，即敌人退却的原因。

5. 根据兵种划分战斗——白刃战——火力战。

6. 战斗的不同行动。破坏行动和决战行动。

7. 根据积极或消极原因划分战斗。进攻和防御。

8. 战斗计划。战斗的战略目的——战斗的目标——手段——战斗方式的确定——时间的确定——空间的确定——相互作用——指挥。

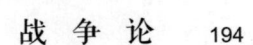

此外，第一部分的授课提纲应该根据上述划分来制订。

三、不结合具体情况的特定部队的战斗

（队形——战斗序列——基本战术）

（一）各兵种

1. 步兵
2. 炮兵　　各自的作用以及由此产生的进攻和
3. 骑兵　　防御时的队形和基本战术

（二）进攻和防御时的兵种结合

1. 兵种结合的理论
   （1）步兵与炮兵的结合
   （2）步兵与骑兵的结合
   （3）骑兵与炮兵的结合
   （4）三个兵种的结合
2. 由三个兵种组成的某些部队
   （1）旅
   （2）师　　其战斗序列——阵地——
   （3）军　　运动——战斗
   （4）军团

四、结合地形地貌进行战斗

1. 关于地形对战斗的总的影响
   （1）在防御时的影响
   （2）在进攻时的影响

此外，如果这里的考察不符合逻辑，那么这是因为出于实际的考虑。对地形

应该尽早加以考察，但是如果人们没有一开始就从进攻或防御这两种形式中的一种来设想战斗，那么就不可能考察地形，因此要把地形和战斗融合起来进行考察。

2. 防御的一般理论

3. 进攻的一般理论

4. 特定部队的防御战斗

（1）一支小部队的防御战斗

（2）旅防御战斗

（3）师防御战斗

（4）军防御战斗

（5）军团防御战斗

5. 特定部队的进攻战斗

（1）一支小部队的进攻战斗

（2）旅进攻战斗

（3）师进攻战斗

（4）军进攻战斗

（5）军团进攻战斗

五、有特定目的的战斗

（一）防御

1. 安全举措

（1）哨兵

（2）巡逻哨

（3）用于支援的小部队[1]

（4）小哨所

（5）前哨线

---

[1]原文为法语"soutenir"，指隐蔽部署在步兵线后面不远处的单独的小部队，其任务是跟随所属的作战部队，随时为其提供支援。——译者注

（6）联络哨

（7）前卫部队

（8）后卫部队

（9）前出部队

（10）行军时的侧面保护部队

（11）联络分遣队

（12）监视分遣队

（13）侦察

2. 保护

（1）对单独哨所的保护

（2）对车队的保护

（3）对征集粮草的保护

3. 不同目的的部署

（1）在山地

（2）在河岸

（3）在沼泽地旁

（4）在林地中

4. 不同目的的会战。消灭敌军——占领一地区——单纯士气上的影响——军队的荣誉

（1）无准备的防御会战

（2）在有准备的阵地上的防御会战

（3）在有防御工事的阵地上的防御会战

5. 退却

（1）在敌人面前一次退却（撤退）

①在一次战斗前

②在战斗过程中

③在一次战斗后

（2）战略退却（保持战术部署的多个相继实施的退却）

（二）进攻

1. 根据防御的目标划分和论述的进攻
2. 根据进攻本身的目标划分和论述的进攻
（1）袭击
（2）突破

六、关于野营和舍营

七、关于行军

★ 附录4 ★

战术或战斗学概论

一、战斗的一般理论

战斗的目的

1. 战斗的目的是什么?

（1）消灭敌军。

（2）占有某个目标。

（3）单纯为了军队荣誉而争取胜利。

（4）同时抱有以上两个或全部三个目的。

胜利的理论

2. 所有上述四个目的只有通过胜利才能达到。

3. 胜利就是敌人退出战场。

4. 敌人只有在下述情况下才会退出战场：

（1）如果他损失过大，因此害怕对方的优势，或者他感到要达到目的会付出过大的代价。

（2）如果他的序列已经受到很大的干扰，即整个部队的作用已经受到很大的破坏。

（3）如果他已经陷入地形带来的不利，担心继续战斗会受到过多的损失（这里也包括阵地的损失）。

（4）如果其部队的部署形状非常不利。

（5）如果他受到小规模甚或大规模的袭击，即没有时间部署和展开适当的举措。

（6）如果他察觉到对手在数量上对自己的优势过大。

（7）如果他察觉到对手在精神力量方面对自己的优势过大。

5. 在上述所有情况下，统帅都有可能放弃战斗，因为他认为没有局势好转的希望，担心局势每况愈下。

6. 假如上述原因中一个都没有就退却，那么退却就是没有理由的，也就是说统帅或指挥官不能定下这样的决心。

7. 但是退却可能违背统帅或指挥官的意志而实际发生：

（1）如果部队由于缺乏勇气或参战的意愿而逃避战斗。

（2）如果部队由于惊慌失措而溃退。

8. 在这些情况下，部队有可能违背指挥官的意志而承认对手胜利。甚至当上述第4条第（1）～（6）项提到的各种情况产生对我们有利的结果时，部队也有可能承认对手胜利。

9. 这种情况在小部队中可能而且想必会经常出现，因为小部队的整个行动持续时间短，几乎不会给指挥官留有定下决心的时间。

10.

（1）但是在大部队中，这种情况只会部分发生，基本上不会在整体中发生。不过如果有多个部分都让对手轻而易举地取得了胜利，那么就会使整体面临在第4条第（1）～（5）项中所述的情况，并出现一种不利的结果，由此促使统帅定下退却的决心。

（2）在大部队中，第4条第（1）（2）（3）（4）项所说的不利情况，并不是以各个不利之和的形式呈现给统帅，因为统帅从不会看得这样全面。当这些不利集中在一个狭小的空间内，形成一个可观的数量，出现在部队主力或者一个重要部分时，这些不利才呈现出来。统帅就是要根据整个行动中的这种主要情况来下定决心。

11. 最后，与战斗无关的外部原因（例如一些导致取消战斗目的或者显著改变战略关系的消息）也能促使统帅放弃战斗，即下定退却的决心。这可以说是战斗的一种中断，不属于这里论述的范围，因为它不是战术行为，而是战略行为。

12. 放弃战斗就是承认对手目前占有优势（不管是物质上的还是精神上的），就是**在意志上屈服**。胜利的第一个精神上的力量就表现在这里。

13. 由于只有离开战场才能放弃战斗，因此退出战场就是**承认对手目前占有优势的标志**，就是**降下军旗**。

14. 但是**胜利的特征**还没有决定胜利的大小、重要性和辉煌。这三点往往同时发生，但绝不是相同的。

15. 胜利的大小取决于战胜敌军和战利品数量的多少（缴获的火炮、俘虏、夺得的辎重、敌人的伤亡）。因此对一支小部队不可能取得大的胜利。

16. 胜利的重要性取决于要达到的目的的重要性。占领一处重要的阵地可以使一个本身不重要的胜利变得重要。

17. 胜利的辉煌表现在以较少的部队取得较多的战利品。

18. 因此，胜利有不同的样式，尤其是有很多层次。严格来说，任何一场战斗都不会没有胜负，即都是有胜利的，但是语言上的习惯和事物的本性却让人们只把那些付出巨大努力后取得的战斗结果视为胜利。

19. 如果敌人只采取必要的行动，以查明我方的真正意图，一旦查明意图后就让步了，那么我们就不能把这称为我们的胜利。如果他采取了更多的行动，那么这就表明他想成为真正的胜利者；而如果他在这种情况下放弃了战斗，我们就可以认为他已经被战胜。

20. 由于只有双方中的一方或双方把交战的部队后撤一些，才能放弃一场战斗，因此严格来说，"双方均保住了战场"这一说法是不成立的。不过，如果人们按事物的本性和语言上的习惯仅把战场理解为主力部队所在的阵地（因为只有当**主力部队退却时，胜利的最初结果才出现**），那么当然就有完全未决出胜负的会战了。

战斗是达到胜利的手段

21. 战斗是达到胜利的手段。由于在第4条第（1）～（7）项中所指出的各种情况是胜利的前提条件，因此战斗也就以达到这些条件作为自己的直接目的。

22. 现在我们必须从战斗的各个方面来认识战斗。

什么是单个战斗

23. 从物质角度看，每场战斗都可以分成与战斗人数一样多的单个战斗，但是单个人只有单独地（独立地）战斗时，才是一个专门的要素。

24. 战斗的单位从单个的战斗人员起，随着指挥层级的上升，成为新的单位。

25. 这些单位通过战斗的目的和计划联系在一起，但并不是密切到各部分没有一定独立性的程度。等级越高，这种独立性就越大。至于各部分的这种独立性是如何产生的，我们将在后面论述（见第97条和第98条）。

26. 因此每个整体战斗是自上而下由各级单位（直到最后一个独立行动的单位）的大量单个战斗组成的。

27. 但是一个整体战斗也可以是由陆续进行的单个战斗组成的。

28. 我们把所有单个战斗称为部分战斗，把所有部分战斗称为整体战斗；不过我们把整体战斗的概念与个指挥这一条件联系在一起，以至于只有由一个意志指挥的战斗才可以算作一个战斗（在部署哨所线时，这种界限是根本无法确定的）。

29. 这里所说的战斗理论既适用于整体战斗，也适用于部分战斗。

战斗的原理

30. 每个斗争都是仇恨的表达，这种仇恨本能地转为斗争。

31. 这种攻击和消灭敌人的本能是战争的真正要素。

32. 即使是在最野蛮的人身上，这种仇恨的冲动也不是一种单纯的本能，而是还有思考和理智，无意图的本能从而变成有意图的行动。

33. 情感力量就以这种方式服从于理智。

34. 但是人们决不能认为情感力量已经完全被排除了，不能以纯粹的理智的意图来取代情感力量，因为即使情感力量真的完全消失在理智的意图之中，在斗争过程中还是会重新迸发出来。

35. 由于我们现在的战争不是个人对个人表达仇恨，因此战斗看似不包含任何真正的仇恨，似乎纯粹是理智的行为。

36. 然而事实并非如此。一方面，双方绝不会缺少集体的仇恨，这一集体仇恨在个人身上或多或少会产生作用，以至于个人也会仇恨和敌视对方中的个人；另一方面，在斗争过程中也会在个人身上或多或少燃起真正的仇恨。

37. 在没有敌意的地方，对荣誉的渴望、虚荣心、自私和团队精神[1]与其他情感力量一起代替仇恨起作用。

38. 因此在战斗中，仅是指挥官的意志，仅是既定的目的，很少或者绝不会成为战斗者行动的唯一动机，而总是有很大一部分情感力量在起作用。

39. 由于斗争是在危险的领域中进行的，而所有情感力量在这个领域中更为重要，因此情感力量的这种动机作用就更大。

40. 但是即使是指导斗争的智慧也绝不可能是纯粹的理智的力量，因此斗争绝不是单纯的可计算的对象。

（1）因为斗争是有生的、物质的和精神的力量的相互冲撞，人们对这些力量只能做一般的估计，无法做精确的计算；

（2）因为参与斗争的情感力量可能使斗争成为某种激情的活动，并由此而成为一种需要较高判断力的活动。

41. 因此与理智的计算相反，斗争有可能是运用才能和天赋的活动。

42. 人们在斗争中表现出来的情感力量和天赋应该被视作独特的精神力量。这些力量彼此很不同，伸缩性也很大，不断地超出理智计算的范围而产生作用。

43. 军事艺术的任务就是在理论上和实施中考虑到这些力量的作用。

44. 越是能充分地利用这些力量，斗争就越有力，战果就越丰富。

45. 军事艺术的一切发明，例如武器、组织机构、熟练的战术和在战斗中使用部队的原则等，对自然的本能是一种限制，旨在间接地使这种本能力量得到更有效的使用，但是情感力量是不受这种支配的，如果人们过于要把它们变成工具，就会夺走其活力和力量，因此不论是在理论的规定中，还是在其常见的习惯做法上，都应处处给情感力量留下一定的活动余地。要做到这一点，就要在理论上有高瞻远瞩的立足点和见解，在实施中有杰出的判断力。

---

［1］"团队精神"一词，作者用了法语"esprit de corps"。——译者注

两种战斗样式　白刃战和火力战

46. 在人类的才智所发明的所有武器中，那些使战斗者相距最近的、最近似粗鲁搏斗的武器是最适合发泄本能的最自然的武器。比起梭镖、矛、投掷器，匕首和战斧更属于这类武器。

47. 从远处就已经能打击敌人的武器更多的是理智的工具；它们使情感力量和本来的斗争本能几乎完全不起作用，而且这些武器的有效距离越大，情况就越是这样。在使用投掷器时，人们还可以想象投掷者在投掷时会有某种冲天的愤怒情绪，而在用线膛枪射击时，这种情绪就会少一些了，在用火炮射击时就更少了。

48. 尽管在此也有一些武器处于上述两类武器的过渡阶段，但还是能看到所有近代武器分为两大类，即劈刺武器和射击武器，前者导致白刃战，后者导致远距离战斗。

49. 因此产生了两种战斗样式：白刃战和火力战。

50. 两者都以消灭对手为目的。

51. 在白刃战中，消灭对手是毫无疑问的目的；在火力战中，消灭对手只是或多或少的可能的目的。由于有这个区别，这两种战斗形式的意义就很不同了。

52. 因为在白刃战中消灭对手是毫无疑问的目的，所以有利条件或勇气稍占优势就是决定性的因素，处于不利境地或勇气较差的人就会试图逃走，以摆脱危险。

53. 在所有多人进行的白刃战中，这种情况通常有规律地很早就会出现，以至这种战斗本来应有的歼灭力大为减弱，使其主要效果更多地表现为驱逐敌人，而非消灭敌人。

54. 因此，如果人们看一下白刃战在现实世界中的实际效果，那么人们就必须把**驱逐**敌人，而不是把**消灭**敌人当作它的目的。消灭敌人成了手段。

55. 正如白刃战的本来目的是消灭敌人一样，火力战的本来目的是驱逐敌人，而消灭敌人只是为达到此目的的手段。人们对敌射击是为了把他赶走，避免进行自己感到无法胜任的白刃战。

56. 但是火力战带来的危险不是一个完全不可避免的危险，而是一个或多或少有可能出现的危险。对单个人的感性印象来说，这种危险不是很大，而是要经过一段时间和累积效果（这种效果不会造成感性上的印象，即不会造成直接有效的印象），才会变得大起来，因此双方中的一方不是一定面临要逃避这种危险的情况。由此可见，驱逐某一方不是立刻就能做到的，在很多情况下是根本无法实现的。

57．如果情况是这样，那么通常在火力战结束时，就必须用白刃战来驱逐敌人。

58．火力战的歼灭力随着战斗的持续而增长，而白刃战的歼灭力由于迅速决出胜负而消失。

59．这样一来，火力战的一般目的就不再是驱逐敌人，而是使所用的手段直接产生效果，即消灭敌人，在集体战斗中就是摧毁或削弱敌军。

60．如果白刃战的目的是**驱逐**敌军，火力战的目的是**摧毁**敌军，那么就应该把白刃战视为**决战**的真正工具，把火力战视为**准备**决战的真正工具。

61．但是白刃战和火力战仍保留了对方要素的某些作用。白刃战不是没有摧毁力的，火力战不是没有驱逐力的。

62．白刃战的摧毁力在大多情况下是微不足道的，甚至常常等于零；假如不是在某些情况下通过白刃战可以俘虏敌人，从而使白刃战的摧毁力又有很大提高的话，白刃战的摧毁力几乎不会引人注意。

63．但是必须指出，俘虏敌人大多在火力战已经产生效果的情况下才能做到。

64．因此，在今天的兵种比例下，没有火力战的白刃战恐怕只有微不足道的歼灭力。

65．火力战的歼灭力可以由于战斗的持续而增加到最大限度，也就是达到撼动或摧毁敌人勇气的程度。

66．结果是，消灭敌军的绝大部分作用是火力战起到的。

67．通过火力战削弱敌人的结果是：

（1）要么敌人主动退却；

（2）要么为接下来的白刃战做好了准备。

68．通过驱逐敌人这一在白刃战时欲达到的目的，就能够得到真正的胜利，因为把敌人逐出战场就是胜利。如果敌人的整个军队规模很小，那么这个胜利就有可能囊括整个敌军，并决定结局。

69. 如果白刃战只是在整体的各部分之间进行的，或者整个战斗是由多个陆续进行的白刃战组成的，那么对单个的白刃战的成果就只能视为**部分战斗**中的一次胜利。

70. 假如这个部分是整体的一个重要部分，那么整体有可能因此而一起失败，也就是部分的胜利直接导致了对整体的胜利。

71. 但是即使白刃战的结果不是一个对整体的胜利，那么它仍会带来以下好处中的一种：

（1）夺占敌人的地区。

（2）摧毁敌人的精神力量。

（3）破坏对手的序列。

（4）破坏敌人的物质力量。

72. 因此对部分战斗来说，应该把火力战看作是破坏行动，把白刃战看作是决战行动。至于对整体战斗来说应该如何看待它们，我们以后再考察。

两种战斗形式与进攻和防御的关系

73. 另外，战斗是由进攻和防御组成的。

74. 进攻是积极的意图，防御是消极的意图。进攻是要驱逐敌人，防御只是要据守。

75. 但是据守不是单纯的坚持，因此不是忍受，而是取决于能否进行积极的还击。这种还击就是消灭敌进攻部队。因此只能把防御的目的视为消极的，不能把防御的手段视为消极的。

76. 由于在防御中守住阵地的结果自然是对手不得不退让，因此尽管防御的目的是消极的，但是对防御者来说，对手退却（退让）也是胜利的标志。

77. 由于白刃战与进攻有相同的目的，因此白刃战原本是进攻的要素。

78. 但是由于白刃战自身拥有的歼灭因素很弱，因此仅仅采用白刃战的进攻者在大多数情况下几乎不能被视为一个战斗者，无论如何这是很不相称的战斗。

79. 只有在小部队中，或者在单一的骑兵中，白刃战才有可能构成整个进攻。部队越大，参战的炮兵和步兵越多，仅是白刃战就越不够。

80. 因此进攻也要根据需要运用火力战。

81. 在火力战中，就双方与这一战斗样式的关系而言，可将双方视为相同。火力战对白刃战所占的比例越大，进攻与防御的原有差别就越小。进攻者最后不得不进行白刃战的尚存的不利情况，不得不通过白刃战特有的有利条件和兵力优势来弥补。

82. 火力战是防御者的自然因素。

83. 如果防御者通过火力战已经取得了有利的结果（进攻者退却了），那他就不需要进行白刃战了。

84. 如果防御者没有得到有利的结果，而且进攻者转入白刃战，那么防御者也必须运用白刃战。

85. 当白刃战的好处比火力战更大时，防御者决不能排斥白刃战。

两种战斗形式中的有利条件

86. 现在我们必须对两种战斗的本性做总的进一步考察，以便了解那些能在这两种战斗中形成优势的因素。

87. **火力战**

（1）在武器使用上的优势（这种优势在于部队的组织和素质）。

（2）作为固定部署，在编组和基本战术方面的优势。

在战斗中使用训练有素的军队时，无法考虑有关因素，因为它们是这些军队已经具备的，但是人们可以而且必须把它们视为**最广义**的战斗学的研究对象。

（3）数量。

（4）在第（2）项中未包括的部署形式。

（5）地形。

88. 由于我们只谈**训练有素的军队**的使用，因此上面第（1）和第（2）两项不属于这里要论述的内容。我们在实际考察时，某种程度上只能把它们视为既有条件。

89.

（1）**数量上的优势**。

如果两支数量不等的步兵和炮兵部队在同样大的空间内平行相对部署，那么假如所有的射击都是以单个人为目标的**精确射击**，那么命中的数量与射击的人数将是相同的。假如是向一个整靶射击，即目标不再是单个的人，而是一个步兵营、一条线等，那么命中的情况也是相同的。对战争中，甚至散兵战斗中的射击，大多数确实是可以这样看待的。然而这个靶子实际上并不是一个实体靶，而是由人和他们之间的空隙组成的。空隙是随着同一空间内的战斗者的增加而减少的。因此，两支数量不等的部队之间的火力战的效果，取决于射击者的人数和受到射击的敌军的人数。换句话说，数量优势在火力战中不起决定性作用，因为一方利用大量射击所赢得的好处，会由于对方射击命中率更高而被抵消。

假设我方50人与敌一个500人的步兵营在同样大的区域内对峙。如果50发子弹中有30发中靶，即命中对方所在的正方形区域，那么敌500发子弹中就有300发命中我50人所在的区域。但是由于500人的密度是50人密度的10倍，因此我方的命中率是对方命中率的10倍，从而我方50发子弹命中的人数恰好与敌方500发子弹命中我方的人数一样。

尽管这个结论不会完全符合实际，而且数量上的优势总会带来小的好处，但是可以肯定，这个结论基本上是对的，即一方在火力战中取得的效果还远不能与数量优势完全成正比，而是几乎不受数量优势的影响。

这个结论极为重要，因为它构成了在准备决战的破坏行动中节约用兵的基础，而节约用兵可以被看作是取得胜利的最可靠的手段之一。

（2）我们不认为这个结论会导致一种荒谬的想法，比如认为，假设两个人（这是能够占据一个在这里想象为靶子的较长区域的最少人数）的间距与2000人的间距一样大，那么这两个人的射击效果与2000人的射击效果会是一样的。假如那2000人总是径直向前射击，那么情况当然是这样，但是如果人数较少一方的人数是如此少，以至人数较多一方可以把他的火力集中地对准每个人，那么想必自然会出现极为不同的效果，因为此前我们做的单纯以整个区域为靶子射击的假设已经不存在了。同样，一道由过少兵力组成的火力线根本不可能迫使对手接受火力战，而是立刻会被对手赶走。由此可见，人们不能把上述结论延展得过多。尽管如此，这个结论仍然是十分重要的。人们已经上百次地看到一道火力线与拥有双倍兵力的敌火力线相抗衡。不难看出，这对节约用兵会产生什么样的效果。

（3）因此可以说，双方中的每一方都能够加强或减弱对方的（总的）火力效果，这取决于他是否把更多的战斗者投到火力线上去。

90. **部署的形式**可以是：

（1）正面正对、宽度相同。这样的部署形式对双方来说利弊相同。

（2）正面正对、宽度较大。这样的部署形式是有利的，但是不难理解，由于射程的原因，很难做出这种部署。

（3）包围式的。由于此时的射击效果加倍，而且展开自然较大，因此这种部署形式是有利的。

与（2）和（3）相反的部署形式自然是不利的。

91. **地形**在火力战中起到以下有利作用：

（1）防护（像一道胸墙）。

（2）隐蔽，即妨碍敌人瞄准。

（3）妨碍敌通行，从而将敌置于我火力打击之下，长时间阻止其前进，但也会更多地妨碍自己射击。

92. 在白刃战中起作用的有利条件，就是那些在火力战中起作用的有利条件。

93. 第87条中的（1）（2）项不属于这里要考察的。但是应该指出，在白刃战中武器使用方面的优势不可能产生火力战中那样大的差别。相反，勇气在白刃战中扮演着决定性的角色。由于大部分的白刃战是由骑兵进行的，因此第87条第（2）项中所谈到的问题就变得尤其重要。

94. **数量**在白刃战中的决定性比在火力战中大得多；它几乎是主要问题。

95. **部署的形式**在白刃战中的决定性同样比在火力战中大得多，具体是在正面相对时，宽度小反而更有利。

96. **地形**

（1）作为通行的障碍。这是地形在白刃战中起的主要作用。

（2）利于隐蔽。隐蔽自己有利于出敌不意，而出敌不意在白刃战中是特别重要的。

战斗的分解

97. 我们在第23条中已经看到，每个战斗都是一个分成很多部分的整体，在这个整体中各部分的独立性是不同的，越是向下，独立性就越小。现在我们就来进一步研究这个问题。

98. 实际上，我们可以把在每个战斗中可以用**口令**指挥的部队（例如一个步兵营、一个炮兵连、一个骑兵团等，如果这些大量人员确实是集结在一起的话）看作是**一个部分**。

99. 当口令指挥不到时，则用命令（不管是口述的还是书面的）取代。

100. 口令是无法分出层次的，它已经是实施的一部分，但是命令是有层次的，从接近于口令的最确切的内容直到最一般的内容，它不是实施本身，而只是一个委托。

101. 所有受口令指挥的部分都不能有自己的意志；而如果命令取代了口令，那么各部分就开始有一定的独立性，因为命令具有一般的特性，如果它有不足的地方，指挥官就必须根据自己的意志对它加以补充。

102. 假如人们对战斗中同时和先后出现的部分和事件能够准确地预先确定和判断，也就是说假如在制订战斗计划时能够像安装一台无生命的机器那样一直考虑到最细微的部分，那么命令就不会有这种不确切性了。

103. 但是战斗者始终是一群人或单个人，绝不可能成为无意志的机器，而且他们战斗的地方很少或者绝不会是一块对战斗毫无影响的完美和空旷的平地，因此完全不可能事先计算出所有活动。

104. 计划的这种不足随着战斗的持续和参战人数的增加而加大。一方面，一支小部队的白刃战几乎完全可以事先就列入其计划；相反在火力战中，即使是小部队的火力战也会由于它持续的时间长和发生的偶然事件多，而无法像对白刃战那样计划得那么具体。另一方面，对大部队（例如一个有2000或3000匹战马的骑兵师）的白刃战，最初的计划也不可能把一切都规定好，因此单个指挥官经常需要根据自己的意志对计划进行补充。至于一次大会战，除了开始阶段，计划只能规定出主要的轮廓。

105. 由于计划（部署）的这种不足是随着战斗所用时间和空间的加大而增加的，因此通常要给较大部队留出比较小部队更多的余地；部队的级别越低，对它的命令就越要具体，直到可以用口令指挥的部队。

106. 此外，部队的各部分因所处的情况不同，其独立性也有所不同。同一支部队，其独立性必然会由于空间、时间、地形特点、任务本性的不同而减小或加大。

107. 整体战斗除了这样有计划地分为独立的部分战斗以外，在下述情况下也可能出现计划外的分解：

（1）准备进行的分解比计划中的更细。

（2）在根本不应分解，而是应用口令指挥的地方出现了分解。

108. 这种分解是由无法预计到的情况引起的。

109. 结果是同属整体的各部分取得的战果不同（因为各部分可能处于不同的情况）。

110. 这样一来，个别部分就需要进行一种在整体的计划中没有的改变，这主要是由于：

（1）这些部分要避开地形、数量和部署方面的不利。

（2）这些部分在这些方面得到了它们想利用的有利条件。

111. 结果是一场火力战不时无意地，不时或多或少有意地转变为一场白刃战；或者反过来，后者转变为前者。

112. 部队接下来的任务是要使这些变化符合整体的计划，其方法是：

（1）在出现不利情况时，通过某种方式对这些变化进行补救。

（2）在出现有利情况时，只要不会有逆转的危险，就应尽量利用这些变化。

113. 因此是整体战斗有意和无意地分解为或多或少独立的部分战斗，使整体战斗中交替出现各种战斗形式（白刃战和火力战，进攻和防御）。

114. 现在在这方面还有必要对整体进行一下考察。

战斗是由两种行动即破坏行动和决战行动组成的

115.

（1）根据第36条[1]所述，对局部战斗来说，从带有摧毁因素的火力战和带有驱逐因素的白刃战中产生出两种不同的行动：破坏行动和决战行动。

（2）部队规模越小，这两种行动就越简单，由一个火力战和一个白刃战组成。

116. 部队规模越大，就越不得不一同采取这两个行动，以至破坏行动由一系列同时和先后进行的火力战组成，决战行动也同样由多个白刃战组成。

---

[1]原文如此，疑误。应为第72条。——译者注

117. 战斗分解不仅以这种方式继续下去，而且作战的兵力越多，战斗分解的层次也越多，于是破坏行动和决战行动在时间上相隔得就更远了。

破坏行动

118. 敌整体越大，在肉体上消灭敌人就越重要，因为这样一来：

（1）指挥官的影响就越小，而这种影响在白刃战中比在火力战中重要得多。

（2）士气上的差别就越小。在双方大的部队中，例如在整个军团中只有民族的不同，而在小部队中就会有各部队和各个人的不同，最后还会发生特殊的偶然情况，而这些不同和情况在大部队中是相互**抵消**了的。

（3）部署的纵深就越大，也就是说用来恢复战斗的预备队就越多（这一点我们在后面会看到），因此单个战斗的数量就会增加，整体战斗的持续时间也就增加，在驱逐敌人方面总是起很大决定作用的最初时刻的影响就会减少。

119. 从上面这一条得出的结论是：敌整体越大，就越需要从肉体上消灭敌人，以准备决战。

120. 这种准备表现在双方作战的人数减少，而兵力对比变得对我方有利。

121. 如果我们在士气或物质上占优势，那么做到双方作战人数减少就够了；如果我们在这方面不占优势，那么就要求兵力对比变得对我方有利。

122. 摧毁敌军表现在：

（1）使敌军失去战斗力，包括敌军的伤亡人员和俘虏。

（2）使敌军在体力和士气上筋疲力尽。

123. 如果一支部队在数小时的火力战中受到了很大的损失，例如损失了1/4或1/3的兵力，那么剩下的部分暂且就几乎只能被视为燃尽的煤渣，因为：

（1）这些人员在体力上已经筋疲力尽。

（2）他们的弹药已经打光。

（3）枪管已经被火药残渣堵住。

（4）很多并未负伤的人与伤员一起离开了战场。

（5）余下的人会觉得他们已经尽了这一天的义务，一旦被调离险境，就不愿再回去。

（6）原有的勇气已经削弱，战斗的欲望已经得到满足。

（7）原有的组织和序列已经部分受到破坏。

124. 上述第（5）（6）两项结果出现的多少，要根据战斗成败而定。一支夺占了一个地区或者成功地守住了让他守住的地区的部队，与一支被击退的部队相比，可以更早地重新投入战斗。

125.

（1）第123条中有两个结果需要加以考察。

第一个结果是**兵力的节省**。这个结果是由于在火力战中使用的兵力比对手少而产生的，因为在火力战中不仅由于部分人员失去战斗力，而且也由于所有参战人员的体力受到削弱，而使部队受到影响，于是在火力战中使用兵力较少的一方，自然受到的削弱也较少。

如果500人能够在战斗中与1000人抗衡，假设双方损失都是200人，那么前者剩下的300名士兵都是疲惫不堪的，而后者剩下的800名士兵中有300名是疲惫不堪的，有500人则是新锐力量。

（2）第二个结果是对手被削弱即**敌军被摧毁**的范围远超敌军伤亡和被俘的人数。敌军伤亡和被俘的数量也许只是整个兵力的1/6，剩下的还应该有5/6，但是在这5/6中，实际上只有完全**未受损的预备队**和那些虽然参加了战斗但损失很小的部队可以被看作仍能使用的部队，其余的（也许4/6）只能被视为废人[1]。

126. 这种减少有效兵力是破坏行动的首要意图，因为决战只能以较少的兵力进行。

127. 构成决战的一个障碍的并不是部队的**绝对数量**（尽管部队的这一绝对数量也是起了一些作用的；50人对50人可以立即进行决战，而5万人对5万人就不可能了），而是**相对数量**。如果整体的5/6兵力已经在破坏行动中互相较量过了，那么即使双方仍然完全保持着均势，双方的统帅还是更接近于下定最后的决心。这时只要一个相对较小的推动就可以引起决战。事实就是这样，剩下的1/6兵力可能是一个3万人的军团里的5000人，或者是一个15万人的军团里的25,000人。

128. 双方在破坏行动中的主要目的是为决战行动创造优势。

129. 这种优势可以通过从肉体上消灭敌军得到，也可以通过第4条中所列举

---

[1] "废人"一词，作者使用了拉丁语"caput mortuum"。——译者注

130. 因此在破坏行动中，在情况允许的范围内尽量利用一切可以利用的有利条件，是一种很自然的追求。

131. 现在较大部队的战斗总是分成多个或多或少独立的局部战斗（第23条），因此如果我们想利用在破坏行动中得到的好处，那么这些局部战斗往往就必须包括一个破坏行动和一个决战行动。

132. 通过这样巧妙而成功地间或运用白刃战，主要可以得到挫败敌人勇气、破坏敌人序列以及夺占敌人地区等好处。

133. 这样做甚至还可以大幅增加对敌军肉体上的摧毁，因为人们只有通过白刃战才能俘虏敌人。

因此，如果我方的炮火已经使敌人的一个步兵营受到了重创，如果我们上刺刀的进攻已经把这个营从其有利阵地上赶了出去，并且派出了两三个骑兵连去追击逃敌，那么人们就会懂得这个局部胜利将如何为我们的总体态势带来各种大的好处。当然这要有一个条件，那就是这支获胜的部队不至于因此而陷入困境，因为假如我们的步兵营和骑兵连在行动中落入优势之敌的手中，那么这就说明这一局部决战是不合时宜的。

134. 对这些局部胜利的利用，由下级指挥官就可以决定，因此如果一个军团拥有经验丰富的师长、旅长、团长、营长、炮兵连长等，那么这个军团在利用局部胜利方面就有大的优势。

135. 于是双方统帅在破坏行动中就已经在力求创造对决战有利的条件，至少借此准备决战。

136. 在这里，所有条件中最重要的始终是缴获火炮和占领地区。

137. 如果敌人正在防守一处坚固的阵地，那么占领地区的重要性就增加了。

138. 于是双方的破坏行动，特别是进攻者的破坏行动已经就是在小心翼翼地向着目标前进了。

139. 由于兵力数量在火力战中不起决定性的作用（第53条[1]），因此人们自然就力求以尽量少的兵力进行火力战。

---

[1] 原文如此，疑误。应为第89条。——译者注

140. 由于火力战在破坏行动中居主要地位，因此人们在破坏行动中也力求最大限度地节约兵力。

141. 由于兵力数量在白刃战中非常重要，因此在破坏行动中，各局部战斗的决战往往不得不依靠优势兵力。

142. 但是一般来说，节约兵力这一原则在这里也应该起主要作用。通常只有那些不需要很大优势兵力自然就能进行的决战才是合适的。

143. 不合时宜地追求决战的后果是：

（1）如果这一决战是根据节约兵力的原则进行的，就会陷入优势之敌的包围。

（2）或者，如果使用了足够的兵力，就会过早地使自己疲惫不堪。

144. 发起决战是否合适？这一问题在整个破坏行动中往往会反复出现。对破坏行动结束时进行的主力决战来说，这个问题也会出现。

145. 因此，破坏行动在一些地点有转为决战行动的自然趋势，因为在破坏行动过程中得到的每个好处只有通过决战才能得到充分的体现。

146. 在破坏行动中使用的手段越有效，或者在物质上或精神上的优势越大，整体的这种自然趋势就越大。

147. 但是如果在破坏行动中取得的战果不多或者是消极的，或者如果对手占优势，那么这种趋势在个别地点也有可能极为少见和非常微弱，以致对整体来说，这种趋势根本不存在。

148. 对部分和整体来说，这种自然的趋势都有可能导致不合时宜的决战，但它远不会因此就是件坏事，而更多是破坏行动的一个完全有必要存在的特性，因为如果没有这种趋势就会耽误很多事情。

149. 每个地点的指挥官和为总体负责的统帅必须判断现有的时机对决战是否有利，也就是说要判断这个时机是否会引起敌人的还击，从而导致消极的结果。

150. 就决战的准备来说（或者更确切地说，就一次战斗本身的准备来说），战斗指挥的任务就是部署一个火力战（从广义来说，就是部署一次破坏行动），并使它持续合适的时间，也就是说，当人们认为破坏行动已经充分到了起作用时再进行决战。

151. 但是这种判断不是根据钟表上的时间得出的，也不是从单纯的时间关系中得出的，而是从已经发生的情况中，从已经赢得优势的标志中得出的。

152. 如果破坏行动一直有好的战果，已经开始追求决战本身，那么对指挥官来说，更重要的是判断自己何时何地应让破坏行动转入决战。

153. 如果破坏行动中的转入决战的趋势很弱，那么这已经就是一个不可能取得胜利的相当可靠的标志。

154. 因此在这种情况下，指挥官和统帅大多不会发起决战，而是接到对方决战的挑战。

155. 如果在这种情况下仍然发起决战，那么进行这一决战一定是为了执行严格的命令。指挥官在发布这一命令的同时，必须利用自己所掌握的一切手段来鼓舞士气和持续影响部下。

决战行动

156. 决战是促使一方统帅定下退却决心的事件。

157. 我们在第4条中已经列举了退却的原因。这些原因可以是逐渐形成的，小的不利在破坏行动中就已经一个个地累积起来，因此统帅在没有真正决定性事件的情况下也会定下退却的决心。在这种情况下，就不会发生一个专门的决战行动了。

158. 但是在此前一切尚勉强保持均势的情况下，一个单独的、十分不利的事件也能引发，即突然引发退却的决心。

159. 在这种情况下，另一方应该把对手引起这一事件的**那个**行动视为已经发起的决战。

160. 但最常见的情况是，决战的时机在歼灭行动的过程中逐渐成熟，而战败者退却的决心是在一个特殊事件的最后推动下确定的，因此在这种情况下也应该认为决战已经进行过了。

161. 如果决战已经进行过了，那么它必然是一个积极的行动。

（1）它可能是一次进攻。

（2）但也可能只是一直隐蔽着的新的预备队的一次推进。

162. 对小部队来说，一次进攻中的白刃战往往就足以形成决战。

163. 对较大的部队来说，借助于单纯的白刃战发起进攻也还是足以形成决战的，但是可能要进行多次白刃战进攻。

164. 如果部队规模更大，那么就还要进行火力战，例如大的骑兵部队在进攻时，要有骑炮兵参加。

165. 对各兵种组成的大部队来说，决战绝不会只是一次白刃战，而是有必要成为一次新的火力战。

166. 但是这一火力战应具有进攻本身的特点，即以较密集的人员投入这一火力战，因此是一个在时间上和空间上都很集中的行动，是在短时间内为真正的进攻做准备。

167. 如果决战不再是由一次白刃战组成，而是由一系列同时和逐步进行的白刃战和火力战组成，那么决战就成为整体战斗中的一个专门行动，就像第115条及其以后两条中已经总的说过的那样。

168. 在这个专门行动中，白刃战将处于主导地位。

169. 这时在个别地点虽然也可能出现防御，但是进攻将处于主导地位，并且与白刃战居于主导地位的程度相当。

170. 一场会战临近结束时，对退路的考虑越来越重要，因此针对这一退路的行动就成为决定胜负的一个重要手段。

171. 因此只要情况许可，一开始制订会战计划时就应考虑到这一点。

172. 会战或战斗的进展越是符合计划的这种设想，对敌退路采取行动这一手段也就越成形。

173. 另一个导致胜利的重要手段是打乱敌人的序列。部队进入战斗时的人为结构在双方长时间较量的破坏行动中会受到很大的破坏。如果这种撼动和削弱到了一定程度，那么一方集中兵力快速攻入另一方的行动线，就有可能使对手产生极大的混乱，使他不可能取得胜利，而只能占用其全部力量，以保全各部分和恢复整体的必要联系。

174. 根据上述内容可以得出结论：如果说在准备行动中最大程度地节约兵力是主要的，那么在决战行动中以优势兵力去战胜敌人就必须是主要的。

175. 正如在准备行动中耐心、坚定和冷静是主要的一样，在决战行动中，大胆和激昂就应该是主要的。

176. 双方统帅中通常只有一方统帅发起决战，另一方统帅是应战。

177. 如果一切还处于均势，那么发起决战的一方可能是：

（1）进攻者。

（2）防御者。

178. 由于进攻者抱有积极的目的，因此他发起决战是最自然的，这种情况也是最常见的。

179. 而如果均势已经受到显著破坏，那么发起决战的可能是：

（1）处于有利地位的统帅。

（2）处于不利地位的统帅。

180. 显然前一种情况是比较自然的。如果这位统帅同时是进攻者，那就更自然了，因此决战大多是由这样的统帅发起的。

181. 而如果是防御者处于有利地位，那么他发起决战也是自然的，以至逐渐形成的兵力对比比最初的进攻和防御的意图更具决定性。

182. 一个已经明显处于不利地位，但仍发起决战的进攻者，是把决战看作实现其最初意图的最后尝试。如果处于有利地位的防御者让他有时间这样做，那么进行这种最后尝试当然是符合进攻者积极意图的本性的。

183.

（1）一个已经处于明显不利地位，但仍然要发起决战的防御者，其所做的完全违背事物的本性，应该被视为一个出于绝望的行动。

（2）决战行动中的战果是根据上述情况而定的，因此通常只有根据自然的情况发起决战的一方才能取得决战的战果。

184. 在一切还处于均势的场合，通常是发起决战的一方能够取得胜利，因为发起会战所包含的积极因素在会战已经成熟到可以发起决战的时刻（双方兵力已经相互消耗殆尽的时刻），比在会战开始时具有大得多的作用。

185. 接到决战挑战的统帅可能因此而很快决定退却，避免后续的战斗，或者他也可能继续战斗。

186. 如果他继续战斗，那么这个战斗只能是：

（1）作为退却的开始，通过战斗赢得准备退却的时间。

（2）作为一次真正的战斗，还有望在这一战斗中取得胜利。

187. 如果**接受**决战的统帅处境非常有利，那么他也可以在决战时保持防御。

188.

（1）但是如果发起决战一方的处境是自然的（有利的），那么接受决战的统帅也必须或多或少转入一种积极的防御，也就是以进攻对付进攻，这部分是因为防御的自然优势（阵地、有序的序列、出敌不意）在战斗的过程中已经逐渐消耗，最后已经所剩无几，部分是因为进攻这一积极因素的作用将越来越大（正如我们在第184条所说的那样）。

破坏行动和决战行动在时间上的区分

（2）前面提出的"每个战斗分为两个单独行动"的见解，初看上去包含很多矛盾。

189. 之所以会有这些矛盾，一方面是由于人们对战斗有习惯的错误看法，另一方面是由于人们过于呆板地看重被分开的事物的概念。

190. 人们把进攻与防御之间的对立想象得太大了，过于认为这两种活动是截然相反的，或者更确切地说，在实施中并不存在这种对立的场合，而人们仍认为这种对立是存在的。

191. 结果是人们想象进攻者始终都是均匀地、不间断地力求前进，而把前进运动的减弱总是只想象成完全被迫产生的，是**直接**由抵抗引起的。

192. 按照这种观点，每次进攻只有以最猛烈的冲锋开始才是最自然的。

193. 即使人们有这样的观点，但还是习惯于炮兵要有一个准备行动，因为否则的话，炮兵绝大部分就会无所事事，这是太显而易见了。

194. 但是除炮兵外，人们认为那种单纯的力求前进是如此合乎自然，以至人们将一枪不发的进攻视为一种理想的前进。

甚至弗里德里希大帝在措恩多夫会战[1]以前也一直将进攻中使用火力视为是不合适的。

195. 即使后来人们的这种观点有所改变，但是现在仍有很多人认为进攻者应尽早控制一个阵地的最重要的那些点。

---

[1] 在七年战争期间，1758年8月25日，普鲁士国王弗里德里希二世率普军主力36,800人与弗尔莫率领的俄军44,300人，在措恩多夫村（Zorndorf，即今波兰西波莫瑞省村庄萨尔比诺沃，[Sarbinowo]）附近展开会战，结果普军获胜。——译者注

196. 即使是那些仍十分重视火力的人，也认为应立即发起进攻，在距离很近的地方进行一些步兵营齐射，然后就上刺刀冲上去。

197. 但是只要看一看战史，看一看我们的武器就会知道，在进攻时绝对排斥火力是荒谬的。

198. 对战斗有了更多了解，特别是亲历过战斗以后，人们就会知道，一支部队交过一次火后，很少能再用它进行一次有力的冲锋，因此第196条提及的那种重视火力的做法没什么价值。

199. 最后，在战史上有大量因轻率推进而损失惨重，不得不又放弃所得好处的例子，因此第195条中主张的原则也是不成立的。

200. 因此我们断言，在这里谈到的所有关于进攻单纯本性（如果人们允许我们这样表述的话）的见解都是错误的，因为这一本性只适用于极少数非常特殊的情况。

201. 既然在较大规模的战斗中一开始就进行白刃战和决战是不符合事物本性的，那么战斗自然就分为决战的火力**准备和决战**，也就是分成我们前面研究过的两个行动。

202. 我们已经承认，在很小的战斗中（例如骑兵小部队进行的战斗）可能没有这种区分。现在产生的问题是，如果部队的规模大到一定程度，是否最后也没有这种区分。不是说是否会停止使用火力（假如是这样，这个问题本身就自相矛盾了），而是说两个行动之间明显的区分是否会消失，以至人们无法再把它们视为两个分开的行动。

203. 人们也许会说，一个步兵营在冲锋之前应该先射击；由于一个行动必须在另一个行动之前进行，因此就产生了两个不同的行动。但这仅对步兵营来说是这样的，对更大的部队就不是这样了，例如旅。旅并没有为所有步兵营规定要有火力准备阶段和决战阶段。旅从一开始就力求实现上级给它规定的目标，而把划分阶段的事交给各营。

204. 这样，统一的规定当然就没有了，谁还会看不到这一点呢？当一个营在另一个营旁边很近的地方战斗时，其中一个营的胜败必然影响到另一个营。在我们的燧发枪射击效果不大，要产生射击效果就需要持续很长时间的情况下，这种影响必然更大和更具决定性。出于这个原因，即使是在旅里，也还是应该在时间上对破坏行动和决战行动做出某种笼统的划分。

205. 但是更重要的一个原因是，人们为决战而喜欢使用新锐部队，至少是使用那些未在破坏行动中使用过的部队，可这些部队是要从预备队中抽调的，而预备队就其本性来说应用于共同行动，不能事先一营一营地分配出去。

206. 正如对战斗笼统划分阶段的需要从各营转到旅一样，这种需要也会由旅转到师，由师再转到规模更大的部队。

207. 由于整体越大，整体的各部分（各第一层级部队）就越有独立性，整体的一致性对各部分的限制也就越少，于是整体越大，在一次部分战斗中就越有可能而且一定会出现更多的决战行动。

208. 因此，一个较大部分进行的多个决战不会像一个较小部分进行的决战那样汇聚成一个唯一的整体决战，而是在时间和空间上有更多的划分。尽管如此，决战准备和决战这两种不同活动的显著区别在开始和结束时仍是非常明显的。

209. 各部分可能变得很大，彼此分开的距离可能变得很大，以至它们在战斗中的活动尽管仍来自统帅的意志（战斗的独立性就是受此限制的），但是这种指挥只限于对战斗做出最初的规定，或者最多是对整个战斗过程做出两三点规定。在这种情况下，这样的一个部分几乎就要完全自己组织战斗了。

210. 一个部分根据其情况所进行的决战规模越大，这些决战就越能一起决定整体的决战。人们可以这样想象部分的情况：在它们进行的决战中已经包含了整体的决战，已经不再有必要为整体而专门采取决战行动了。

211. **举例**。一个旅在一次大会战（参加会战的第一层级部队是军）中有可能一开始领受攻占一个村庄的任务。该旅为此要自行采取破坏行动和决战行动。占领这个村庄可能对整体的决战多少有些影响，但是如果说它在很大程度上决定了整体的决战，或者甚至它本身就已经构成整体的决战，则是不符合事物本性的，因为一个旅在会战的开始阶段只是整体的一个很小的部分；相反，我们完全可以认为，即使该旅完全占领了这个村庄，这仍是破坏行动的一部分，只是为了削弱和动摇敌军。

相反，如果我们设想一个较大的军（其兵力大致占整个兵力的1/3，甚或1/2）奉命占领敌阵地的某个重要部分，那么这个部分很容易变得十分重要，以至它能够决定整体的胜负，如果这个军达到了目的，就无须再进行其他决战了。现在可以想象，由于距离和地形的原因，在会战过程中也许只能给这个军下达很少的指示，因此一开始就必须把决战准备和决战的任务一并交给它。这样一来，共同的决战行动就可能完全没有了，而是分解为几个大部队的独立的决战行动。

212. 这种情形在大的会战中是常见的，因此假如人们呆板地把战斗**划分为两部分**，则会与这种会战进程相矛盾。

213. 我们确定和重视战斗活动中的这种区别，完全**不是为了要人们重视经常区别和划分**这两种活动，并把这作为一个务实的原则，而只是想把本质上不同的事物在概念上也加以区分，并且指出，这种内在的区别自然也决定着**战斗的形式**。

214. 战斗的形式上的划分在规模很小的战斗中表现得最明显，因为在很小的战斗中，简单的火力战和白刃战相互对峙很明显；而进行战斗的部队规模越大，这种划分就越不明显，因为在这里，产生两种行动的两种战斗形式在这两种行动中又交织起来了；但是这两种行动本身的规模更大了，占用的时间更多了，因此在时间上相隔得更远了。

215. 一旦决战已经交由第一层级部队进行，也可以不为整体做这种划分。然而即便如此，大体上还是会出现这种划分的痕迹，因为人们不管是认为各部队有必要同时进行决战，还是认为各部队有必要按照一定的顺序进行决战，总是力图从时间上把这些不同部队的决战联系起来。

216. 因此对整体来说，这两种行动的区别也绝不会完全消失，而对整体来说消失了的那部分区别在第一层级部队中又会重新出现。

217. 对我们的观点应该做**上述这样的**理解，这样才能使我们的观点一方面不缺少现实性；另一方面使一场战斗（不管这个战斗是大是小，是部分战斗还是整体战斗）的指挥官注意我们的观点，让两个行动各得其所，以免过早行动或者贻误战机。

218. 如果没有给破坏要素足够的空间和时间，如果仓促地做出决定，那么就会过早地行动。其后果是决战失败，这种后果要么根本无法抵消，要么成为一种严重的不利。

219. 如果由于缺乏勇气或者认识错误而没有进行本已成熟的决战，那就是贻误战机。其后果无论如何都是兵力的浪费，也可能是一个很实际的不利，因为决战的成熟不完全仅取决于破坏持续的时间，而且也取决于其他条件，也就是取决于时机是否有利。

战斗计划的定义

220.

（1）战斗计划使战斗有可能一致起来；每一个共同进行的行动都需要这种一致性。这种一致性无非就是战斗的目的。各部分为了以最好的方式达到目的所必需的规定就是根据战斗目的做出的，因此计划就是确定目的，并根据这一目的做出有关规定。

（2）我们在这里把计划理解为给战斗做出的一切规定，不管这些规定是在战斗前、战斗开始时，还是在战斗过程中做出的，也就是理解为智慧对物质的整个作用。

（3）有些规定必须而且是可以事先做出的，有些规定是要当场做出的。这两种规定之间显然有很大的区别。

（4）前一种规定是本来意义上的计划，后一种规定可被称为**指挥**。

221. 由于这些当场的规定大多是根据敌对双方的相互作用做出的，因此只有当我们研究到这种相互作用时，才能确定和进一步考察这种区别。

222. 计划的一部分已经固定地体现在军队的编队中，因此大量部队可以归并为少数几支部队。

223. 这种编队在部分战斗中比在整体战斗中更为重要。在部分战斗中，编队往往构成整个计划，部队越小，就越是如此。在一场大的会战中，一个步兵营除了根据条例和训练的规定做出部署外，不会做很多其他的部署；但是对一个师来说；这些就不够了，就更有必要做出适合各部队的规定。

224. 而在整体战斗中，即使是最小的部队，编队也很少等于全部计划，相反为了自在地进行适合各部队的部署，计划往往要改变原来的编队。一个骑兵连在对敌一处小哨所进行袭击时，往往要像大的军团那样分为多路部队。

战斗计划的目标

225. 战斗的目的使计划一致起来。我们可以把战斗目的视为计划的目标，也就是一切行动应遵循的方向。

226. 战斗的目的是胜利，也就是第 4 条所列举的决定胜利的各种情况。

227. 第4条所列举的各种情况在战斗中只有通过消灭敌军才能达到，因此消灭敌军对所有情况来说都是手段。

228. 但是在大多数情况下，消灭敌军本身就是主要目的。

229. 在消灭敌军本身就是主要目的的情况下，计划就应该立足于尽量多地消灭敌军。

230. 如果第1条所列举的其他三个目的比消灭敌军更重要，那么消灭敌军就作为手段而居于次要地位。这时就不要求尽量多地消灭敌军，而只要求充分地消灭敌军，此后就可以选择最近的道路前往目标。

231.

（1）在有些情况下，完全不采用消灭敌军这一手段也能够达成第4条第（3）至第（7）项所说的使敌人退却的前提条件，这就是通过机动，而非战斗制服敌人。然而这不是胜利，因此这种方法只有当人们追求的不是胜利，而是其他目的时才可以使用。

（2）当人们追求的是胜利以外的其他目的时，使用军队虽然仍以战斗的概念（消灭敌军的概念）为前提，但是这个战斗只是**可能发生**，而不是**很可能发生**。因为当人们的意图不是消灭敌军，而是其他事物时，其前提是实现这些意图会产生效果，而且不会引起激烈的抵抗。如果人们不能设这样的前提，那么人们也就不能选择这些事物作为其意图；如果人们所设的前提有误，那么计划就是一个错误的计划。

232. 从上面第231条可以得出结论：在所有以大量消灭敌军作为胜利条件的场合，消灭敌军也必须是计划的主要事项。

233. 由于只是当机动不成功时才进行战斗，因此机动本身不是战斗，整体战斗的法则也就不适用于机动，在机动中起作用的特殊因素也不能帮助战斗理论确立任何法则。

234. 当然在实施中往往会出现两者混杂在一起的情况，但是这并不妨碍人们在理论上把本质不同的事物区分开；如果人们知道了每个部分的特性，那么以后就可以再把它们结合起来。

235. 因此，消灭敌军在任何情况下都是意图，第4条第（2）项至第（6）项所说的情况都只是由此才出现的，之后它们自然作为独立因素与消灭敌军这一意图产生相互作用。

236. 对在这些情况中总是反复出现的（不是特殊情况所引起的）结果，也只能视为消灭敌军所产生的一个结果。

237. 因此，如果说要对战斗计划做一些完全具有普遍性的规定，那么其内容只能涉及如何最有效地使用自己的军队去消灭敌军。

战果大小与获胜把握之间的关系

238. 由于人们在战争中（从而也是在战斗中）必须与不能确切加以计算的精神力量和作用打交道，因此对所用手段的结果始终是很不确定的。

239. 军事行动所接触到的大量的偶然事件使这一结果的不确定性更大了。

240. 凡是有不确定性的场合，冒险就成为一个重要的因素。

241. 就一般的意义来说，冒险就是在不可能性大于可能性的情况下采取行动；就最宽泛的意义来说，冒险则是以没有把握的事物为前提采取行动。在这里，我们应该从后一种意义上来使用这个词。

242. 假如在出现的各种情况中，在可能性和不可能性之间有一条线，那么人们就有可能设想它是冒险的界线，从而认为不应超出这条界线去冒险（狭义的冒险）。

243. 不过，首先，这样的一条线只是一种幻想；其次，斗争不仅是需要思考的一种行动，而且也是需要激情和勇气的一种行动。人们不能排除这些东西。如果人们过于限制它们，就会使自己的力量失去最有力的要素，从而陷入始终不利的境地；因为我们经常不可避免地停留在冒险这条线的后面，在大多数情况下只有通过偶尔超出这一界线的办法来弥补。

244. 人们把条件设置得越有利（越是想冒险），那么人们以同样手段可以期待得到的战果就越大，即人们事先设定的目的就越大。

245. 人们越冒险，获胜的把握即确定性就越小。

246. 因此在使用同样手段的情况下，战果的大小与获得战果的确定性成反比。

247. 现在会出现的第一个问题是：对这两个对立要素中的某个要素应该重视到什么程度？

248. 对此人们无法做出任何一般的规定，这更多的是整个战争中最具特殊性的问题。首先，这要根据具体情况决定，在有些情况下，有必要做最大的冒险；其次，敢作敢为的精神和勇气是某种纯主观的东西，是不能预先加以规定的。人们可以要求一位指挥官以专业知识对其手段和面临的情况做出判断，并且要求他不要高估其作用；如果他做到了以专业知识判断其手段和面临的情况，那么至于他要借助其勇气，利用这些手段和情况做什么，就应该留给他自己去决定。

战果大小与代价之间的关系

249. 有关要消灭敌军的第二个问题涉及人们愿意为此付出的代价。

250. 当我们抱有消灭敌军的意图时，当然通常都会考虑消灭的敌军人数要超过自己在这一过程中牺牲的人数，但是这个条件并不是绝对必要的，因为在有些情况下（例如当敌人占很大的兵力优势时），即使我们以更大的牺牲换来的，能使敌人兵力减少对我们就是一个好处。

251. 然而，即使我们的意图肯定是使消灭的敌人的兵力超过我们在这一过程中牺牲的兵力，有关这一牺牲的大小问题依然存在，因为胜利的大小当然是随着牺牲的大小而增减的。

252. 由此可见，这个问题的答案取决于我方军队对我们的价值，即取决于具体情况。人们应该根据这些具体情况来解决这一问题。我们既不能说尽可能地爱惜自己的军队是法则，也不能说毫无顾忌地消耗自己的军队是法则。

对各部分的战斗方式的规定

253. 战斗计划规定各部分应在何时、何地，以及如何进行战斗，也就是说，计划规定战斗的**时间**、**空间**和**方式**。

254. 在这个问题上和在其他问题上一样，一般情况（从纯概念中产生的情况）是可以与具体条件下产生的情况区别开的。

255. 人们应找出特别的有利条件和不利条件，发挥有利条件的作用，消除不利条件的作用，因此战斗计划就必然由于具体情况不同而千差万别。

256. 然而一般情况也会给出某些结论。即使这些结论为数不多，而且形式很简单，但由于它们关系事物的真正本质，是做出其他决定时的基础，因此它们就更为重要。

进攻和防御

257. 涉及战斗的方式只有两种区别，这两种区别到处都会出现，因此是普遍存在的：第一种区别源于积极的或消极的意图，从而产生了进攻和防御；第二种区别源于武器本性的不同，从而产生了火力战和白刃战。

258. 假如严格来看，那么防御就是单纯的抵御进攻，因此它应有的武器只是盾牌。

259. 但是假如真是这样，防御就成了一个纯粹的被动行动，一种绝对的忍受。然而作战不是忍受，因此防御绝不能以持续被动的概念为基础。

260. 仔细考察的话，即使是武器中最被动的武器——火，也还是具有某些积极因素和主动因素的，而且防御和进攻一样是使用同样武器的，也同样运用火力战和白刃战这两种战斗形式。

261. 因此，人们必须把防御视为一种斗争，就像看待进攻一样。

262. 这一斗争只能是为胜利而进行的，胜利既是进攻的目的，也是防御的目的。

263. 人们没有任何理由把防御者的胜利想象成什么消极的东西。如果防御者的胜利在个别情况下是消极的，那么这是具体条件造成的。**不允许**将这种消极性纳入防御的**概念**，否则这种消极性就必然反过来影响到斗争的整个概念，使概念出现矛盾，或者在严格的前后一致的情况下，又得出应绝对忍受的荒谬结论。

264. 然而进攻和防御之间毕竟有一个极为重要的区别，这也是唯一的原则性的区别，即进攻者想要并发起行动（战斗），而防御者是在等待行动。

265. 这个原则性的区别贯穿于整个战争，因此也贯穿于整个战斗领域，进攻和防御之间的一切区别都源于这个原则性的区别。

266. 想要行动的一方必然是想以此来达到某个目的，这个目的必然是**积极**的，因为抱着什么都不发生的意图是不会引起行动的，因此进攻者必然抱有一个积极的意图。

267. 这种积极意图不可能是胜利，因为胜利只是手段。甚至当人们完全为自己，纯粹为军队荣誉或者为以胜利的精神力量对政治谈判产生影响而追求胜利时，目的也始终是实现这种影响，而不是胜利本身。

268. 要取得胜利的意图对防御者和进攻者来说都是必然会有的，但是这个意图的来源在双方是不同的：在进攻者方面，这个意图源自胜利所要达到的目的；在防御者方面，则纯粹源自战斗这一事实。进攻者欲取得胜利的意图是自上而下确定的；防御者欲取得胜利的意图则是自下而上形成的。谁作战，谁就只能是为胜利而战。

269. 那么防御者为什么要作战呢？也就是说，他为什么要应战呢？因为他不允许进攻者实现积极的意图，也就是说，他想维持现状。维持现状是防御者最直接和最必需的意图。至于防御者在此之后要达到的，都不是必需的。

270. 因此，防御者的必需的意图，或者更确切地说，防御者意图中的必需部分是**消极的**。

271.

（1）任何存在防御者这一消极性的地方，也就是说，任何时间和地点，只要防御者希望不发生任何事情，而是保持现状，那么他就必然会不采取行动，而是等待，直到对手行动。但是从对手采取行动的那一刻起，防御者就无法再通过单纯的等待和不行动来实现他的意图了；这时他也会像对手一样行动起来，于是进攻者和防御者之间的区别也就消失了。

（2）如果人们首先把这一点仅用于整体战斗，那么进攻与防御之间的全部区别就在于防御者等待进攻者行动，但是战斗进程本身不再受这种区别的限制。

272. 但是人们也可以把防御的这一原则用于部分战斗；整体的各部队（部分）也可能希望不发生任何变化，可能因此而决定等待。

273. 不仅防御者的各部队（部分）可能等待，而且进攻者的各部队（部分）也可能进行这种等待。双方也确实都有这种情况出现。

274. 防御者进行等待的情况比进攻者要多一些，这是事物的本性决定的。这一点只有考察了与防御原则有关的具体情况后才能阐述清楚。

275. 在一次整体战斗中，人们越是想把防御原则贯彻到最小的部队，越是想把这个原则普遍推广到所有部队，整个抵抗就越被动，防御就越接近于绝对忍受的那条线，而我们认为绝对忍受是荒谬的。

276. 至于在这个方向上，等待的好处何时对防御者来说已经消失，也就是说，等待的效果何时消失，何时在某种程度上出现了饱和点，我们以后才能做进一步的考察。

277. 现在我们从上述中只能得出一个结论，即进攻或防御的意图不仅对战斗的开始会起到一些决定作用，而且也会贯穿于整个战斗过程，从而确实会出现两种不同的战斗方式。

278. 因此，战斗计划在任何情况下都必须对整个战斗做出规定，明确它应该是进攻战斗还是防御战斗。

279. 对那些执行与整体不同任务的部分，战斗计划也必须规定它们的战斗应该是进攻战斗还是防御战斗。

280. 如果我们现在尚不考虑所有可能决定选择进攻还是防御的具体情况，那我们就只能得出一条法则，即要阻止决战的一方应进行防御，而寻求决战的一方应采取进攻。

281. 我们马上就要把这个原则与另一条原则联系起来进行考察，从而进一步认识这个原则。

火力战和白刃战

282. 此外，战斗计划必须明确选择何种战斗形式（火力战和白刃战）。战斗形式的不同缘于武器的不同。

283. 不过这两种形式与其说是战斗的分支，不如说是战斗的原始组成部分。它们是由武器决定的，相互从属，共同在一起才构成完整的战斗力。

284. 单个战斗者可以很好地使用多种武器，各兵种的内在联系已经成为一种需求，这些均证明上述这一见解是真理。当然这种真理只是一种近似的、囊括大多数情况的真理，而不是绝对的真理。

285. 但是把这两个形式分开，只使用其中的一种而不使用另一种，这不仅是可能的，而且是很常见的。

286. 针对这两种战斗形式的相互从属，以及它们之间自然形成的序列，一场战斗的计划没有什么可规定的，因为这些问题已经总的由概念、队形和日常训练确定了，因此它们像队形一样属于战斗计划中固定不变的部分。

287. 关于分开使用这两种形式的一般法则是，分开使用这两种形式仅是一种迫不得已的做法，即是一种较弱的行动方式。人们有可能使用这种较弱行动方式的一切场合，都属于具体情况的范围。例如当人们要袭击敌人，却没有进行火力战的时间，或者预计自己的部队在勇气方面占很大优势时，就需要单纯运用白刃战，这显然是个别现象。

时间和空间的规定

288. 对时间和空间的规定，首先对两者共同要指出的是，就整体战斗而言，只对防御做出空间规定，只对进攻做出时间规定。

289. 但是就部分战斗而言，无论是进攻战斗计划还是防御战斗计划，都必须对时间和空间做出规定。

时间

290. 战斗计划中对部分战斗的时间规定，初看上去好像只触及部分战斗的几个点，但是进一步考察后就完全不是这样了，而是以一个极具决定性的重要考虑从一端到另一端贯穿于部分战斗，这一考虑就是尽可能逐步用兵。

逐步用兵

291. 众多单独的力量要共同发挥作用，同时就是一个基本条件。在战争中，特别是在战斗中也是如此。由于军队的数量是军队行动结果的一个因素，因此在其他条件相同时，同时使用一切兵力（在时间上高度集中兵力）的一方，就能战胜未同时使用一切兵力的敌人，而且首先是战胜敌人已经使用的那部分部队。由于战胜了敌人的这部分部队，胜利者的精神力量必然有所增加，战败者的精神力量必然有所下降，因此即使双方的物质力量损失相等，也可以得出结论，这个**部分胜利**可使胜利者的整体力量超过战败者的整体力量，因此也就有助于胜利者取得整体战斗的胜利。

292. 但是上面的结论是以两个不存在的条件为前提的：一是同时使用的军队的数量没有最大限度，二是同一支军队的使用（只要它还有余力）没有限度。

293. 关于第一点，空间就已经限制战斗者的数量了，因为凡是不能发挥作用的，就不得不被视为多余的。这样一来，所有应同时发挥作用的战斗者的部署纵深和正面宽度就受到限制，战斗者的数量也随之受到限制。

294. 但是限制战斗者的数量是火力战的本性，而且是一个重要得多的限制。我们在第89条第（3）项中已经看到，在火力战中，在一定界限内使用较多的兵力只会起到加强火力战中双方的即总的效果的作用。由于对一方来说，当这种加强已经不能带来好处时，数量对这一方就不起作用了，因此这时数量就容易达到最大限度。

295. 这种最大限度是完全由具体情况，由地形、部队的士气情况和火力战的进一步的目的决定的。在这里只说明有这种最大限度就够了。

296. 因此，可以同时使用的军队数量有一个最大限度，超过这个限度就会出现兵力的浪费。

297. 同样，同一支军队的使用也有其限度。我们已经看到（第123条），在火力战中使用的兵力会逐渐变成不能使用的兵力。在白刃战中也会出现这种情况变差的现象。如果说军队在白刃战中物质力量的损耗比在火力战中的损耗小，那么当军队在白刃战中失利时，其精神力量的损耗却大得多。

298. 由于部队的所有余下部分一经投入使用也会经历这种情况变差，因此一个新的要素就进入到战斗中，即新锐兵力比使用过的兵力具有的内在优势。

299. 但是这里还需要考察另一个问题，就是使用过的部队状况暂时变差，即部队处于引起每次战斗的危机之中。

300. 白刃战实际上没有什么持续时间。在一个骑兵团向另一个骑兵团猛冲的一瞬间，胜负就已经决定了，真正挥刀劈砍的几秒钟在时间上是不值一提的；在步兵和大部队中，情况也没有多大不同。但是问题并未因此而完全解决。在决战中释放出的危机状态尚未随着决战的结束而完全过去，放开马缰、对战败的骑兵团进行追击的胜利的骑兵团，与以封闭的序列在战场上固守的骑兵团是不同的；它的精神力量当然是提高了，但是它的体力，以及它良好的序列所产生的力量通常已经受到很大的削弱。只是由于对手的精神力量受到了削弱并且同样处于混乱状态，才使胜利者保持着优势。如果这时来了另外一个对手，其精神力量还未受到削弱，序列也还完整，那么毫无疑问，在双方部队素质相同的情况下，这个后来的对手将击败此前的胜利者。

301. 在火力战中也有这样的危机，以致由于其火力猛烈而刚刚获胜和击退对手的一方，在这个时刻处于秩序和力量受到显著削弱的状态。这种状态将一直持续到陷入混乱的一切又恢复到正常状态为止。

302. 我们在这里关于小部队所谈的一切，也适用于较大的部队。

303. 在较小的部队中，危机本身会更大，因为危机会更均衡地贯穿整个部队，但是危机在较小部队中持续的时间较短。

304. 整体的，特别是整个军团的危机最小，但是持续的时间也最长。在较大的军团中，危机往往持续多个小时。

305. 只要胜利者的战斗危机还在持续，如果战败者能调来合适数量的新锐部队，就可以从胜利者的危机中找到恢复战斗（扭转局势）的手段。

306. 因此，以这第二种方式逐步使用兵力，作为一个有效的要素开始为人们使用。

307. 既然在一系列先后进行的战斗中逐步使用兵力是有可能的，既然同时使用兵力是有限度的，那么自然就可以得出结论：同时使用时无法发挥作用的兵力在逐步使用时有可能变得可以发挥作用。

308. 通过这一系列**先后**进行的部分战斗，整体战斗持续的时间就延长了很多。

309. 整体战斗持续时间的这一延长，给人们逐步使用兵力带来了一个新的理由，因为持续时间延长给计算增加了一个新的要素，**即预料外的战事**。

310. 即使逐步用兵是可能的，但我们不了解对手是怎样使用其兵力的，因为我们能判断的只是对手同时使用的兵力，而无法判断其他用兵情况，我们对此只能进行一般的准备。

311. 但是仅是行动的持续也会使纯粹的偶然性增加，而根据事物的本性，这种偶然性在战争中比在其他任何地方都大得多。

312. 因此，这种预料外的战事要求我们有个总的考虑。这一考虑无非是保留适当的兵力，即真正的预备队。

部署的纵深

313. 所有应逐步进行的战斗，根据其产生的原因，都要求有新锐兵力。这些新锐兵力可以尚是完全新锐的（未使用过的），或者是已经使用过，但经过休整或多或少从削弱状态中恢复过来的兵力。不难看出，新锐兵力的新锐程度是很不同的。

314. 无论是使用完全新锐的兵力，还是使用重新恢复过来的兵力，前提条件都是暂时不让其参战，即部署在敌火力杀伤范围以外。

315. 部署在火力杀伤范围以外也是有不同程度的，因为火力杀伤范围不是骤然截止的，而是逐渐消失，直到最后完全截止的。

316. 燧发枪和霰弹的射程是明显不同的。

317. 保留一支部队的位置越远，它在投入使用时表现得就越新锐。

318. 曾在燧发枪和霰弹枪有效射程内的部队，不能再视为新锐部队。

319. 对于保留一定兵力，我们有三个理由：

（1）替换或增援已经疲惫不堪的兵力，特别是在火力战中。

（2）利用胜利者获胜后随即所处的危机状态。

（3）针对预料外的战事。

320. 所有保留的兵力都属于这个范围，不管它是哪个兵种，不管它叫第二列阵还是叫预备队，也不管它是属于一个部分还是属于整体。

同时用兵和逐步用兵的对立性

321. 由于同时用兵和逐步用兵是互相对立的，而且各有各的好处，因此应该把它们视为两极。统帅在下决心时应权衡这两极的利弊，并使这一决心在用兵方式上达到平衡点，前提是这一决心正确地估计了双方的力量。

322. 现在的问题是要了解这一对立性的法则，即这两种用兵方式的好处和条件，从而也了解它们之间的关系。

323. 同时用兵在以下情况可以忍受对方增兵：

（1）当双方正面相同时，而且是

①在火力战中。

②在白刃战中。

（2）当正面较大时，即进行包围时。

324. 只有同时发挥作用的兵力才能被视为同时使用的兵力，因此在正面相同时，部队发挥作用的可能性不大，同时使用兵力也就受到限制。例如三列队伍在火力战中勉强还可以同时发挥作用，而六列队伍就不可能了。

325. 我们已经指出（第89条），两条兵力**不等**的火力线可以保持均势；一方减少兵力（如果不超过一定限度）只会削弱双方的**行动效果**。

326. 火力战的破坏力越弱，想得到应有效果所需要的时间就越长，因此希望尽可能减弱火力战总的破坏力（双方火力的总和）的，是主要想赢得时间的一方（通常是防御者）。

327. 此外，兵力明显较少的一方也是这样，因为在双方损失相等的情况下，他的损失相对总是更大。

328. 相反的条件将引起相反的利害关系。

329. 在没有特别兴趣加快行动的情况下，双方都想用尽量少的兵力，也就是像我们在第89条第（2）项中已经说过的那样，只使用不至于少到使对手立即转入白刃战的兵力。

330. 这样一来，在火力战中，同时用兵由于**缺少好处**而受到了限制，于是双方就转为逐步使用预留的兵力。

331. 在白刃战中首先是数量上的优势起决定性的作用，于是人们尤其愿意**同时**用兵，而非**逐步**用兵，以致逐步用兵几乎完全被排除在白刃战这个概念之外，只有在出现一些次要情况时，逐步用兵才又成为可能。

332. 因此白刃战是一种决战，而且是一种几乎没有什么持续时间的决战，这是排斥逐步用兵的。

333. 但是我们已经说过，白刃战的危机状态是非常有利于逐步用兵的。

334. 此外，如果多个单独的白刃战是一个较大整体的部分战斗，那么这些白刃战的胜负就不是绝对的，因此在使用兵力时，必须一开始就一并考虑到以后可能发生的战斗。

335. 这同样促使人们在白刃战中也不同时使用过多的兵力，而只是使用有把握获胜所必需的兵力。

336. 在白刃战中，如果出现了使行动难以发挥作用的情况（例如敌人的士气高涨、地形险要等），则有必要使用较多的兵力。除此以外，没有其他普遍的法则。

337. 但是对一般的理论来说，指出以下一点仍然是重要的：白刃战中的兵力浪费从不像在火力战中那样不利，因为部队在白刃战中只是在危机出现的时刻才不能使用，而非持续不能使用。

338. 因此在白刃战中同时用兵的前提条件是：兵力在任何情况下都必须足以取得胜利；逐步用兵以任何方式均无法弥补兵力的不足，因为在白刃战中不像在火力战中那样，成果可以一个个地累积起来；但是如果已经达到兵力足以取得胜利的程度，那么同时使用更多的兵力就会是一种浪费。

339. 以上我们考察了在火力战和白刃战中如何通过加大兵力密度来使用大量兵力，现在我们要研究一下在一个**较大的正面**，即在包围形式中如何使用大量兵力。

340. 通过扩大正面使双方同时将大量兵力投入战斗，有以下两种方式是可以想象的：

（1）一方通过较大的正面迫使对手也延伸其正面。此举在这种情况下并不会给我们带来对敌人的优势，但是可以使双方同时将更多的兵力投入战斗。

（2）通过包围敌人的正面。

341. 这种使双方同时投入较多兵力的行动只在少数情况下有可能对双方中的一方有利，而且一方对于敌人是否同样延伸其正面，是没有把握的。

342. 如果敌人不延伸其正面，那么我们正面的一部分，即一部分部队要么无事可做，要么我们不得不利用正面过剩的部分去**包围**敌人。

343. 能够促使敌人同样延伸其正面的唯一因素，是他对我们这种包围的恐惧。

344. 不过要想包围敌人的话，显然更好的办法是一开始就做这样的准备，应该只从这个角度出发考虑扩大正面。

345. 在使用兵力时采取包围形式有一个特点：它不仅能够增加双方同时使用的兵力总数，而且还可以使我方比对手投入更多的兵力。

346. 例如，如果一个正面宽180步的步兵营不得不向四面对抗一个欲包围自己的敌人，而敌人位于该营的步枪有效射程（150步）之外，那么敌人就有够8个步兵营用的空间来对这个步兵营发起行动。

347. 由于包围形式具有上述特点，因此它也属于我们这里讨论的范围，但是我们必须同时考察它的其他特点，即它的其他好处和弊端。

348. 包围形式的第二个好处是，只要子弹的命中率能够增加一倍，那么集中火力的效果就更好。

349. 第三个好处是能够切断敌人的退路。

350. 被包围的兵力越大，或者更确切地说，被包围的正面越大，包围的这三个好处就越小；被包围的兵力越少，这三个好处就越大。

351. 关于第一个好处（第345条），不管部队的兵力是多还是少（如果部队是由同一兵种组成的），射程是不变的，包围线与被包围线之间的差值也是不变的[1]，因此正面长度越大，这个差值的价值就越小。

352. 在相距150步时，8个步兵营能包围1个步兵营；而包围10个步兵营，只要20个步兵营就够了，也就是说不需要8倍的兵力，而是只需要两倍的兵力。

353. 但是很少或者根本不会出现完全的包围形式，即不会出现一个满圆的包围形式，而只会出现部分的、通常在180度以内的包围。如果我们设想被包围的兵力是一个大的军团，那就很容易看到，上述的第一个好处在这种情况下将是多么小。

354. 至于第二个好处，情况也是如此，这是显而易见的。

355. 被包围的正面越大，第三个好处必然越显著地减少，这是不言而喻的（尽管在这里还要考虑到其他因素）。

356. 但是包围形式也有一个特别的不利之处，即包围时兵力分散在较大的空间，因此其作用会在以下两个方面受到削弱。

357. 一是包围者用于通过一定空间的时间不能用于战斗；二是包围者所有不是恰好垂直于敌人正面的运动，都要比被包围者通过更大的空间，因为被包围者或多或少是在较小的圆半径上运动，而包围者是在较大的圆周上运动，这就会产生很大的区别。

358. 由此就形成了这样一种可能性，即被包围者更容易在不同地点使用自己的兵力。

359. 对包围者而言，其整体的一致性也会由于传递情报和命令需要通过更大

---

[1] 可参阅第378条。——译者注

的空间而受到削弱。

360. 包围的这两种不利之处随着正面的延伸而增加。兵力只有两三个步兵营时，这些不利之处还不明显；但如果是大军团，这些不利之处就很大了。

361. 由于半径与圆周之间的差值是不变的，因此正面越大，二者的绝对差值也就越大，而这里的主要问题正是这种绝对差值。

362. 此外，很小的部队很少或完全没有侧面运动，而部队规模越大，侧面运动就越多。

363. 最后，对传递命令而言，只要是在人们可以一览无余的空间内，包围者和被包围者在这方面就没有任何差别。

364. 既然在正面小时，包围的好处很大，坏处很小，而随着正面的加大，好处就减少，坏处就增加，那么可以得出结论，应该有一个利弊的平衡点。

365. 一旦超过这个点，延伸正面就不能再给逐步用兵带来好处，而是会出现不利之处。

366. 因此，要想使逐步用兵的好处与采取较大正面的好处（第341条）取得平衡，就不能超过这个点。

367. 为了找到这个平衡点，我们必须更确切地考察包围形式的好处。为此，最简单的是采取以下方法。

368. 为避免被包围的前两个不利的影响，必须有一个有一定宽度的正面。

369. 至于火力的向心（双倍）效果，一定的正面长度就可以使之完全消失，具体是在被敌人包围的情况下，如果部队后弯的距离大于敌人的射程，敌人就无法实现向心火力的效果。

370. 但是人们在每个阵地的后面也需要为预备队、指挥机关等在前线后面的部分留有一个敌人射击不到的空间。假如它们三面受到射击，那么它们就不能完成其任务了。

371. 由于这些预备队和指挥机关在较大规模部队中，其自身的规模也较大，需要较大的空间，因此整体越大，在前线后面射击不到的空间也就必须越大，为此正面也就必须随着部队规模的增大而增大。

372. 然而，一支较大部队的后面需要较大的空间，不仅是因为预备队等需要更多的地方，而且还是为增加（提高）部队的安全性。原因一是流弹对较大部队和辎重队的影响要比对两三个步兵营的影响大得多；二是大部队战斗持续的时间要长得多，那些在前线后面并未真正参战的部队所受的损失因此也大得多。

373. 因此，如果人们要为必要的正面长度确定某个数值，那么这个数值必须随着部队规模的增大而增大。

374. 包围形式的另一个好处（因同时行动而形成的兵力优势）也不会为正面长度规定一个确切的数值。我们在此只能得出一个主要的结论：这个好处将随正面长度的增加而减小。

375. 但是为了进一步说明问题，我们必须指出，较多的兵力同时发挥作用主要是与**燧发枪射击**有关；对火炮来说，只要它能单独发挥作用，那么即使被包围者在较小的圆周上像对手在较大圆周上那样部署同样多的火炮，也绝不会缺少空间，因为人们的火炮绝不可能多到可以构成一条相互关联的线。

376. 由于对手的火炮部署得不是那么密集，其被击中的可能性较少，因此他总还是能够得到空间较大所带来的好处，对此人们没有异议，因为人们不可能针对对手把自己的炮兵连以单炮为单位平均部署在广大的区域。

377. 在单纯的炮兵战斗或者以炮兵为主要兵种的战斗中，较大的包围正面带来的好处当然是存在的，而且由于射程较大（双方正面相距很大），这种好处是很大的，例如在包围单个的多面堡时就会出现这种情况。但是对以其他兵种为主、炮兵只占次要地位的部队来说，这种好处就不存在了，因为正如我们已经指出的那样，被包围者此时也不缺少空间。

378. 因此，在较大的正面上同时使用较多兵力带来的好处，主要是表现在步兵进行的火力战中。这时双方正面的差值是燧发枪射程的三倍（如果包围达到180度），即约600步。这对长600步的正面来说是延伸了一倍，因此非常明显；但是对长3000步的正面来说，只是它的1/5，就不能再认为是一个很大的好处了。

379. 因此我们可以说，一旦燧发枪射程所产生的差别消失，正面长度就能在同时用兵方面形成显著的优势。

380. 从以上关于包围的两个好处所做的论述中可以得出如下结论：小部队很难为自己营造出适当的正面长度，这是如此千真万确，以至于小部队大多不得不放弃其队形原有的序列，更多地展开（正如经验告诉我们的那样）。一个独立行动的步兵营极少以它通常的部署正面长度（150~200步）应战，而是分成连，连又分成散兵线，用一部分兵力作为预备队，用其余的兵力占据比它原本应占据的大两倍、三倍或四倍的空间。

381．但是部队越大，就越容易得到必要的正面长度，因为这一正面长度虽然随着部队兵力的增大而增大（第373条），但**不是等比例增大的**。

382．因此，大部队无须放弃其队形序列，可以保留更多的部队。

383．这就导致人们把较大的部队连同其保留的部队也编成固定的序列，就像通常的战斗序列那样编成两个列阵；通常后面还有一个骑兵组成的第三列阵，此外还有一个占总兵力1/8～1/6的预备队。

384．我们看到，在很大的部队中（10万、15万～20万人的军团），预备队变得越来越大（占总兵力的1/4～1/3），这证明兵力越来越超出正面的需要。

385．我们现在在这里指出这一点，只是为了通过提及经验，让人们更加注意到我们的论述是正确的。

386．关于包围的前两个好处，情况就是这样。至于第三个好处，则情况不同。

387．包围的前两个好处通过增强我们的力量，有助于我们**有把握地**取得胜利，第三个好处则只是在正面很窄的情况下能起到这种作用。

388．第三个好处通过给敌正面作战部队造成退路被切断的印象（这种印象对士兵总是有很大的影响），来削弱他们的勇气。

389．但是只有在退路被切断的危险近在咫尺和显而易见，以至危险的印象压倒了纪律和命令的一切约束，将士兵们不由分说地卷走时，才会出现这种情况。

390．在距离较远，士兵们仅仅由于背后的枪炮声而间接地感到退路有被切断的危险时，也可能产生不安的情绪，但是如果士气不是已经很糟糕，那么这种不安情绪就还不会妨碍他们服从指挥官的命令。

391．在这种情况下，对包围者所拥有的切断对方退路的这一好处，不应再视为增加获胜**把握**（获胜**可能性**）的一个好处，而应视为一个可以**扩大**已获胜利的好处。

392．在这一点上，包围的第三个好处也受反比例原则的支配，即敌正面较窄时，这个好处最大，随着正面的加大，这个好处就逐渐减少。这是显而易见的。

393．但是这并不妨碍较大的部队像小部队那样需要较大的正面，因为退却绝不会在阵地的整个宽度上进行，而是沿个别道路进行，所以大部队退却时比小部队需要更多的时间，这是不言而喻的。这一较长的时间就要求有较宽的正面，以便让包围了这个正面的敌人不能很快地抵达退却一方要通过的地点。

394. 既然（根据第391条）包围的第三个好处在大多数情况下（正面不太窄时）只对胜利的规模而不对获胜的把握产生作用，那么由此可见，这个好处随着战斗者的情况和意图的不同而有完全不同的价值。

395. 当获胜的可能性本来就不大时，必须首先设法增大这一可能性。在这种情况下，就不能过多考虑主要涉及胜利大小的好处。

396. 假如这个好处与获胜的可能性根本是背道而驰的（第365条），那么这个好处在这种情况下就会变为切实的坏处。

397. 在这种情况下，逐步用兵带来的好处会比较大正面带来的好处更早地保持双方的平衡。

398. 由此可见，**同时**用兵和**逐步**用兵这两极之间，以及**延展和纵深**这两极之间的平衡点，不仅因部队的大小而异，而且也因双方的情况和意图不同而异。

399. 兵力较少和谨慎的一方想必更愿意逐步用兵，兵力较多和大胆的一方想必更愿意同时用兵。

400. 不管是由于统帅的性格，还是出于必要性，进攻的一方一般**兵力较多**或者**比较大胆**，这是符合事物本性的。

401. 因此战斗的包围形式（要求我们和对手同时使用最多兵力的形式）对进攻者来说是自然和适用的。

402. 而被包围的形式（寻求最大限度地逐步用兵，从而有被包围危险的形式）则是防御者的自然形式。

403. 在包围形式中蕴含着迅速决战的倾向，在被包围形式中蕴含着赢得时间的倾向，而这两个倾向与这两个战斗形式的目的是一致的。

404. 但是在防御的本性中，还有另一个促使防御者寻求纵深部署的理由。

405. 防御的最重要的好处之一就是可以利用地形地貌，而局部防御是利用这种地利的一个重要因素。

406. 于是有人认为，这会导致尽量延伸正面，以尽量利用这种好处（这种片面的观点确实可以被看作吸引统帅占据延伸了的阵地的最主要的动机之一）。

407. 不过迄今我们对延伸正面的目的始终是这样设想的：要么是为迫使敌人同样延伸正面，要么为**超过敌人正面**，即包围敌人的正面。

408. 只要人们把双方设想为同样积极的，也就是还没有从进攻和防御的角度去考虑他们，那么为包围而运用较大的正面也就没什么困难。

409. 但是只要局部防御与正面战斗或多或少地联系在一起（在防御时就是这种情况），那么就无法运用超出对手的那部分正面；这种局部防御根本不能，或者很难与超过敌人正面统一起来。

410. 为正确估计这一困难，人们必须总是想到实际情况，那就是地表的天然遮蔽物使敌人的举措很难一览无余，因此一场佯攻战斗很容易迷惑奉命进行局部防御的部队，从而使它无所作为。

411. 由此可见，在防御中，如果防御者的正面大于进攻者展开兵力所必需的正面，则应视为一个非常明确的不利之处。

412. 进攻者的正面需要有多大，我们以后再谈。这里我们只想指出，如果进攻者占据的正面过小，那么防御者要想惩罚进攻者，并不需要一开始就用更大的正面，而是可以采取积极包围的反措施。

413. 因此可以肯定的是，防御者为了不在任何情况下陷入正面太大的不利境地，就要在允许的情况下采用最小的正面，因为这样他就可以保留更多的兵力，而这些兵力决不会像正面过大时的部队那样无事可做。

414. 只要防御者满足于最小的正面，并寻求最大的纵深，也就是遵循其战斗形式的自然倾向，那么进攻者就应遵循相反的倾向：尽量**延伸**正面，也就是尽量对对手进行大的包围。

415. 但是这是一种**倾向**，不是**法则**，因为我们已经看到，这种包围的好处是随着正面的延伸而减少的，超过一定限度就不能在某些点上享有逐步用兵的好处。进攻者和防御者都受这一法则的支配。

416. 这里必须对两种不同的正面延伸加以区别：一种是由防御者的部署产生的，另一种是由进攻者超出对手的部署产生的。

417. 如果上述第一种正面即防御者的正面已经延伸得很长，以至进攻者超出防御者的部署的一切好处都已消失或者变得无力，那么进攻者就应停止这样做，并在此后通过其他途径去寻求好处，这一点我们很快就要谈到。

418. 但是如果防御者的正面已经小到不能再小，以至进攻者有理由通过包抄和包围对手来寻求得到好处，那么就必须重新确定这一包围的界限。

419. 确定这个界限，就是要看这个包围是否会有第356条至第365条所列举的过度包围所带来的不利。

420. 如果不顾敌人正面延伸过大仍试图包围敌人，就会出现上述不利；如果过度包围体现在对敌人的窄小正面进行过大的包围，那么这些不利就会**更多**，这是显而易见的。

421. 如果进攻者面临这些不利，那么防御者由于其正面窄小而得到的逐步用兵的好处想必就更有意义。

422. 从表面上看，采用窄小正面和纵深部署的防御者因此而不能单方面享有逐步用兵的好处，因为如果进攻者采用同样窄小的正面，而且不包围防御者，那么双方就在同样程度上享有逐步用兵的好处。可是如果进攻者包围防御者，那么防御者就必须处处对进攻者形成正面，也就是不得不在同样大的正面上进行战斗（在这里不考虑两个向心圆在大小方面的少许差别）。不过这里有四个问题需要考察。

423. 第一，即使进攻者同样缩短其正面，防御者也还是享有由宽正面速决战斗转为集中的持久战斗所带来的好处，因为战斗持久就是防御者的利益所在。

424. 第二，防御者被对手包围时，并不总是被迫在平行的正面上与包围自己的各部分敌军作战，而是可以进攻这些部队的翼侧和背后，而双方所处的几何位置关系恰好为此提供了绝佳的机会。不过这已经是逐步用兵了，因为这种用兵并不一定要求像使用先前的兵力那样使用后来的兵力，也根本不要求后来的兵力取代先前的兵力，对这一点我们马上就要详细说明。假如防御者没有预留兵力，那么他是不可能这样**对包围者进行包围**的。

425. 第三，如果防御者正面窄小，并预留很多兵力，使进攻者有可能进行过度的包围（第420条），那么防御者正好可以借助预留兵力从中获利。

426. 最后第四点，防御者由于正面狭小并预留很多兵力，就不会由于正面某些部分未受到进攻而犯浪费兵力这一反方向上的错误。这应该被看作是防御者的一个好处。

427. 这些就是纵深部署（逐步用兵）的好处。这些好处不仅能使防御者在某一特定的点上与延伸正面的好处保持平衡，而且对进攻者来说也是如此，也就是说，这些好处促使进攻者不要超过包围的一定的界限，但是它们不能消除进攻者将正面延伸到这个界限的倾向。

428. 而如果防御者的正面延伸得过大，这种倾向就会受到削弱，或者完全消失。

429. 虽然防御者在这些情况下由于缺少预留的大部队而无法惩罚在宽大正面上包围自己的进攻者，但是包围带给进攻者的好处恰恰因此[1]而变少了。

430. 因此，如果进攻者不是由于自己的状况而一定要十分重视切断敌退路的话，那么此时他就不会再去追求包围带来的好处。于是进攻者包围的倾向就减弱了。

431. 如果防御者占据的正面很大，以至进攻者可以让这个正面上的一大部分兵力无事可做，那么进攻者包围的倾向就完全消失了，因为让防御者的一大部分兵力无事可做，对进攻者来说是一个极为有利的好处。

432. 在这种情况下，进攻者就可以根本不再在扩大正面和包围中追求自己的好处，而是通过相反的方法，即通过集中兵力进攻一点来追求好处。显而易见，这与纵深部署具有同等意义。

433. 进攻者允许将其正面缩小到何种程度，取决于：

（1）进攻者的部队规模。

（2）防御者正面的大小。

（3）防御者反攻的准备程度。

434. 如果进攻者的部队较小，那么他就无法让防御者正面上的部分兵力无事可做，并从中渔利，因为这里的一切都一览无余，空间也很小，防御者的部分部队可以立即去其他地方发挥作用。

435. 从中恰恰因此[2]可以得出结论，即使进攻者的部队规模大、正面宽，防御者受到进攻的正面也不可太小，否则至少会由此部分出现上述提及的不利之处。

436. 但是一般来说，如果防御者正面过宽或者消极被动，使进攻者从而有

---

[1][2] "恰恰因此"一词，作者使用了拉丁语"eo ipso"。——译者注

理由通过集中兵力来追求好处，那么进攻者就可以比防御者**更多地**缩小自己的正面，这是符合事物本性的，因为防御者针对包围并未做好积极的反击准备。

437. 防御者的正面越大，进攻者就越是可以让防御者更多的部队无事可做。

438. 同样，防御者局部防御的意图表现得越强烈，进攻者就越是可以让防御者更多的部队无事可做。

439. 最后，一般来说，进攻者的部队规模越大，他就越是可以让防御者更多的部队无事可做。

440. 如果所有这些有利条件（进攻者的部队规模大、对手的正面过宽并在多处进行局部防御）结合在一起，进攻者就能通过集中兵力得到最多的好处。

441. 这个问题要在论述有关空间的规定时才能得到充分的说明。

442. 我们已经（在第291条及其以后数条中）说明了逐步用兵的好处。我们在此只是还要再提醒一点，就是促使人们追求这种好处的原因不仅在于可使用新锐部队恢复同一个战斗，而且也在于可以后使用兵力。

443. 在这种后使用兵力中有一个**主要的好处**，这一点将在下面说明。

444. 通过以上这些论述，我们可以看出，由于**部队大小、兵力对比、态势和意图**，以及**大胆和谨慎**程度是不同的，同时用兵和逐步用兵之间的平衡点的位置也就不同。

445. 地形和地貌对这个平衡点的位置也有很大影响，这是不言而喻的。我们在这里不谈对地形和地貌的各种利用，只是触及一下。

446. 由于关系如此之多，情况如此复杂，因此我们无法确定绝对的标准数值，但是想必还是会有某种统一的依据可以作为这些复杂和可变关系的固定点。

447. 这样的依据有两个，即两个方向上各有一个。**第一个依据是**，可将一定的纵深视为同时用兵所需的纵深。于是只能将为扩大正面而采取较小的纵深视为迫不得已而为之的做法。这一依据决定**必要的纵深**。**第二个依据**是预备队的安全，关于这一点我们已经谈过了。这一依据决定**必要的宽度**。

448. 上面提到的必要的纵深是所有常见队形的基础，以后我们在论述各兵种的具体序列时[1]，才能确定这个结论。

---

[1] 作者在附录中并未论述这一问题。——译者注

449．但是在利用这个结论使我们的一般考察得出一个最终结论以前，我们还必须阐述一下对空间的规定，因为它同样对此有影响。

对空间的规定

450．对空间的规定回答整体和部分应在**何处**战斗的问题。

451．对整体的战斗地点的规定是一个战略上的规定，与我们这里要谈的没有任何关系。我们在这里只谈论战斗的构思，因此必须以双方相互靠近为前提，也就是说战斗的一般地点不是敌军所在的地方（**在进攻时**），就是我们可以等待敌军的地方（**在防御时**）。

452．至于对整体的各部分的空间规定，其中包含着双方军队在战斗中应该采取的几何形状。

453．在这里我们不谈在常用编队中包含的形式，以后再考察它们。

454．整体的几何形状可以归纳为两种：一种是直线的形状，另一种是向心圆的形状。所有其他形状都可以归纳为这两个形状中的一种。

455．双方确实要作战的部队，其基线必然是平行的。因此如果一个军团垂直地开向另一个军团的基线，那么它在战前要么必须**完全**改变正面，与后者平行部署，要么至少必须以一部分部队这样做。而如果后者要想发挥作用，就必须自己变换其没有敌人部队对之变换正面的那部分部队的正面。这样，就形成了向心圆或多边形的部署。

456．显然人们可将直线形状视为对双方利弊相等，因为双方的情况完全相同。

457．但是人们不能说直线形状只出自垂直和平行进攻（初看起来似乎是这样）。如果防御者平行地抵御斜向进攻，也能形成直线形状。在这种情况下，双方的其他条件当然不总是相同的，因为新阵地往往欠佳，往往没有全部筑成，等等。我们在这里之所以预先推定这一点，只是为了防止混淆概念。我们认为，在这种情况下对双方利弊相同的只是部署的形式。

458．至于向心圆（或多边形，在这里对我们来说总是一样的）部署形式的特点，我们在上面已经做了详细的说明，那就是包围和被包围形式。在这方面，我们没什么要说的了。

459. 假如我军不得不到处与敌军对峙，那么由于众多基线拥有不同的几何形状，似乎就要没完没了地对各部分规定空间，而这是没有必要的，因此每次都会产生这样的问题：**应该与敌军的所有部分作战吗？如果不应该，那么应该与敌军的哪些部分作战呢？**

460. 如果我们可以不与敌军的一部分作战，那么我们不管是同时用兵还是逐步用兵，都能更有力地打击敌军的其他部分。这样我们就可以用**全部**兵力打击敌军的**一个部分**。

461. 这样我们就能在那些需要大部队的地点要么比敌军占优势，要么至少比双方总的兵力对比数值大。

462. 在**可**以不和其他地点的敌军作战的前提下，我们可以把上述与敌军作战的地点视为**一个整体**。这样我们就可以通过在空间上集中更多的兵力来人为地增加自己的力量。

463. 不言而喻，这一手段是一切战斗计划中极为重要的一个因素，是最常用的手段。

464. 因此，问题的关键是进一步考察这个问题，以确定敌军那些可以在这个意义上视为一个整体的部分。

465. 我们在第4条中指出了促使一位战斗者退却的几个动机。产生这些动机的事实显然要么与整个军队有关，要么至少与它的一个十分重要的部分有关。这个部分比其余所有部分更为重要，能够一并决定其余部分的命运。

466. 对小部队来说，这些事实与其整个部队有关，这是不难想象的；但对大部队来说，情况就不是这样了。在大部队中，第4条第（4）（6）（7）项列举的动机虽然也与整个部队有关，但是其余各项（尤其是损失一项）始终只与某些部分有关，因为在较大的部队中，各部分极少受到同样的损失。

467. 其状况成为退却原因的那些部分自然是整体的**重要**部分。为简便起见，我们把这样的部分称为战败的部分。

468. 这些战败的部分可能位置相邻，也可能或多或少地均匀分布在整个部队。

469. 想象上述两种情况中的一种比另一种影响更大，是没有根据的。如果一个军团的一个军被彻底击败，而其余所有各军完好无损，那么比起这个军的损失均匀地分布在整个军团，在某种情况下可能更糟，在某种情况下则可能更好。

470. 第二种情况是以**均匀**使用与敌对峙的兵力为前提的。但是我们在这里研究的是**不均匀**（在一个或一些地点更加集中地）使用兵力的效果，因此我们只研究第一种情况。

471. 如果战败的部分是相邻的，那么人们可以把它们一起视为一个整体。如果我们谈到受到进攻的或者被战胜的**部分**或**地点**，就应该做这样的理解。

472. 如果我们能够确定敌支配并拖拽其整体前行的这个部分应该具备什么特点，那么也就确定了我们真正进行战斗的力量应该指向敌整体的哪个部分。

473. 如果撇开地形的各种影响不谈，那么就只需根据敌军的位置和数量确定要进攻的部分。我们想首先研究敌军的数量问题。

474. 有两种情况要加以区分。第一种情况是，我们集中兵力针对敌军的**一个部分，根本不以任何兵力与其余敌军对峙**；第二种情况是，我们仅以**较少的兵力**与其余敌军对峙，以牵制他们。这两种情况显然都是兵力在空间上的集中。

475. 我们在第一种情况下必须要打击的那部分敌军应该有多大，显然**与我们的正面可以小到什么程度**这一问题同样重要。而这个问题，我们在第433条及其以后几段内容中已经论述过了。

476. 为进一步了解在第二种情况下我们必须要打击的那部分敌军应该有多大的问题，首先要设想对手是与我们一样积极主动的，由此可以得出结论，如果我们以整体的一个较大部分击败敌军整体的一个较小部分，那么敌军针对我们也会这样做。

477. 因此，如果我们要取得对我们有利的总的结果，就必须做到我们击败的敌军那部分兵力在其整体中所占的比例大于我军所付出的那部分兵力在我们整体中所占的比例。

478. 例如，如果我们打算用3/4的兵力进行主要战斗，用1/4的兵力牵制未受进攻的敌军，那么我们要认真打击的那部分敌军的兵力应该占其总兵力的1/4以上，即约1/3。如果在这种情况下，双方互有胜负，那么我们用3/4的兵力打败了敌军1/3的兵力，而敌人用其2/3的兵力打败了我们1/4的兵力，这显然对我们有利。

479. 假如我们对敌人**非常占优势**，以至我们3/4的兵力就足以让我们对敌军1/2的兵力赢得可靠的胜利，那么总的结果对我们就会更具决定性。

480. 我们在数量上越占优势，我们认真打击的那部分敌军就可以越大，我们取得的成果也就越大；我们的兵力越少，我们认真进攻的那部分敌军就应该越小，这是符合**兵力少的一方必须更集中其力量**这一自然法则的。

481. 但是不言而喻，这里是要有一个前提的，即敌人击败我们较少部分所需要的时间，与我军战胜敌军较少部分所需要的时间大致相同。假如情况不是这样，而是双方所需要的时间有很大差别，那么敌人就会把他用来进攻我军较少部分的那部分部队又用于进攻我军主力。

482. 然而双方兵力相差越大，通常取得胜利也就越快。从中可以得出结论，我们不能随意减少我们准备牺牲的那部分兵力，而是必须使这部分兵力与它应牵制的敌方兵力保持一个适当的比例。因此兵力少的一方集中兵力是有限度的。

483. 但是第476条所设的前提在实际中是极为少见的。通常防御者的一部分兵力用于局部，而这部分兵力没有能力像需要的那样迅速对进攻者实施报复。这样进攻者在集中兵力时还可以稍稍超出上述的比例。例如，如果进攻者用其2/3的兵力击败了敌军1/3的兵力，那么他就仍有一些可能性，赢得有利的总结果，因为他余下的1/3兵力不大可能像防御者的部分兵力那样在时间上陷入同样程度的窘境。

484. 但是如果有人想把这个推断引申，得出结论说，如果防御者对进攻者兵力较少的部分根本未采取任何积极行动（这种情形是很常见的），则进攻者必然会因此而取得胜利，那么这就是一个错误的结论。因为受到进攻者之所以未在进攻者兵力较少的部分寻求补偿，主要是由于他还有办法把他未受到进攻的一部分兵力用于针对进攻者的主力的战斗，从而使进攻者获得的胜利变得勉强。

485. 受到我们进攻的敌军的部分越小，这种情况就越有可能出现，这一方面是由于空间小，另一方面尤其是由于对小部队取得的胜利在士气上的影响要小得多；对敌人一小部分的胜利不容易使敌人失去头脑和勇气，他还会运用恢复战斗的现有手段。

486. 只有当敌人这两点都做不到，也就是说既不能通过对我军兵力较少部分的实际胜利得到补偿，也不能用未受到进攻的富余兵力与我军的主要进攻对峙时，或者当敌人由于犹疑不决而未能做到这一点时，进攻者才能指望即使以一支兵力相对说来很少的部队也能通过集中兵力的办法战胜敌人。

487. 但是理论不能只是描述防御者处于不利的境地，说他无法适当地报复敌人集中兵力的做法，而且还必须指出，无论是进攻者还是防御者，**双方中的一方通常会出现这种情况**。

488. 之所以出现这种情况，是因为人们在一个地点上过多地集中兵力，以便在这个地点上取得兵力优势的同时，总是希望以此**一并**实现**出敌不意**，使对手既无时间把同样多的兵力调到这个地点上来，又无法准备报复行动。人们认为，这种出敌不意之所以会成功，是因为实施者有一个有利于自己的原因，那就是他早于对手定下了决心，即采取了主动。

489. 而采取主动所带来的这个好处也还是有它相反的一面的，这一点下面会谈到。在这里，我们只是指出，这个好处不是一种在任何情况下都必然产生效果的**绝对的好处**。

490. 但是，即使撇开出敌不意成功的原因（采取主动）不谈，并且不考虑其他任何客观原因，以至出敌不意成功无非是一种侥幸，人们在理论上也不能对此有所非难，因为战争是一种赌博，不可能排除**冒险**。因此在缺少其他一切动机的情况下，应允许幸运地集中一部分兵力，以期达到出敌不意。

491. 如果这一方或那一方成功地做到了出敌不意，不管成功的是进攻者还是防御者，对另一方来说，某种程度上就几乎不再可能通过报复来弥补其损失。

492. 以上我们论述了要打击的部分或地点的大小问题，现在谈谈要打击的部分或地点的位置问题。

493. 如果撇开一切地形和其他具体情况，那么我们只能对两翼、翼侧、背后和中央作为各有特点的位置加以区分。

494. 之所以区分两翼，是因为人们可以在那里**包围**敌军。

495. 之所以区分翼侧，是因为人们可以有望在一处敌人没有准备的地段打击敌人，并使他难以退却。

496. 之所以区分背后，原因同翼侧，只是这里更注重使敌人难以退却或者完全切断其退路。

497. 但是我们出现在敌翼侧和背后，必须有一个前提，就是能够迫使敌人在那里针对我们部署部队。如果我们出现在敌翼侧和背后，却没有把握能产生这种效果，那么我们就会面临危险，因为我们的部队在没有敌人可打击时就是无事可做，而假如是我们的主力遇到这种情况，那么毫无疑问，我们就不会达到目的了。

498. 对手这样放弃翼侧和背后的情况虽然极为少见，但是毕竟还是有的，而且当对手通过进攻性的反击行动可以补偿损失时，最容易出现这种情况。瓦格拉姆会战、霍恩林登会战、奥斯特利茨会战就是这方面的例子。

499. 我们所理解的中央无非是正面的非两翼的部分，其特点是，占据它可分割敌军各部分，这一行动通常被称作**突破**。

500. 突破显然与包围相对。两者在胜利的情况下都能对敌军产生极大的破坏作用，但方式不同，具体是：

（1）包围通过削弱对手的勇气而对其士气产生影响，为加大胜利把握做出贡献。

（2）中央突破通过使我方的兵力更加集中，为加大胜利的把握做出贡献。这两点我们已经谈过了。

（3）如果包围是以很大的优势兵力实施并成功，那么就可能直接导致消灭敌军。如果包围导致了胜利，那么其最初几天的成果无论如何都比突破所取得的成果大。

（4）突破只能间接导致消灭敌军，难以在当天就表现出大的效果，更多是在接下来的几天在战略上表现出它的效果。

501. 但是通过集中我们的主力针对一点突破敌军，是以敌人正面过宽为前提的，因为以我们较少的兵力去牵制敌人的其余兵力要困难得多，原因是在我军主攻附近的敌军很容易用来抗击我军的主攻。在我军进攻敌军中央时，两面都有这样的敌军，而进攻其一翼时，仅在一面有这样的敌军。

502. 结果是，这样的中央进攻有以下危险：受到敌人集中兵力后的反击，从而使我军陷入一种非常不利的战斗形式。

503. 因此人们必须根据当时的情况来选择进攻的地点。正面的宽度、退却线的状况和位置、敌人部队的价值和统帅的特点，最后还有地形，这些在选择进攻地点时都会起决定性作用。我们以后才能进一步考察这些问题。

504. 我们已经考察过将主力集中于一点进行真正战斗的问题，当然这一集中也可以在多个地点进行，在**两个**，甚至**三个**地点进行，这仍是**集中力量**进攻敌军的**一个部分**。只是这一做法的力量将随着进攻地点数目的增加而减弱。

505. 到现在为止，我们只关注了这种集中兵力的客观好处，即为主要地点带来一个于己更有利的兵力对比。但是指挥官或统帅也就有了**一个主观理由**，即将其兵力的主要部分更多地掌握在自己手中。

506. 尽管统帅的意志及其智慧在一次会战中引领着整体，但是这种意志和这种智慧毕竟只能以很弱的程度贯彻到下面部队，而且部队距统帅越远，就越是这种情况。这时下级指挥官的重要性和独立性增加了，而这是以削弱统帅意志为代价的。

507. 指挥官在情况允许的范围内保有最大的权限不仅是自然的，而且只要没有反常现象，也是非常有利的。

相互作用

508. 至此，根据军队的本性，关于在战斗中使用军队所能阐明的一般问题，我们都已经论述过了。

509. 只有一个问题我们还需要考察，这就是双方计划和行动的相互作用。

510. 由于一次战斗的真正计划只能对行动中可预见的事项做出规定，因此它大多局限于以下三个事项：

（1）战斗的大致轮廓。

（2）战斗准备。

（3）战斗初始的具体行动。

511. 因此，只有战斗的初始确实可以完全由计划确定，而战斗的过程则要通过新的、根据具体情况发出的指示和命令来确定，也就是要通过**指挥**来确定。

512. 人们在制订计划时所遵循的原则，显然最好在指挥时也能同样遵循，因为其目的和手段都是相同的。如果人们无法处处都做到这一点，那么只将此视为不可避免的缺陷即可。

513. 但是不可否认，**进行指挥**与**制订计划**的本性是完全不同的。计划是在没有危险、从容不迫的情况下制订出来的，而指挥始终是在紧迫的情况下进行的；计划总是从**较高的**立足点出发，以**比较开阔**的视野来决定问题的，而指挥则是为**最近的和最具体的**情况所左右，而且经常是为其所**裹挟**。我们想以后再谈计划和指挥这两种智力活动在特点上的区别，这里先不谈它们，只满足于把它们作为不同阶段的活动区分开来。

514. 如果人们设想双方都不知道对手的部署情况，那么每一方就只能根据理论的一般原则进行其部署。这些原则的一大部分存在于军队的编队和所谓的**基本战术**，而基本战术自然只是以一般情况为根据的。

515. 而只根据**一般情况**进行的部署，显然无法具有根据具体情况部署的效果。

516. 因此如果**晚**于敌人、针对敌人的部署进行部署，想必是一个很大的有利之处，就如同玩牌时的后手之利。

517. 当人们部署一场战斗时，极少能不考虑或者说从来不能不考虑具体的情况。第一个具体情况就是**地形**，对它的了解从来就不能缺少。

518. 更了解地形的是防御者，因为只有他**准确**和**事先**知道战斗将在哪个地方发生，从而有时间对这个地方进行适当的探究。有关阵地的全部理论（只要它属于战术范围），其根源就在这里。

519. 进攻者在战斗开始前也会了解地形，但只是不完整的，因为防御者占据着这个地方，不允许他进行详细的探究。进攻者从远处大致了解到一些地形情况，以进一步确定其战斗计划。

520. 如果防御者不仅想单纯地运用对地形的了解，而且还想以其他方式利用地形，想利用地形进行局部防御，那么从中就或多或少呈现出防御者**使用**其部队的**明确的**、**具体的**方法。这样进攻者就可以了解这一使用方法，并在制订其计划时考虑到这一点。

521. 这里出现的是对手要考虑的第一个问题。

522. 在大多数情况下，这个节点可以看作是双方结束制订计划的时刻，接下来发生的则开始属于指挥的范畴了。

523. 在战斗中，如果双方中的任何一方都不能被看作是真正的防御者，如果双方是相向开进的，那么队形、战斗序列和基本战术作为固定部署，根据地形稍做调整后，就可以代替真正的战斗计划。

524. 这种情况在整体的兵力较小时很常见，在整体的兵力较大时很少见。

525. 但是如果行动分为进攻和防御，那么从两者的相互作用来看，进攻者在第522条所说的那个节点上显然处于有利的地位。进攻者虽然先采取了行动，但是防御者由于要做防御准备，从而不得不暴露出其行动的大部分意图。

526. 正是出于**这一原因**，迄今在理论上把进攻视为一种主要是有利的战斗形式。

527. 把进攻视为更有利的，或者表达得更确切些，视为**更有力**的战斗形式，将得出荒谬的结论，就像我们接下来要指出的那样。迄今人们忽视了这一点。

528. 这个结论的错误在于人们高估了第525条指出的进攻者的有利地位。从进攻与防御的相互作用来看，这一有利地位是重要的，但是相互作用并不是**一切**。防御者利用地形作为一种辅助力量，在某种程度上使自己的力量倍增，这个好处在很多情况下有更大的意义，而且只要部署得当，在大多数情况下都会有更大的意义。

529. 但是如果防御者错误地利用了地形（阵地正面过宽），采取了错误的防御方法（满足于纯粹被动），当然就会使进攻者**在制订计划和采取举措时有后手之利**这一好处具有很大的重要性，以至进攻者可以把他在实践中取得的、超出其自然限度的全部效果几乎完全归功于这一点。

530. 但是才智的作用并不是在有了真正的计划之后就停止了，我们必须跟踪了解相互作用贯穿**指挥领域**的变化情况。

531. 指挥所在的领域就是战斗的**过程**或**持续时间**。对兵力的逐步使用越多，战斗持续的时间就越长。

532. 因此，要想对指挥抱有很多期待，就必须有大纵深的部署。

533. 首先产生的问题是：是更多地依靠计划好呢，还是更多地依靠指挥好呢？

534. 假如人们故意无视某个既有情况，而且当这一情况对预定的行动有某种价值时，仍不一并考虑该价值，那么这显然是荒谬的。但是这无非是说，计划应该在现有情况的基础上尽量详细地规定行动，只有当计划不足以这样做时，才是指挥领域开始起作用的时候。因此，指挥只是计划的一个代理，可以视为一个**避免不了的苦恼**。

535. 但是要明白，我们这里说的只是有根据的计划。一切有针对具体情况倾向的规定都不能以随意的**假设**为根据，而必须以实际情况为根据。

536. 因此在没有出现实际情况时，计划也必须停止做出具体规定，因为**对某**

事不做具体规定，也就是说根据一般原则处理某事，显然比以不符合后来实际情况的方式做出规定要好。

537. 任何对战斗过程做过多详细规定的计划，必然是错误百出和糟糕有害的，因为细节不仅取决于一般的根据，而且还取决于事先无法知道的具体情况。

538. 如果人们考虑到，具体情况（偶然的和其他的情况）的影响是随着时间和空间的增加而增加的，那么人们就会得出结论，范围非常广泛和复杂的运动很少能够成功，而且往往是糟糕有害的，其原因就在于此。

539. 一切非常复杂的、玩弄技巧的战斗计划的危害性的根源就在这里。这些计划（往往无意识地）都是以大量琐碎的、大部分不符合实际的假设为根据的。

540. 因此，与其**过度**扩展计划内容，不如更多地交给**指挥**来处理。

541. 但是这样做是以纵深部署（大规模的预备队）为前提的（根据第532条）。

542. 我们已经看到（第525条），从进攻与防御的相互作用方面来看，进攻者的计划规定的内容更多。

543. 防御者则由于地形的原因有大量的理由事先对其战斗进程做出规定，也就是说，他的计划可以深入到战斗中去。

544. 如果我们坚持这个观点，那么就会说，防御者的计划比进攻者的计划有力得多，而进攻者不得不更多地依靠指挥。

545. 但是防御者的这种优越只是假象，实际上并不存在。我们不应忘记，根据地形进行的部署只是一些**准备**，这些准备是以假设而不是以对手的实际举措为根据的。

546. 只是因为这些假设通常非常有可能是正确的，而且只**有**在这些假设是正确的情况下，它们以及根据它们进行的部署才是有价值的。

547. 防御者在做出假设和根据假设做出部署时所必须具备的这个条件自然使防御者的部署受到很大的限制，并迫使防御者谨慎地进行部署和制订计划。

548. 如果防御者的部署和计划做得过**分**，那么进攻者就有可能避开它们。这样一来，防御者的力量立刻就成了无用的力量，就是说造成了**力量浪费**。

549. 阵地延伸过大以及过多运用局部防御都属于这种过分的情形。

550. 正是这两个错误往往反映出防御者由于过分增加计划内容而产生的坏处，以及进攻者由于计划自然得当而得到的好处。

551. 防御者只有具备从**所有角度来看**都非常强有力的阵地，其计划的内容才能比进攻者的计划内容更多。

552. 但是如果防御者的阵地不是很好，或者根本没有阵地，或者防御者没有时间在其中做适当的准备，那么防御者就只能在进攻者之后制订计划和做出规定，并且更多地依靠指挥。

553. 这个结论又表明，防御者应首先寻求逐步用兵。

554. 但是我们以往看到，只有大部队才能得到短小正面带来的好处，因此我们现在不得不说，防御者要想避免由于地形因素而过分增加计划内容，从而**有害地分散力量**，就更应寻求辅助力量源泉的支援，而这一源泉是存在于指挥部署中的，即大规模预备队。

555. 从中显然可以得出结论：部队规模越大，防御就越比进攻有利。

556. 因此，战斗的**持续时间**，即**大规模的预备队**和尽量逐步使用**预备队**是**指挥**的第一个条件。不管指挥官的造诣如何，在这些方面的优势必然会带来指挥上的优势，因为即使是最高超的艺术，如果没有手段也无法发挥作用。一个技巧不是很熟练但尚有更多手段的人，在战斗过程中将占有优势，这是很容易想象到的。

557. 此外，还有第二个客观条件一般来说能使指挥占优势，而这种优势完全为防御者所有。这就是熟悉地形。在情况紧急、无法全面了解就要迅速定下决心的**那些场合**，熟悉地形能带来哪些好处是显而易见的。

558. **计**划做出的规定更多涉及**层级较高**的部队，**指挥**做出的规定更多涉及**层级较低**的部队，这是事物的本性决定的；因此，指挥做出的每个具体规定的意义较小，但是这些规定的数量自然是大很多，这样一来，计划和指挥之间在重要性上的差别也就部分地得到了平衡。

559. 此外，指挥是相互作用的真正领域。在指挥中，相互作用是永远不会停止的，因为双方是当面对峙，所以双方的绝大部分规定要么是根据相互作用做出的，要么是根据相互作用修改的。这是事物的本性决定的。

560. 既然已经指明防御者**尤其**应注意为指挥而节约兵力（第553条），既然一般来说他在指挥领域使用兵力是有利的（第557条），那么由此可以得出结论：防御者不仅可以通过他在指挥的相互作用方面所占的优势弥补在计划的相互作用方面的劣势，而且还可以在双方总的相互作用方面占得优势。

561. 不管在具体情况下双方在这方面的关系如何，双方必然在一定程度上都努力让对方先采取措施，以便针锋相对地采取自己的措施。

562. 这种努力就是近代大部队保留较以往规模大很多的预备队的真正想法。

563. 我们毫不怀疑，对所有大部队来说，除了地形以外，预备队这一手段是防御的最佳有效力量。

指挥的特性

564. 我们说过，战斗计划做出的规定与战斗指挥做出的规定在特性上是不同的，原因在于这两种才智发挥作用时的情况是不同的。

565. 这种情况的不同表现在三个方面：掌握实际情况不足的程度、缺少时间的程度以及面临危险的程度。

566. 有些事物，当人们全面了解局势和大的内在联系时会成为主要的事物，而当人们缺乏这种全面了解时，可能就不再是主要事物了，其他一些事物即距眼前更近的事物自然就变得特别重要。

567. 因此，如果说战斗计划更多是一张几何图，那么战斗指挥就更多是一张直观图；前者更多是一个平面图，后者更多是一幅透视图。至于应该如何补救这个缺陷，我们以后会谈到。

568. 此外，缺少时间除了对了解不全面有影响外，也会对考虑问题产生影响。一个反复比较、权衡、评析式的判断可能不如纯粹的**直觉**（已经成为一种习惯的**判断操作**）有效。这也是我们必须看到的。

569. 如果一个人直接感觉到面临大的危险，那么这对自己和他人纯粹的理智判断会产生干扰，这是人的天性。

570. 因此，如果理智的判断在任何方式上都受到限制和削弱，那么它可以求助于谁呢？——只有求助于勇气。

571. 这里显然要求有一种双重勇气：第一重是不畏个人安危的勇气，第二重是考虑到不确定的因素并准备行动的勇气。

572. 对第二重勇气，人们通常称之为有智之勇（courage d'esprit），对第一重勇气还没有一个符合对偶法的名称，原因是对第二重勇气的叫法本身并不正确。

573. 如果问勇气在其最初的意义中要求人们做到什么，那就是要求人们在危险中做出**自我牺牲**。我们必须从这一点出发来考察，因为一切勇气最后的基础都是这一点。

574. 这种自我牺牲的情感可能有两个完全不同的源头。第一个源头是对危险满不在乎，不管是天生如此，还是出于对生命无所谓，或是由于已经习惯危险；第二个源头是积极的动机：荣誉心、对祖国的热爱，以及各种激情。

575. 只有出自第一个源头的勇气才可被视为真正的、天生的或者已经成为本性的勇气，其特点是已经与人成为一体，因此永远不会缺少。

576. 出自积极情感的勇气则不是这样。这些情感与危险带来的感受对峙能否产生勇气，自然取决于两者的对比情况。这些情感在一些情况下比单纯的对危险满不在乎所发挥的作用要大得多，在其他情况下又小得多。后一种情况让人在判断时更为清醒冷静，导致**坚定**；前一种情况让人在判断时更敢作敢为，导致**大胆**。

577. 如果对危险满不在乎与这样的激情结合起来，那就会产生最完美的个人勇气。

578. 以上考察的这种勇气完全是主观的东西，只与个人牺牲有关，因此可以称之为个人勇气。

579. 对本人牺牲不在意的人，对由于其职位而受其意志支配的其他人的牺牲自然也不会在意。他把这些人视为一种可以用平静的心情进行处置的物品，就像对待他自己一样。

580. 同样，一个由于某种积极的情感而被拽入危险的人，要么也会给其他人灌输这种情感，要么会认为自己有权利要求其他人服从他的这种情感。

581. 通过上述两种方式，勇气拥有了一个**客观的影响范围**。它不再只是影响到一个人自己的牺牲，而且影响到其所属部队的使用。

582. 如果勇气能将危险带来的所有过于强烈的感受从人们的内心排除出去，那么它就对理智的活动产生了影响。这时理智的活动就成了自由的活动，因为它们已经不再处于忧虑的压力之下。

583. 但是此前不存在的理解力当然不会由于上述这一点就产生，更不会产生洞察力。

584. 因此，在缺少理解力和洞察力的情况下，勇气往往导致非常错误的步骤。

585. 人们称作有智之勇的勇气则有完全不同的来源。它源自确信有必要冒险，或者确信有一个更高的见解，这一见解认为冒险并不像其余事物那样危险。

586. 没有个人勇气的人也可能产生这种信念，但是只有当这种信念反过来影响到人的情感，激发和提高情感的更高尚的力量时，这种信念才成为勇气，也就是说才成为一种力量，使人在危急关头保持镇静和平衡。因此，**有智之勇**的表述不完全正确，因为这种勇气从不会从理智本身产生出来。至于思想能够产生情感，以及这些情感在思考能力的持续作用下能够得到提升，则是任何人根据经验都知道的。

587. 一方面，个人勇气支撑并由此提高了理解力；另一方面，对理解力的确信又激发和鼓舞了情感力量。这样二者就相互接近，并且有可能汇聚在一起，也就是说有可能在指挥中产生相同的结果。但是这种情况毕竟是很少见的。通常在勇气支配下进行的行动都带有一些勇气根源中的特性。

588. 在大的个人勇气与大的理解力结合起来的地方，指挥当然一定是最完美的。

589. 由于内心确信而产生的勇气主要涉及那种相信不确定的事物和好运而进行的冒险，较少涉及个人的危险，这是事物的本性决定的，因为这种个人的危险不容易成为大的理解力活动的一个内容。

590. 因此我们看到，在战斗指挥中（即在紧急和危险关头），情感力量在支持理解力，而理解力必然激发情感力量。

591. 在不了解全面情况，没有充裕时间，而且各种现象纷至沓来的情况下，要想通过判断定下恰当的决心，就要求有这种得到了升华的内心状态。人们可以把这种内心状态称作军事天赋。

592. 如果人们考察一个由很多大小部队进行的战斗，以及由这一战斗派生出的诸多行动，那么就会注意到，出于个人牺牲精神的勇气在下级部队中是主要的，也就是更多是支配小部队，而另一种勇气则更多是支配大部队。

593. 越是在下级部队，行动就越简单，简单的理解力就越是能满足需要，但个人面临的危险就越大，因此就越需要有个人的勇气。

594. 一个人的级别越高，其个人的行动就越重要，造成的后果就越多，因为他决定的事项或多或少与整体有根本的联系，因此要求有更广阔的视野。

595. 职位较高者虽然总是有更广阔的视野，比职位较低者能更好地了解各种大的关联，但是在一场战斗中需要掌握的全面情况恰恰主要是职位较高者所不掌握的，而且主要也是在具体战斗中不得不依靠好运和纯粹的判断情况时的直觉来处理很多事情。

596. 战斗越是发展，指挥的这种特点就越明显，因为战斗状况距我们最初完全了解的状况越来越远。

597. 战斗持续的时间越长，偶发事件（也就是出乎我们意料的事件）也就越多，一切也就越偏离其常规，这里和那里也就显得越发混乱和纷杂。

598. 战斗越是发展，做出的决定就越来越多地堆积在一起，其间隔越来越小，用于思考的时间也就越来越少。

599. 于是层级较高的部队也逐渐（特别是在个别地点和个别时刻）陷入个人勇气比深思熟虑更重要和几乎决定一切的境地。

600. 这样一来，在每次战斗中，各种战术组合就越来越不起作用，最后就几乎只有勇气还在独自战斗和发挥作用。

601. 由此可见，能够克服指挥中的困难的是勇气和为勇气所提升的智慧。但问题的关键并不是因此就要去问，勇气和智慧在多大程度上能或者不能克服这些困难（因为对手的情况与我们是一样的，我们的错误和失策一般会为对手的错误和失策所抵消），而是关键在于在勇气和智慧方面（尤其是在勇气方面）**不要次于对手**。

602. 但是还有一点在这里是非常重要的，**这就是判断情况时的直觉**。这除了源自天生的才干以外，主要是来自训练，训练能使人熟悉各种现象，使发现真理（正确地判断）**几乎成为一个习惯**。战争经验的主要价值以及战争经验能给予军队的大的优势就在这里。

603. 最后我们还要指出，在战斗指挥中，各种情况总是让人认为距眼前较近的事物比较高或远处的事物更重要。要弥补这个在观察事物方面的错误，只能是行动者在对自己决策是否正确没有把握时，努力使其行动成为**决定性的行动**。只要他确实致力于得到由此可能取得的成果，他就能做到这一点。人们永远应该从一个高的立足点引导一个整体，但是如果不能得到这种高的立足点，那么通过上述方式，从一个从属的立足点出发，也能够把整体一并拖拽到既定的方向上去。

我们想举一个例子来说明这个问题。如果一位师长在一次大规模会战的混乱中无法了解整体的关联性，没有把握是否应该再发起一次进攻，那么如果他决定进攻，就要不仅力求将进攻进行到底，还要力求取得一个可以弥补其他地点在这期间有可能发生的不利情况的战果，这样才能使自己和整体稳定下来。

604. 这样的一种行动就是人们在狭义上称之为果断的行动。我们在此提出的这个观点（只有通过这种方式才能控制住"大概其"的观点）使人**果断**。果断可以防止半途而废，是人们指挥一场大规模战斗时的最卓越的素质。

© 民主与建设出版社，2020

图书在版编目（CIP）数据

战争论 /（德）卡尔·冯·克劳塞维茨著；陈川译. —北京：民主与建设出版社，2020.2
　　ISBN 978-7-5139-2489-4

　　Ⅰ.①战… Ⅱ.①卡… ②陈… Ⅲ.①战争理论 Ⅳ.① E8

中国版本图书馆 CIP 数据核字（2019）第 087850 号

战争论
ZHANZHENG LUN

出 版 人	李声笑
著　　者	〔德〕卡尔·冯·克劳塞维茨
责任编辑	刘　艳
监　　制	秦　青
策划编辑	康晓硕
营销编辑	刘晓晨　初　晨
封面设计	今亮后声·胡振宇
版式设计	李　洁
内文排版	麦莫瑞
出　　版	民主与建设出版社有限责任公司
电　　话	（010）59417747　59419778
社　　址	北京市海淀区西三环中路 10 号望海楼 E 座 7 层
邮　　编	100142
印　　刷	三河市兴博印务有限公司
开　　本	700mm × 995mm　1/16
印　　张	54
字　　数	877 千字
版　　次	2020 年 2 月第 1 版
印　　次	2020 年 2 月第 1 次印刷
书　　号	ISBN 978-7-5139-2489-4
定　　价	128.00 元（全三册）

注：如有印、装质量问题，请与出版社联系。